JN085893

Djent 解説

Djent って何？

　メタルという音楽は、誕生してから今まで一度もその進化を止める事なく、今も日々変化が繰り返され、新たなサウンドが生まれている。本著では、プログレッシヴ・メタルが進化していく過程で生まれた Djent（ジェント）という音楽について紹介していきたい。これから Djent を知りたいという方には入門書となるように、ずっと Djent を聴いてきたファンにとっては歴史のアーカイヴとなるようなものになれば嬉しい。

　さて、まずは Djent という音楽がどんなものなのかを把握していこう。Djent を知る上で最初に聴くべき楽曲は、この音楽の代表的なバンドである Periphery の「Make Total Destroy」だ。このバンドの中心人物であるギタリスト、Misha Mansoor という人物は Djent という音楽の概念について、このように話している。

> Djent（ジェント）とは、拍の位置に変化を加えたリズム（シンコペーション）や、複数の異なるリズムが同時進行するポリリズムを用いた、グルーヴィでヘヴィなプログレッシヴ・メタルサウンドを意味し、ブリッジミュートされたブルータルなリフ、不協和音を組み込んだ機械的なメロディや音像も特徴だ。

　より噛み砕いて表現すると、「ズンズンと刻まれるギターのリズムが複雑であり、ノリが良いメタル」とでも言えるだろう。Djent であるかどうかを判断する材料として、ギターサウンドがどうであるかに注目して聴いてみると分りやすい。

　ここでいくつか疑問が生まれると思う。ギターがグルーヴィで複雑であればそれは Djent なのか？ Metallica だって、Slayer だって複雑だと感じる人もいるかもしれない。もう少し詳しく Djent であるか否かを判断するのに必要な事を知ってみよう。Djent は基本的にベースになっている音楽がメタルコアであり、そこにプログレッシヴなグルーヴを加えたものを指す。これは Djent を広めたのが、プログレッシヴ・メタルコア・バンド Periphery である事が一番の理由であると言える。Periphery がシーンに登場した事によって、Djent 要素を強く打ち出すプログレッシヴ・メタルコアが盛り上がりを見せるようになっていく。

　さあ、Djent がなんであるかを理解する為に、最初に知っておきたい以上の事を踏まえ、Djent 代表曲を聴いてみよう。難しい事は考えず、耳や目で感じて欲しい。「これは絶対に Djent だ」とか、「これが Djent というのは間違いだ」という事は誰にも言えない。この言葉はとても曖昧だからだ。

Djent を代表する 6 曲

Periphery - Make Total Destory……P84

Meshuggah - Bleed……P10

Animals as Leaders - CAFO……P91

After the Burial - In Flux……P97

Born of Osiris - Divergency……P102　Polyphia - G.O.A.T.……P153

Misha は誰に影響を受けたか

　現在の Djent の概念を作ったのは、まぎれもなく Periphery の Misha だ。彼がどのような経緯を経て Djent を意味付けたのかを考えてみよう。

　前述の Misha の発言は、彼がフォローしていたインターネットのフォーラムでの書き込みが元になっている。7 弦ギタリストの情報交換の場であった sevenstring.org の Meshuggah や Dream Theater のフォーラムで、Misha が Meshuggah のギターサウンドを言葉で表現した時に使用した擬音が Djent の語源であると言える。その表現方法はフォーラムを飛び出し、Facebook や reddit といったコミュニティでも使用されるようになった。2020 年 6 月に DragonForce の YouTube チャンネルに Misha が出演した際、この発言について回想するシーンがあったので、気になる方はチェックしてみて欲しい。

　Misha は Periphery での活動を始める前からギターオタクと言えるような人物であり、Meshuggah が彼のプレイスタイルの基礎を作ったと言っても過言ではない。Djent について理解を深めようとする時、Periphery と並んでその名前が登場する Meshuggah について理解を深めておく事も大切だろう。

Meshuggah がメタルにもたらした影響

　Djent という表現方法は、実は Meshuggah も使っていたと言われている。ギタリスト Fredrik Thordendal は、バンドのファンから機材について質問された時に、ギターサウンドを表現する為に擬音を使っていたようだ。

　Meshuggah が独自性の強いギターサウンドを鳴らすようになったのは、1995 年に Nuclear Blast Records からリリースしたセカンドアルバム『Destroy Erase Improve』からだ。元々はプログレッシヴなスラッシュメタル・バンドであったが、ギタリストの Fredrik と Mårten Hagström は、当時 Ibanez から発売されていた Steve Vai モデルの 7 弦ギターのピックアップを改造して、強烈なグルーヴリフを追求し始めた。音楽的にもデスメタルに接近しながら、まったく新しいメタルを完成させ、シーンに衝撃を与えた。

　この年、Fear Factory がリリースしたアルバム『Demanufacture』も当時のメタル・シーンに変革をもたらした作品で、『Destroy Erase Improve』に近い質感を持ち合わせている。リリース日で言えば Meshuggah のほうが 1 ヶ月早く発売されているが、レコーディング・スケジュールで言えば Fear Factory のほうが早い。

　また両者の違いはサウンドだけでなかった。Meshuggah はその複雑なスタイルと刷新的なサウンドで、機材オタクからの注目を一身に集めていた。Meshuggah のファン達は、彼らがどんな楽器を使用しているかに興味を持ち、議論がなされていたという。Meshuggah の人気はヨーロッパだけでなく、世界中に飛び火していき、そのフォロワーが生まれていった。Periphery がそうであったように。

人気に火がついたプログレッシヴ・メタルコア

　Periphery のデビューアルバム『Periphery』がリリースされた 2010 年前後には、有名な Djent バンドが数多く登場している。イギリスのミルトンキーンズで結成された Fellsilent は、2008 年に Basick Records からアルバム『The Hidden Words』を発表。ハイボルテージの中に荒々しくも複雑なリフを組み込み、話題となった。彼らはその後、プログレッシヴ・ロックに Djent をブレンドした TesseracT と、爆裂的なライブパフォーマンスが印象的な Monuments というバンドにそれぞれ分裂し、Periphery とは違う新たな Djent を鳴らした。

　ヨーロッパからは他にも、オランダから Textures、スウェーデンの Vildjarta ～ Humanity's Last Breath、フランスの The Algorithm や Uneven Structures が 2000 年代中期から後期にかけて登場。Djent でありながら、ジャズやフュージョン、エレクトロ・ミュージックなどをブレンドし、Djent の持つ可能性を拡大。また、2010 年代になると UK Tech-Fest と呼ばれる大規模なフェスティバルが始まり、世界中から Djent を始めとするプログレッシヴ・メタルやテクニカル系のバンドが集結、祭典が行われるようになった。

　Periphery が拠点とするアメリカからも次々と Djent を鳴らすバンドが登場。メタルコアやデスコアシーンで高い人気を誇ったロサンゼルスの Volumes、オリエンタルな雰囲気が魅力的なシカゴ出身の Veil of Maya、プログレッシヴ・ロック風味のおしゃれなサウンドをプレイしたインディアナポリス出身

の The Contortionist、シンフォニックな音色が光るイリノイ州出身の Born of Osiris など、メタルコア / デスコアのメインストリームで活躍の場を広げていった。

　中でも Djent を含むプログレッシヴ・メタル・シーンに衝撃を与えた Animals as Leaders の存在感は絶大だ。2008 年にワシントン D.C. にてギタリスト、Tosin Abasi のソロプロジェクトとしてスタートし、2009 年のデビューアルバム『Animals as Leaders』は、Misha がプロデュースを担当している。Abasi はサム・ピッキング（Thump / Thumping）と呼ばれる独特な奏法で、まったく新しい Djent サウンドを創造。その後はバンド形態となり、世界を飛び回るほどの人気を誇る。

Polyphia が登場、新たな時代へ

　テキサス出身 Polyphia は、Djent ムーヴメントが巻き起こった 2010 年に結成した。彼らは元々 YouTube にプレイスルー動画を投稿するベッドルーム・ミュージシャンであったが、甘いマスクで爆発的な人気を博した。活動当初はプログレッシヴ・メタルコア・バンドとして注目を集めたが、Equal Vision Records と契約してリリースされたデビューアルバム『Muse』は、Djent を取り入れたプログレッシヴ・ロックに、ファンクやマスロックのエレメンツを散りばめたソフトな質感が特徴的だ。他にも CHON も Polyphia 同様 Djent シーンに新風を巻き起こしている。

　現在、Djent をはじめとするプログレッシヴ・メタルはメインストリームでも人気の高いジャンルであり、日々新しいサウンドを鳴らすバンドが登場する、アクティヴなジャンルだ。プログレッシヴ・メタルに特化した YouTube チャンネルや Spotify のプレイリスト、レーベルやウェブジンなどをチェックすれば、新鮮な情報を手に入れる事が世界中の誰でも可能だ。次世代のスターが登場する日も遠くない未来かもしれない。

創始者の思惑から離れ、一ジャンル化へ

　前述の通り、Djent という言葉は曖昧で、Meshuggah の Fredrik も Periphery の Misha も、自身のバンドを「俺たちこそが Djent だ」などと発言した事はなく、むしろ自身のサウンドが Djent と呼ばれる事に対して否定的だったりもする。しかし彼らのサウンドが現在のメタルシーンに与えた影響は大きく、Djent がメタルの歴史において無視されるべきではない。一時的なムーヴメントだったとしても、それはいつか歴史の一部になる。

　あるジャンルの生みの親や当事者達が、自らが意図せずにもたらしてしまったトレンド、あるいは新時代の幕開けに戸惑い、そのジャンルの存在に対してネガティヴな反応を示すのは、歴史上よく見られる光景である。「デスメタル」の語源は元々 Possessed の曲、あるいは Death が Mantas として活動していた時のアルバム『Death by Metal』など諸説あるが、彼らが意図的に「デスメタルというジャンルを作ろう」と思っていたわけではないだろう。「ブラックメタル」の語源は Venom の 2nd アルバム『Black Metal』が由来とされるが、彼らが奏でる音や世界観・風貌は、今現在一般的に認識されているブラックメタルの主流であるノルウェー発祥の「2nd Wave of Black Metal」のスタイルと大きく異なる。

　ジャンルの誕生は偶然に左右され、先駆者・パイオニアの思惑を超えて、どれだけ後続のバンドに影響を与え、そしてフォロワーが生まれるかに左右されるのではないだろうか。

　そしてこれらのジャンルと同じ様に、Djent はもうそろそろパイオニア達の思惑を超えて、一つのジャンルとして確立されるに至ったと見なしても良いのではないだろうか。現にある特定のバンドのことを、「あのバンドは Djent だ」と名指しすることは特段不自然な事ではない。インターネットの記事や雑誌、SNS、ストリーミング・サーヴィスにおいても、「Djent」はある一定の音的傾向が共通しているカテゴリーを示すタームとして、当たり前の様に用いられている。

　この様なことから「Djent」という演奏法を表す概念が、過渡的な流行ではなく、サブジャンルとして定着したと考えている。そして一時代を築き上げたこの現象を後世に残す為に、書籍としてまとめる意義を感じ、本書を記したのである。

目次

9 — EUROPE

代表的バンドにおけるアイコンの意味

🕙 結成年　　　　　　　　　　　　　　　　🌐 出身地
👥 Last.fm におけるリスナー数と Scrobble（再生回数）　▶ Last.fm における再生回数トップ3曲

EUROPE

Djentの概念を生み出した強靭なグルーヴとポリリズム

Meshuggah

- 🕐 1985 年
- 🎧 リスナー：478.2K　Scrobble：28.5M
- 🌐 スウェーデン / ウメア
- 💿 ① Bleed ② Ivory Tower ③ Demiurge

Metallien

　　1985 年スウェーデンの都市ウメアにて Metallien というバンドが誕生した。このバンドは、後に Meshuggah を結成する Jens Kidman、Fredrik Thordendal、Jörgen Lindmark が在籍しており、ギタリスト Peder Gustafsson とドラマー Örjan Lundmark を加えた、5 人組のヘヴィメタルバンドだった。1 本のデモテープを発表し、僅か 2 年で解散してしまうが、同年 Jens と Fredrik が中心となり、Meshuggah を結成する。Jens はギター / ボーカルを担当し、ベーシスト Peter Nordin とドラマー Niklas Lundgren を加えた 4 人体制で動き出す事になる。

　　Meshuggah という名前は Jens によって名づけられた。この単語は、中東欧のユダヤ人の間で話されていたドイツ語に近い言葉であるイディッシュ語で「Crazy」を意味する。Jens はこの言葉をアメリカのストリートスラングをまとめた辞書の中から見つけたという。

　　Meshuggah という名前で動き出したものの、同年 Calipash へと改名。その理由は分かっていないが、88 年に Calipash 名義でデモ音源をリリース。しかし、Fredrik の提案で再び Meshuggah にバンド名

を戻そうということになったそうだ。1989 年、
Meshuggah の名前を冠したセルフタイトル EP
（3 曲入り）を発表し、1000 枚限定で地元のレ
コードストア Garageland を中心に流通が開始し
た。

Calipash

1990 年、ドラマー Niklas に代わり Tomas
Haake が加入。Meshuggah はドイツのメタ
ルレーベル Nuclear Blast と契約を交わし、デ
ビューアルバム『Contradictions Collapse』
を発表した。このアルバムではまだ Metallica に
影響を受けたスラッシュ / プログレッシヴ・メタ
ルを鳴らしていたが、セールスはそこまで良くな
かった。その後 Jens はボーカリストに専念、
Tomas と共に Barophobia というスラッシュメタル・バンドに在籍していた Mårten Hagström がギタ
リストとして加入し、5 人体制となった。

Mårten の加入によってサウンドに片鱗が現れる

Mårten の加入は、その後の Meshuggah スタイルを結成付けるものになった。加入の際、バンドは
共にソングライティングを行っていきたいと話し、Mårten もそれを受け入れている。実際に Thomas
と Mårten が加入してからは Thomas が歌詞制
作のほとんどを担当、Fredrik と Jens、そして
Mårten によって楽曲制作が行なわれるように
なっている。

このラインナップで EP『None』を制作。94
年に発売され、日本盤もリリースされた。
『Destroy Erase Improve』へと繋がっていく
サウンドの片鱗はこの頃から現れ出してきてい
る。この当時のサウンドに繋がりがあるのは、も
ともとセカンドアルバムを制作している時、
Nuclear Blast Records から先に EP を出すと
言われた為に、制作していた楽曲から EP という
フォーマットにふさわしいものをピックアップし
たからだ。『None』の中には『Destroy Erase
Improve』収録曲よりも後に書かれたものもある。

1992 年頃の Meshuggah

1994 年にリリースされた『NONE』

事故や火災など災難が続くも前進

また、当時大工として働いていた Fredrik は左中指を事故で切
断、幸いにも再び付け直され回復したが、その間ライブは中断。
Tomas も同じく大工の仕事中に手を負傷するという事故があっ
た。EP『Selfcaged』は 94 年の 4 月から 5 月にかけて録音され
たが、事故の影響でリリースは 95 年にまで延期となっている。バ
ンドにとってこの 94 年から 95 年にかけては災難が続き、リハー
サルスタジオが雨漏りに遭い、機材が故障してしまうアクシデント
も起こった。ただ、バンドはポジティヴで、Meshuggah としての
活動を止めることはなかったという。

1995 年 1 月、バンドは小規模ではあるがヨーロッパツアーを
行い、そのままアルバム『Destroy Erase Improve』の詰め作業
に入った。Daniel Bergstrand をプロデューサーに迎え、スウェー

デン中部のウプサラにある Soundfront Studios にて録音作業が行なわれた。バンドは忙しく、過密日程の中、Machine Head のヨーロッパツアーに 2 ヶ月間帯同している。このツアー中に Peter は三半規管を患い、慢性的なめまいに襲われた為スウェーデンに帰国。Machine Head のベーシスト Adam Duce はこの危機を救う為にサポートを申し出るが、Meshuggah は 4 人体制でライブを行うことを決意。Fredrik はベースを演奏することもあったが、Mårten はピッチシフターを利用して、通常よりも低いオクターブでギターを演奏してベースパートをカバーした。

『Destroy Erase Improve』で現在まで続く Djent なプログレッシヴ・メタルの礎を築く

95 年頃の Meshuggah

1995 年の 5 月にリリースされた『Destroy Erase Improve』は好評価を得た。レコ発ツアーとして、同郷の Clawfinger とヨーロッパツアーを行うが、Peter が脱退。Gustaf Hielm がツアーサポートとして帯同している。同年末には Hypocrisy と 1 ヶ月に及ぶツアーを敢行。

『Destroy Erase Improve』は、ファーストアルバム『Contradictions Collapse』でプレイしたスラッシーなサウンドから脱却し、現在まで続く Djent なプログレッシヴ・メタルの礎とも言えるスタイルを築いた。1994 年あたりは Meshuggah にとっては変革の時期で、新しいメンバーらと共にメタルの歴史を変えていく体制を整える期間となった。

97 年 3 月、Fredrik はソロアルバム『Sol Niger Within』をリリース。Meshuggah との違いはデスメタリックなグルーヴにフォーカスするのではなく、古き良きプログレッシヴ・メタルの典例に自身のリフを組み込むという実験的な要素が強いところだろう。彼は他にも同郷のアヴァンギャルド・プログレッシヴ・ロックバンド、Mats/Morgan Band にも参加している。その後、バンドはストックホルムに拠点を移した。

『The True Human Design』は 97 年の暮れにリリースされた EP で、楽曲「Sane」を含み、『Destroy Erase Improve』のオープニングトラック「Future Breed Machine」のオルタナティヴ・バージョンも収録されている。

1998 年 1 月、ツアーサポートしてバンドのツアーに帯同していた Gustaf が正式に加入。この頃『Contradictions Collapse』に EP『None』を加えた編集盤もリリースされている。10 月にはニューアルバム『Chaosphere』を発表。この作品はソングライティングからレコーディングまでおよそ 3 ヶ月で行われた。メンバーはセッションを介さず、デモ音源を送り合って、パートごとにアイデアを追加していく形で制作が行われた。このスタイルは現在まで続く Meshuggah の制作ルーティーンとなっていった。

Nuclear Blast として初のビルボード・ランクイン、全米ツアーも

バンドはリリース後に Entombed らを迎え、アメリカツアーを行い、1999 年初頭には Slayer のアメリカツアーに帯同した。この頃からアメリカでも注目を集め、音楽雑誌などに取り上げられるようになった。母国スウェーデンにおいてもその人気を確立している。

デモ音源をまとめた作品『Rare Trax』のリリースや、Tool との大規模ツアーを挟み、2002 年 3 月、Tomas が監修した Drumkit from Hell というソフトを使用したプログラミングドラムを用いて 3 曲のデモ音源を制作。アルバムは 5 月頃からおよそ 2 ヶ月をかけて録音された。『Nothing』は 2002 年の 8 月にリリースされ、ビルボード 200 で 165 位にランクインした。Meshuggah は Nuclear Blast Records 所属バンドとして初めてビルボードにランクインし、『Rolling Stone Magazine』にレビューが掲載されている。リリース後は再び Tool とアメリカツアーを行った。

2004 年 1 月、新しいベーシストとして Dick Lövgren が加入。その後半年掛けて EP『I』を制作。これは 21 分 1 トラックで、Fractured Transmitter Records からリリースされている。5 枚目のフルアルバムとなる『Catch Thirtythree』は、Meshuggah がリリースしたアルバムで唯一、プログラミング

でドラムパートを打ち込んだもので、ビルボード200に170位でランクイン。スウェーデンを代表するメタルバンドへと成長を遂げた。また、ドイツのバンドRammsteinのシングル「Benzin」のリミックスや、『Nothing』を再録するなど、様々なクリエイティヴな仕事をこなしつつ、ツアーを続けた。

　2008年の3月、1年を掛けて制作を行ったアルバム『obZen』が発売された。このアルバムはMeshuggahの作品の中で最も評価され、好セールスを記録。ビルボード200で59位にランクインしている。レコ発としてワールドツアーを行うが、Thomasの怪我による手術の影響でいくつかのツアーをキャンセルしてしまったものの、活動のペースは落ちることなく、アルバム『Koloss』を制作。この作品はスウェーデンだけで2万枚を売り上げた。

ソロやプロデュースなど様々なクリエイティヴ活動

　その後もメンバーはソロ活動やプロデュースなど、Meshuggahだけにとどまらず、クリエイティヴな活動を行いながら、Meshuggahとしても大規模なツアーを行い、2016年にはアルバム『The Violent Sleep of Reason』を発表。The Independent Music Companies Association（通称IMPALA）のアルバムオブザイヤーに選出され、ヨーロッパでリリースされた2016年のベストアルバムとして高い評価を得た。また、これまでにリリースしたアルバムのピクチャー・ヴァイナルのボックスセット『25 Years of Musical Deviance』もこの年発売されている。

　メインストリームのメタル・シーンにおいてMeshuggahが絶大な人気を獲得できたのは、その完璧といえる演奏の他に、複雑な楽曲とリンクした照明の力も大きかった。Meshuggahのライトニング・オペレーターを務めるストックホルム在住のEdvard Hanssonは、長きにわたりMeshuggahの照明を担当し、しばしばそのオペレーション技術が話題となっている。彼のYouTubeアカウントにはツアーにおける照明のオペレーション動画がアップされている。

　Fredrikは2017年にツアー活動からの引退を発表。変わらず制作の部分では、Meshuggahの根幹を担っている。現在はFredrikの代わりにScar SymmetryのPer Nilssonがツアーに参加している。

Edvard Hansson

Meshuggah

Meshuggah の記念すべきデビューアルバムは、Nuclear Blast と契約しリリースされた。本作はボーカル / ギターの Fredrik Thordendal と Jens Kidman、ベース / ボーカル Peter Nordin、ドラム / バッキングボーカル Tomas Haake の 4 名で制作され、Peter を除く 3 名がソングライティングを担当している。プロデューサーには 89 年に発表されたデビュー EP『Meshuggah』も担当した P.H. Rics を起用、前身バンド Calipash のメンバーである Niklas Lundgren と Johan Sjögren もソングライターとしてクレジットされている。元々『(All This Because of) Greed』というタイトルが名付けられていた本作は、テクニカルなスラッシュメタルをベースとしながら、ところどころプログレッシヴな展開を見せる。Fredrik の刻むリフは既にソリッドでヘヴィ、Tomas のドラミングもそれに呼応するようにグルーヴを叩き込んでいく。日本では 95 年に Victor から日本盤（リマスター）がリリースされ、2010 年代前後にはヴァイナルでの再発や、リイシュー盤が発売されている。

Meshuggah

4 年振りのリリースとなったセカンドアルバム。92 年から Jens はボーカル専任となり、ギター / バッキングボーカルとして Mårten Hagström が加入している。プロデューサーにはスウェーデン出身の Daniel Bergstrand を起用、ミックスは Fredrik が担当し、マスタリングは Peter in de Betou が務めた。ハーシュノイズの嵐の中に打ち鳴らされる金属音から始まるオープニングトラック「Future Breed Machine」は、インダストリアルなサウンドスケープに落とし込まれた不協和音をチャームポイントにヘヴィに疾走。その後に続く「Soul Burn」や「Vanished」など、プログレッシヴな展開美の反復によって生み出される強靭なグルーヴを武器に突進を続けていく。後の Meshuggah スタイルへ繋がる作品として現在も高く評価されており、Rolling Stone が選ぶ "50 Greatest Prog Rock Albums of All Time" にもリストアップされている。Nuclear Blast America による北米流通により、Meshuggah の名は世界に広がり、同年には日本盤もリリースされている。

Meshuggah

Chaosphere
Nuclear Blast Records   1998

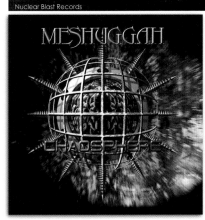

3年振りのリリースとなった3枚目フルレングス。97年にはデモ音源や「Future Breed Machine」のライブバージョンなどを収録したEP『The True Human Design』を発表。本作からベーシストにPain of Salvation、Non-Human Levelでの活躍で知られるGustaf Hielmが加入、前作同様エンジニアリングはDanielとFredrikが担当、マスタリングはPeterが行った。Meshuggahサウンドを象徴するようなアートワークはTomas自身が手掛けている。前作『Destroy Erase Improve』で作り上げたスタイルはそのままに、細部にわたってこだわり抜かれた複雑なポリリズムグルーヴにフォーカスした作品となっているが、決して複雑なだけでなく、キャッチーである事は忘れていない。ミュージックビデオになっているアルバムのリードトラック「New Millennium Cyanide Christ」では、ツアーバンの中でメンバーがヘッドバンギングしながら自身の楽曲にノリノリな様子が確認出来る。サウンドのアクセントになっているFredrikが鳴らすリードギターの不協和音も効果的に使用され、不気味な雰囲気を演出している。2008年にはリマスター盤が発売された。

Meshuggah

Nothing
Nuclear Blast Records   2002

4年振りのリリースとなった4枚目フルレングス。ベーシストのGustafが脱退し、Mårtenがリズムギターとベースを兼任する形でレコーディングが行なわれた。プロデューサーは起用せず、Fredrikがエンジニアリングを担当している。強烈に重厚なリフがハンマーのように振り下ろされるオープニングトラック「Stengah」は、前作『Chaosphere』の延長線上にあるサウンドに感じるが、Nu Metalにも接近するようなグルーヴを兼ね備えている。続く「Rational Gaze」や「Glints Collide」なども、複雑なポリリズムを有効なエッセンスとして安定したグルーヴを生み出している。本作はBillboard 200にも165位にランクインし、オーバーグラウンド・メタル・シーンにおいて成功を収めた。2006年にはアートワークを一新し、2005年に出演したDownload Festivalの模様を収めたDVDを追加した再録盤をリリース。こちらの作品ではオリジナルで使用した7弦ギターではなく8弦ギターを使用し、ドラムもトリガーを採用。「Nebulous」や「Obsidian」では新しいサウンドを元に再構築され、テンポが変更されている。この変化を聴き比べるのも面白い。レビュー掲載のアートワークはオリジナルのもの。

Meshuggah

Catch Thirtythree
Nuclear Blast Records

3 年振りのリリースとなった 5 枚目フルレングス。2004 年には 21 分の長尺曲のみ収録した EP『I』をリリース。本作はそのアイデアを元に全曲が連なるように構成されており、『Catch 22』という小説からインスパイアされた「ジレンマ」や「矛盾している状態」というテーマが全体のコンセプトになっている。制作ラインナップは前作『Nothing』と同じであるが、ドラムパートは Drumkit from Hell というソフトウェアを使用しプログラミングされており、このソフトウェアの制作には Fredrik と Tomas が関わっている。Tomas 以外のメンバーがギター、ベースフレーズのアイデアを出し合い、Tomas によるスポークンワードを交えながらレコーディング作業が行なわれた。ミックスは Fredrik が担当し、マスタリングは Björn Engelmann が手掛けた。はらわたにズンと響くようなヘヴィネスが、多弦ギターによる多彩なギターワークが整合感あるドラムパートと重なり合い、金属工場の巨大プレス機のような趣がある。基本的なスタイルは変わらないものの、コアなメタルヘッズをうならせる細部までエディットされたサウンドで高い評価を得た。Billboard 200 で 170 位にランクイン、収録曲「Shed」は、映画『Saw III』のサウンドトラックにも収録されている。

Meshuggah

obZen
Nuclear Blast Records

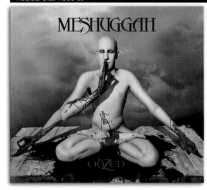

3 年振りのリリースとなった 6 枚目フルレングス。本作からベーシストに Dick Lövgren が加入、ドラムはプログラミングではなく、Tomas が実際にプレイしている。前作同様、ミックスは Fredrik が担当し、マスタリングは Björn が手掛けた。印象的なアートワークは Tomas のアイデアによるもので、グラフィックデザイナー Joachim Luetke が手掛けている。蓮華座で禅を組み瞑想する両性具有の人物は心の平和を求める姿とされ、不気味な 3 本腕は血塗られた手のひらが 6 の字の形になっており、「666」を表している。これは人間の本質的な邪悪さを表現しているとされている。このアートワークには制限が掛けられており、日本盤はズームアップされたものが使われている。複雑なテーマを持ちながらも、Meshuggah の代表曲とも言える「Bleed」を含む楽曲は、癖になるポリリズムの反復が瞑想のような心地良さを与えてくれる。高度に処理された波打つようなリフは、後のデスメタル、特にプログレッシヴ / テクニカルシーンにとって大きな衝撃を与えた。母国スウェーデンやイギリスでチャートイン、アメリカでは半年で 5 万枚を売り上げる好セールスを記録。難解である事の美的感覚がオーバーグラウンド・メタル・シーンで確かに受け容れられる事を証明した歴史的な作品。

Meshuggah

４年振りのリリースとなった７枚目フルレングス。2009年には『The Single Collection』、その翌年にはワールドツアーの模様を収めたライブ盤＋DVD『Alive』を発表。メンバーそれぞれがアイデアを出し合ってきたこれまでとは違い、各メンバーが担当するポジションに専任する形でレコーディングが行なわれた。「The Hurt That Finds You First」と「Demiurg」のみMårtenが歌詞を担当しているが、その他はTomasが手掛けており、スポークンワードも彼によるもの。Fredrikがエンジニアリングを行い、Danne Bergstrandがミックスを担当、マスタリングはGöran Finnbergによって施された。アートワークはロシアのグラフィックデザイナーKeerych Luminokaya。オープニングを飾る「I Am Colossus」は、スローテンポであることで強調される奥行きのあるサウンドをプレイし、これまであまり見られなかったアトモスフェリックなギターワークも効果的に挿入されている。強烈に複雑な「The Demon's Name is Surveillance」や、スラッシーな「The Hurt That Finds You First」など、Meshuggahにしてはバラエティに富んだスタイルで構築されている。

Meshuggah

４年振りのリリースとなった８枚目フルレングス。2003年にはフリーダウンロードEP『Pitch Black』、2014年にはアメリカとヨーロッパツアーでレコーディングされたライブ音源をまとめた３枚組のライブ盤『The Ophidian Trek』を発表。本作はスペインの画家Francisco Goyaによる作品『The Sleep of Reason Produces Monsters』にインスパイアされており、アルバムタイトルやアートワーク、歌詞にその世界観が落とし込まれており、テロリズムや宗教的教義にまで及ぶ。新しい試みとして、各パートを個別に録音しエディットしながら制作するのではなく、メンバー全員で楽曲を演奏しそれをエディットしていくというライブ形式で録音が行なわれている。よってFredrikではなくTue Madsenがエンジニアリング／ミキシングを担当し、マスタリングはThomas Ebergerが手掛けている。ピュアなグルーヴを意識して聴くと、厳格に整合されたサウンドに比べ、ややマイルドなグルーヴが感じられる。シンバルの響き、リフの残響、Fredrikによる実験的なギターエフェクトの感覚的なアレンジは、オーガニックなブルータリティ＆グルーヴの頂点を極めたMeshuggahにしか鳴らせない次元に到達している事を誇示しているかのようである。

Fredrik Thordendal's Special Defects

Sol Niger Within
Ultimate Audio Entertainment
1997

Meshuggah のギタリスト Fredrik Thordendal による ソロプロジェクト。基本的には Fredrik が全てのパートを 手掛けているが、多くのゲストミュージシャンが参加。 スポークンワードは Tomas Haake が担当し、サックス の Jonas Knutsson、オルガン奏者の Mats Öberg と Kantor Larsson、イダキと呼ばれる金管楽器の奏者 Victor Aleneng、ボーカリスト Marcus Persson に加 え、同郷のバンド Kaipa のドラマー Morgan Ågren や ジャズベーシスト Jerry Ericsson らとの共作も収録され ている。29 曲に区切ってあるが、43 分弱のアルバムを 一曲と定義した大作で、終始ポリリズムリフによってグ ルーヴィに展開される Fredrik らしい作品になっている。 幅広いプログレッシヴ・サウンドをヒントにメタル・シー ンでは馴染みのない音色によって独特の雰囲気を醸し出し ている。Meshuggah の『Destroy Erase Improve』 に収録されている「Sublevels」にも似た「Tathagata」 他、Meshuggah ファンにも楽しめる内容になっている。

Meshuggahのドラマー Tomas Haakeが監修したDrumkit from Hell

Drumkit from Hell は、Toontrack 社が制作したド ラム音源ソフトウェア EZDrummer のプラグインのひ とつで、Meshuggah のドラマー Tomas Haake に よって収録 / 監修されたものだ。Thomas がプレイす る Meshuggah のライブビデオなどと聴き比べても遜 色ないクオリティで、実際に Meshuggah のアルバ ム『Catch Thirtythree』でも使用された事で話題と なり、カナダのミュージシャン Devin Townsend も 2007 年のアルバム『Ziltoid the Omniscient』で Drumkit from Hell を使用。今日まで DTM メタル系 ミュージシャンに愛用され続けている。 現在は EZdrummer 用の EZX パックとして、Drumkit from Hell EZX という名称でリバイバルされており、 アップグレードキット DFH Add-on を併せて収録され ている。EZDrummer ではこの他にも Tomas が手掛 けた Metalheads や、Rob Zombie や Testament のドラマーとして知られる John Tempesta が収録 / 監修した Metal Machine などがある。

～Fellsilentから巣立っていったUKカリスマ達～

　2010年前後のイギリスでは、現在も活躍する多くのメタルコア、プログレッシヴ・メタルコア、そして
デスコアバンドが誕生している。Fellsilentはそのムーヴメントに火をつけたような存在と言えるだろう。
Fellsilentが解散し、MonumentsとTesseracT、Heart of a Cowardへと活動の場を移したメンバー達。そ
れぞれの歴史について、まとめて振り返ってみたい。

Fellsilent

　Fellsilentは、2003年にイギリス最大の計画都市ミルトンキーンズで結成された。ボーカリスト
Neema Askari、ギタリストの**John Browne**と**Acle Kahney**、ベーシストMax Robinson、ドラ
マーChristopher Mansbridgeの5人で始動。2004年にデモ音源を発表すると、ローカルなライブ活
動を積み重ねながら、EP『The Double 'A'』を完成させた。4曲入りのEPであったが、そのサウンドは
高く評価され、イギリスを中心にシーンでの認知度を高めていった。この頃、ボーカルにJoe Garrettが
加わり6人体制となっており、そのライブパフォーマンスは2人のボーカルがアグレッシヴにフロアを沸
かすようなものであった。Meshuggahに強い影響を受け、当時のライブ写真もメンバーはMeshuggah
のシャツを着てプレイしている。多弦ギターによる鋭い刻みとクリーンボーカルのコントラストは、2000
年代中期であれば革新的なサウンドであっただろう。

　2008年にリリースした最初で最後のフルアルバム『The Hidden Words』は、Djentの歴史に残る名
作だ。ブルータルであり、プログレッシヴな香りを持つテクニカルフレーズは、シーンのメタルコアバンド
達が羨む高いセンスに溢れている。Enter Shikariのツアーに帯同するとその人気は爆発的なものとなり、
TexturesやSikThらとも共演を果たした。2009年にはSumerian Recordsからワールドワイドな流
通が掛けられ、ヨーロッパの外にも飛び火していった。

　2009年、**Acle**の脱退が発表されると、MaxとJoeも次いで脱退を表明。この脱退についてはオフィ
シャルなアナウンスとは別に発表されたもので、バンドはセカンドアルバムに注力していた。しかし、
2010年の4月、Fellsilentは解散を発表。その時点でFellsilentに在籍していた**Neema**と**John**は
共に2007年から動き出していたMonumentsへとそのエネルギーを移行させ、活動を続けた。

　Fellsilentにおいてもバンドを牽引する存在として活躍した**Acle**はTesseracTでその才能を発揮し始
める。Joeはレコーディングエンジニア／プロデューサーの道を進み、Christopherは同郷のHeart of a
Cowardに加入した。

Monuments

　Monuments は **John Browne** と、アメリカを拠点に活動していた The Tony Danza Tapdance Extravaganza のギタリスト Josh Travis によって、2006 年に結成された。**John** が楽曲制作を行い、Josh はボーカルを担当している。同年制作した EP『…And It Will End in Dissonance』は、Fellsilent にも通ずるサウンドでありながら、よりもの悲しげな雰囲気が漂っている。この作品は 2019 年、**John** の YouTube アカウントに突如アップされ、長年幻とされていたサウンドが日の目をみることとなった。

　その後、Fellsilent の本格始動に伴い、Monuments の活動はストップ。2010 年に Monuments がフルバンドとして始動すると、Josh はメンバー・ラインナップから外れ、Fellsilent からそのまま **Neema** がボーカリストとして加入している。ツインボーカルの片翼として Greg Pope、ベーシスト Adam Swan、ドラマー Mike Malyan の 4 人体制で動き始めた。同年『We Are the Foundation』をリリースした後にライブを開始したが、2012 年まではメンバーチェンジを繰り返し、**Neema** と Greg も脱退してしまった。

　Century Media Records と契約したタイミングで、新しいボーカリスト Matt Rose とギタリスト Olly Steele が加入。アルバム『Gnosis』は 2012 年 8 月にリリースされ、大きな話題と共にツアーに飛び出る。Born of Osiris と After the Burial のヨーロッパツアーに参加し、Vildhjarta や Stealing Axion、The HAARP Machine、Textures、そして TesseracT とも共演を果たした。

　2013 年 3 月、Matt が脱退し、Periphery のボーカリストだった Chris Barretto が加入。セカンドアルバム『The Amanuensis』を制作し、2014 年 6 月にリリースしている。リリース後は Download Festival に出演するなど、メインストリームにじわじわとその名を広げていった。ドラマーの Mike が怪我の為に脱退してしまうが、Intervals で活躍していた Anup Sastry が加入し、ツアーを続行した。

　その後もアルバム『Phronesis』を発表、メンバーチェンジがありながらもライブ活動を続け、現在は新しいボーカリスト Andy Cizek と、怪我から復帰した Mike と共に活動中だ。

TesseracT

　TesseracT は Monuments よりも先に誕生しており、Fellsilent が始動した年と同じ 2003 年にスタートしている（フルバンド始動時を結成年としている場合もある）。2003 年始動当初は Mikaw Barish と **Acle** がソングライティングを担当し、2004 年頃からボーカリスト Julien Perier が加入し、制作活動を本格化。2007 年にデモ音源を制作した後にベーシスト Amos Williams、ギタリスト James Monteith、ドラマー Jay Postones、Julien の後任を担当した Abisola Obasanya に代わり Daniel Tompkins がボーカルを務め、5 人体制となってデビューアルバム『One』を完成させた。

　TesseracT のサウンドは、ポリリズムを用いながらミッドレンジで落ち着いたリフにソフトに絡み合うメロディ、そしてアトモスフェリックなアレンジを含むプログレッシヴ・メタルが軸になっている。これは、Meshuggah からの影響を受けつつアップデートした Fellsilent や Monuments とは違ったアプローチであり、TesseracT の存在感は、Djent シーンにおいて特別なものになっていく。

　2011 年 8 月、Daniel がバンドを一時離脱。サポートボーカルを入れつつライブをこなし、一時的に Sky Eats Airplane の Elliot Coleman がボーカリストとして加入している。EP『Concealing Fate』を挟み、Chimp Spanner と Uneven Structure を率いてイギリスツアーを敢行。Sonisphere Festival にも出演した。

　2012 年の 5 月にはアコースティック作品『Perspective』を発表。幻想的な世界観を TesseracT 流に演出し、Djent にはない、メロディアスな側面にある魅力でファンを魅了。2013 年にはアルバム『Altered State』を発表。この作品には新しいボーカリスト Ashe O'Hara が参加しており、リリース前に出演した Euroblast Festival からメンバーとして活動していた。

　2014 年 6 月、Daniel が Skyharbor での活動を終えて TesseracT に再合流。ライブ DVD『Odyssey/Scala』を挟み、アルバム制作に突入した。2015 年 9 月にアルバム『Polaris』はリリースされ、11 月から The Contortionist や Erra、Skyharbor を率いてツアーを行った。

　2017 年には新作のデモシングル「Smile」を公開。アルバムにはより洗練されたミックスを施し、先行シングルを続々と公開。「Luminary」や「King」は、これまでにない透明感のあるサウンドで話題となり、2018 年 4 月に『Sonder』を発表した。ワールドツアーを行うなど、その人気は世界的なものとなり、**Acle** だけでなく Daniel もソロアルバム『Castles』をリリースするなど各メンバーがミュージシャンとして活躍している。

Fellsilent

The Hidden Words   2008
Basick Records / Sumerian Records

2003 年ミルトンキーンズで結成。ボーカリスト Neema Askari、ギタリストの John Browne と Acle Kahney、ベーシスト Max Robinson、ドラマー Christopher Mansbridge の 4 人体制で活動をスタート。2004 年にシングル『Fell Silent』をキッカケに Basick Records と契約。2006 年にデモ音源ではあるが、4 曲入りの作品『The Double A』を発表。この作品から 2 人目のボーカルとして Joe Garrett が加入し、6 人体制となった。Meshuggah や SikTh を彷彿とさせる複雑な展開美が印象的なプログレッシヴ・メタルコア・サウンドは、ポリリズムなどを用いながら切れ味鋭いリフワークを武器にドラマティックに展開。ヘヴィでありながらも、跳ね感を重視したグルーヴとアトモスフェリックなサウンドの中に落とし込まれた儚げなメロディは Fellsilent サウンドの最大の魅力であり、後の Djent シーンの礎とも言えるものである。本作発表後、2010 年に解散。その後メンバーらはそれぞれにバンドを立ち上げ、John と Neema は Monuments、Acle は TesseracT、Christopher は Heart of a Coward のメンバーとして、Fellsilent サウンドを拡大していった。

Monuments

Gnosis   2012
Century Media Records

2007 年、ロンドンを拠点に Fellsilent のギタリスト John Browne と The Tony Danza Tapdance Extravaganza のギタリスト Josh Travis を中心に活動をスタート。Josh は直後に脱退してしまうものの、ボーカルには Fellsilent の Neema Askari と Greg Pope、ベーシスト Adam Swan、現在 DispersE で活躍するドラマー Mike Malyan の 5 人体制で本格的に動き始めた。本作までに EP『We Are the Foundation』を発表、Century Media Records との契約を前にメンバーチェンジがあり、ボーカル Matt Rose、ギタリスト Olly Steele が新たに加入し、5 人体制となっている。Fellsilent を彷彿とさせる Djent なプログレッシヴ・メタルコアは、シャウトとクリーンを巧みに使い分ける Matt のボーカルワークを軸としながら、じわじわとボルテージを上げながら展開していく。デビュー EP に収録されていた「Admit Defeat」などは歌詞を変更し再構築されており、オリエンタルな雰囲気を醸し出しながら爪弾かれるメロディアスなギターフレーズも心地良く響く。収録曲「Denial」には Periphery の Spencer がゲスト参加している。

Monuments

The Amanuensis

Century Media Records　2014

２年振りのリリースとなったセカンドアルバム。本作でもメンバーチェンジがあり、Matt Rose が脱退、後任に Periphery や Ever Forthright で活躍した Chris Barretto が加入している。アルバムタイトルの『The Amanuensis』は、David Mitchell の SF 小説『クラウド・アトラス』に由来している。本作のプロデュースは John を中心に、Dååth の Eyal Levi や Romesh Dodangoda をサポートに迎え、ミックス／マスタリングまでが行なわれた。神秘的なアートワークは Kris Davidson によるもの。パワフルな Djent リフで幕を開けるオープニングトラック「I, the Creator」からも感じられるように、新加入の Chris のボーカルワークが迫力満点で、叙情的な質感をもってドラマティックに響く。オリエンタルなメロディワークも健在で、多種多様のエフェクトで楽曲にゴージャスな香りを漂わせてくれる。収録曲「Atlas」は、こうした Monuments の魅力を存分に感じられる Djent 入門曲のような仕上がりになっているので、何から聴こうか迷っている人はこのアルバムからチェックしてみてほしい。限定盤には Euroblast Festival 2013 に出演した際のライブ音源も収録されている。

Monuments

Phronesis

Century Media Records　2018

４年振りのリリースとなった３枚目フルレングス。ドラマー Mike が脱退、本作では Anup Sastry がドラムを担当している（メンバーとしてはクレジットされていない）。レコーディングはメンバーそれぞれに別のスタジオで作業が行なわれ、ギター／ベースはイギリスの Treehouse Studios にて Jim Pinder をエンジニアに迎え行なわれた。ボーカルはアメリカ／ニュージャージーの Soundwars Studios にて作詞を担当した Chris によって録音された。ミックスは Joe Wohlitz が手掛け、マスタリングは Joel Wanasek が務めている。古代ギリシャ語で「Wisdom（叡智）」を意味する本作は、サウンドデザイナー Paul Prtiz によるオーケストレーションによって魔法がかけられたかのような神秘的なプログレッシヴ・メタルコアをプレイ。前作の延長線上にあるサウンドではあるが、全体的なコンセプトが統一され、物語のような趣がある。オープニングトラックの「A.W.O.L.」やリリックビデオになっている「Mirror Image」などライブにおいて狂熱的な盛り上がりを見せるキラーチューンも多く、Monuments 史上最高傑作との呼び声も高い。

TesseracT

2003 年、ミルトンキーンズを拠点に Fellsilent のギタ
リスト Acle Kahney によって TesseracT が立ち上げら
れた。2007 年にファーストデモ音源『TesseracT』、
2010 年にデビュー EP『Concealing Fate』をリリー
スした後、2011 年に Century Media Records と契約
を果たした。この頃にはバンド体制も整い、ボーカルには
First Signs of Frost で活躍した Daniel Tompkins、
ギタリスト James Monteith、ベーシスト Amos
Williams、ドラマー Jay Postones が加入している。
プロデューサーに迎えた Francesco Cameli を中心にレ
コーディングが行なわれ、Acle と Amos がプログラミン
グパートなどを担当、マスタリングは Andrew Baldwin
が手掛けた。モダンなプログレッシヴ・メタルをベース
に、クラシカルなメロディワークと Daniel のクリーンボー
カルに焦点を当てた落ち着いたトーンが印象的。ミドルテ
ンポの楽曲は浮遊感があり、波打つようなベースラインと
クリスピーな Djent リフが、踊るように叩き込まれるド
ラミングを頼りにグルーヴを生み出していく。Billboard
Top Hotseekers で 36 位にランクインするなど、高い
評価を得た。

TesseracT

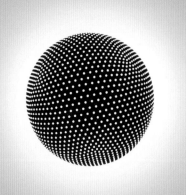

2 年振りのリリースとなったセカンドアルバム。前年に
は EP『Perspective』を発表。EP では、Sky Eats
Airplane で活躍した Elliot Coleman が脱退した Daniel
の穴を埋めたが、本作制作の段階で Ashe O'Hara がボー
カリストとして正式に加入している。プロデュースから
エンジニアリング、ミックス / マスタリングに及ぶ作業
は Amos と Acle によって行なわれ、TesseracT の
ヴィジュアルイメージを巧みに表現したアートワークは、
Ion Lucin と Shatner Basson が手掛けている。本作は
「Of Matter」「Of Mind」「Of Reality」「Of Energy」
という 4 部構成となっており、それぞれを構成する楽曲
はコンセプトにそった雰囲気を持つ。ミュージックビデ
オにもなっている「Nocturne」は宇宙空間を漂ってい
るかのようなサウンドスケープの中で、スタイリッシュ
な Djent サウンドを披露している。楽曲「Calabi-Yau」
では Periphery や Ever Forthright での活動で知られる
Chris Barretto がサックスフォンで参加。Djent シーン
における TesseracT の唯一無二の存在感を見せつけた。

TesseracT

Polaris
Kscope

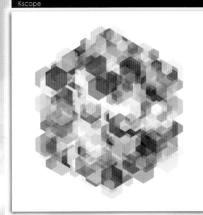

２年振りのリリースとなった３枚目フルレングス。Century Media Records を離れ、プログレッシヴ・ロックに特化したレーベル Kscope へ移籍。Ashe が脱退し、オリジナルボーカリストの Daniel が復帰。Daniel は脱退後、Skyharbor のメンバーとして活動していたが、復帰オファーを快く OK したそうだ。本作は Acle によってミックス / マスタリングが行なわれ、いくつかの楽曲において使用されるプログラミング・ドラムパートも Acle が制作した。本作はプログレッシヴ・ロックへと傾倒しながらも、Djent なサウンドは健在。朝霧のような神秘的なサウンドがゆったりと広がり、クリアなリフがメロディアスなサウンドの上でサクサクと刻まれていく。先行シングルとして発表された「Messenger」では、突き抜けるように伸びていく Daniel のボーカルと、個性的なオーケストレーションが新しい TesseracT の世界観を演出してくれる。Billboard 200 で 120 位にランクイン、イギリスの OCC チャートでは 65 位にランクインするなど好セールスを記録。Simon C. Page によるアートワークも印象的だ。

TesseracT

Sonder
Kscope

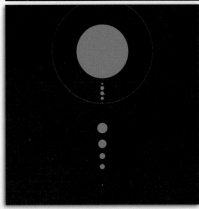

３年振りのリリースとなった４枚目フルレングス。2015 年にはライブアルバム『Odyssey / Scala』を Century Metal Records から発表。洗練されたパフォーマンスは彼らが支持される理由のひとつで、芸術性の高い世界観が魅力的だ。前作と同様のメンバー・ラインナップでレコーディングが進められ、Acle が Aidan O'Brien と共にエンジニアリングからミックス / マスタリングを手掛けた。また、本作の大きな試みとして White Moth Black Butterfly の Randy Slaugh によって指揮される合唱団がレコーディングに参加し、TesseracT の新しいサウンドの要となっている。静と動のコントラストは、きめ細やかなオーケストレーションやアンビエントなピアノの音色によって鮮やかに表現されている。宙を舞うようなスケールを持つ「Smile」や、アグレッシヴな「King」など、バラエティに富んだ楽曲群によって構成されたアルバムはトータルタイムが 36 分とバンド史上最も短いアルバムであるが、聴き終わった後の満足感はそれらを凌駕する程である。Billboard 200 では 198 位にランクイン、イギリスを始めスイスやドイツといったヨーロッパ各国のチャートにもランクインした。

Akarusa Yami

イギリス

Ouroboros
Independent
2013

2010 年ノッティンガムシャーで結成。ボーカル Tom Brumpton、ギタリストの Tom Clarkeand と Damian Lee、ベーシスト Jake Bennett、ドラマー Adam Jones、キーボード Lee Dowling の 6 人体制で活動をスタート。バンド名はそのまま「明るさ闇」を意味するようだ。Fear Factory を彷彿とさせるマシーンリフがグルーヴィーに展開、威勢の良いボーカルワークが面白い。ドラマティックな要素はないが、ひたすらにゴリゴリのリフを堪能したいリスナーにはオススメ。2015 年までに 2 枚の EP を発表した。

Aliases

イギリス

Safer Than Reality
Basick Records
2011

2010 年マンチェスターで結成。元 SikTh のギタリスト Graham 'Pin' Pinney と女性ギタリスト Leah Woodward を中心にボーカル Jay Berast、ベーシスト Joe Heaton、ドラマー Darren Pugh の 5 人体制で活動をスタート。シングル「We Never Should Have Met」発表後、Basick Records との契約を発表、本作のレコーディングを行った。SikTh を感じさせてくれる、はつらつとしたカオティックなリフが縦横無尽に駆け回り、Djent な心地良さもふんわりと添えられている。SikTh のファンなら必聴だ。

Bleeding Skies

イギリス

Cartographer
Myriad Records
2013

2006 年から活動しているスコットランドのアバディーン在住のミュージシャンで、Entrosolet のギタリストとしても活動していた Darren Cruickshank のソロプロジェクトとしてスタート。初音ミクのカバーを公開するなど、アニメや日本文化に精通しており、Bleeding Skies の活動にも影響を与えている。2012 年にデビュー EP『I Choose to Awaken』をリリースした後に本作をレコーディング。アニソンの影響も感じる浮遊感と疾走感のあるインストをプレイ。2016 年に活動終了をアナウンスするも、不定期にシングルをリリースしている。

Chimp Spanner

イギリス

At the Dream's Edge
Basick Records
2010

2009 年から活動するエセックス在住のギタリスト Paul Antonio Ortiz のソロプロジェクトとして始動。同年デビューアルバム『Imperium Vorago』をリリースした事をキッカケに Basick Records と契約。ギター、ベース、打ち込みからミックス / マスタリングまで全ての作業を自身で担当。インストゥルメンタルのプログレッシヴ・メタルコアは、フュージョンをエッセンスに加えながら、ソリッドなリフやスラップの効いたベースグルーヴを聴かせてくれる。Periphery と同様に Djent 誕生期にシーンに衝撃を与えた。

Chimp Spanner

All Roads Lead Here
Basick Records
2012

『At the Dreams Edge』から2年振りのリリースとなった本作も Basick Records からのリリース。Meshuggah を彷彿とさせるサウンドに、アンビエントやジャズ、ファンクのエッセンスを注入したインストは Chimp Spanner サウンドといっていい程、当時は個性的なサウンドであった。Dream Theater に象徴されるようなスペーシーなサウンドも聴きどころのひとつだろう。アートワークは D-Dub Designs の Daniel Wagner が担当。

Chronographs

Nausea
Ghost Music
2013

2010年ウスターで結成。ボーカル Jon Sinfield、ギタリストの Tom Ridley と Jack Pope、ベーシスト Tom Benson、ドラマー Finn Mclean の5人体制で活動をスタート。同年にファースト EP『Outhouse Sessions』を発表、Ghost Music と契約しレコーディングを行った。SikTh や The Arusha Accord を彷彿とさせる難解な楽曲構成をベースとし、流麗なクリーンパートを盛り込みながらドラマティックに展開。本作以降、新曲を立て続けにリリースするが、プログレッシヴ・ロックへとスタイルチェンジしていった。

Connor Kaminski

Escapism
Independent
2020

2018年、イギリスを拠点に Connor Kaminski によって始動したソロプロジェクト。同年11月にデビュー作『Somnium』を発表。翌年リリースしたシングル「Solstice」を経て本作を完成させた。Paul Gilbert とも共演した経歴を持つカナダのギタリスト Nick Johnston をフィーチャーした「Stir-Crazy」など、ヒロイックなギタープレイを全面に押し出した作風であるが、綿密に練り上げられたグルーヴィなリズムパートも素晴らしい。

El Scar

ヒキコモリ (Hikikomori)
Independent
2012

ブライトン出身の Marc Le Cras によるソロプロジェクト。2010年にデビューアルバム『The Human Instrumentality Project』を発表、その後もコンスタントに EP などリリースを重ね、本作がセカンドアルバム。サウンド・プロダクションはお世辞にも良いとは言えないが、無機質に刻み続けられる Djent なリフと、チープなメロディが散りばめられただけのスタイルは不思議な心地良さがある。彼はエヴァンゲリオンの大ファンであり、日本の文化を作品に投影、アーティスト名もカタカナでエルスカと表記する事もある。現在は活動がストップしている。

First Signs of Frost

The Shape of Things to Come
Basick Records 2017

8年振りの新作となった3枚目EP。本作では新しくボーカリストに Daniel Lawrence、ベーシスト Andy C. Saxton、ドラマー Alex Harford が加わり、ギターの Owen と Adam がプロデュース、マスタリングは Nick Watson が担当した。ハイトーンボーカルの映えるポストハードコアは、スラップを効果的に使用したベースラインと細かく刻み込まれる Djent なリフによって濃厚なバイブレーションを生み出す。Andy のテクニカルなプレイはミュージックビデオになっている「Meat Week」で確認出来る。

First Signs of Frost

イギリス

Atlantic
Zestone Records 2009

2004年グレーターロンドンにて結成。ボーカリスト Daniel Tompkins、ギタリスト Owen Hughes-Holland と Adam Mason、ベーシスト Simon Poulton、ドラマー Willian Gates の5人体制で、ミックスに TesseracT の Acle、マスタリングに Justin Hill を迎え、本作のレコーディングを行った。ポストハードコアをプログレッシヴなアプローチを用いて華やかにアレンジ。ほんのりと香る Djent なギターフレーズをポストハードコアに組み込み、シーンから注目を集めた。

Fractals

イギリス

Seclusion
Independent 2015

2011年、イギリスを拠点にギタリストの Tom Douglass とベース、プログラミング、そしてギターも担当する Levi Miah のユニットとして活動をスタート。同年、デビュー EP『Paradox』を発表すると、ボーカリスト Jak を加え、セカンド EP『Corridors』を完成させた。本作は再びユニット体制へと戻り、レコーディングされた彼らのデビューアルバム。シンプルではあるが、情感溢れる遊び心溢れるプログレッシヴ・メタルコアをプレイ。

Hacktivist

イギリス

Outside the Box
Rise Records / UNFD 2016

2011年ミルトンキーンズで結成。Heart of a Coward を脱退した Timfy と Ben を中心に、ラッパー Jermaine Hurley、ドラマー Richard Hawking、Sacred Mother Tongue のベーシスト Josh Gurneronの5人体制で活動をスタート。2011年にデモ『Hacktivist』、2012年に EP『Hacktivist』をリリースし、2016年に Rise Records / UNFD と契約。グルーヴィな Djent サウンドはラップとの相性も良く、シーンに新風を吹かせ大きな話題となった。

Heart of a Coward

Hope and Hindrance
Independent
2012

2007 年ミルトンキーンズで結成。ボーカル Ben Marvin、ギタリストの Carl Ayers と Timfy James、ベーシスト Ross Connor、ドラマー Tom Webb の 5 人体制で活動をスタート。2008 年にデビュー EP『Collisions』、2009 年にはセカンド EP『Dead Sea』を発表すると、自主制作で本作のレコーディングを行った。哀愁漂うメタルコア・サウンドは、牧歌的なメロディが心地良いギターフレーズが要となっており、Fellsilent を彷彿とさせるダークなヘヴィネスをまろやかに彩る。

Heart of a Coward

Severance
Century Media Records
2013

1 年振りのリリースとなったセカンドアルバムは Century Media Records と契約して発表された。大胆なラインナップチェンジがあり、Sylosis で活躍したボーカリスト Jamie Graham、ギタリスト Steve Haycock、ベーシスト Vishal Khetia、Enter Shikari や Fellsilent で活躍した Christopher Mansbridge が加入。ミックス / マスタリングは Will Putney が担当している。細部までシャープな音像で仕上げられたプログレッシヴ・メタルコアは、殺傷能力の高い Djent なブレイクダウンを武器とする。

Heart of a Coward

Deliverance
Century Media Records
2015

2 年振りのリリースとなった 3 枚目フルレングス。プロデューサーには SikTh での活動で知られる Justin Hill を起用、ミックス / マスタリングまでを担当している。ヘヴィネスを要に多彩なギターフレーズを盛り込んだプログレッシヴ・メタルコアは、メインストリームのメタルサウンドのキャッチーな部分だけを抽出。Heart of a Coward サウンドに注入することで、幅広いメタルリスナーから支持を集めた。もちろん、ザクザクとしたリフは随所に組み込まれており、フックを効かせメリハリのある展開を見せてくれる。

Heart of a Coward

The Disconnect
Arising Empire
2019

4 年振りのリリースとなった 4 枚目フルレングス。2017 年にボーカル Jamie が脱退。2018 年に新ボーカルとして No Consequence の Kaan Tasan が加入し、ファンを驚かせた。Arising Empire へ移籍して制作された本作は、これまでの Heart of a Coward から格段にレベルアップしたサウンドを披露。ハンマーのように振り下ろされるシャープなリフがヘヴィなグルーヴを生み出し、Kaan のボーカルとも上手くマッチしている。オーソドックスなメタルコアがベースにありながら、独創性のある展開美はベテランのなせる技か。

UK Tech-Fest　ギター・機材オタクからも大人気

　UKTech-Fest は、2011 年 8 月 28 日に設立されたプログレッシヴ・メタル / メタルコア、テクニカルデスメタル系アーティストを中心としたフェスティバルで、Euroblast Festival と並んで、Djent 系アーティストが数多く出演してきたフェスティバルだ。

　ノッティンガムシャー州ニューアーク＝オン＝トレントで毎年開催されており、7 月に 4 日間にわたってニューアークショーグラウンドで開催されている。3 つのステージで行われるライブに加え、ワークショップもファンの楽しみのひとつだ。トータルで 60 組を超えるアーティストが出演し、メインストリームで活躍するアーティストから、新しいアーティストまで様々で、特にギターやそれにまつわる周辺機材について興味をもったファンから人気があるフェスティバルと言える。

　最初の UK Tech-Fest は屋内で行われ、2012 年にアルトンのラウンジバーで開催された。UK Tech-Fest 2012 では、3 日間でヘッドライナーの Chimp Spanner、Textures、Sylosis を始めとする 33 バンドが参加。2013 年にはピーターバラに移動し、キャンプスペースを設けると、2014 年にニューアーク＝オン＝トレントに本拠地を見つけ、それ以来ずっと同じ場所で開催をしている。

　2020 年は残念ながら従来の形での開催は見送られたが、オンラインフェスという形で行われることになった。

HUNG

イギリス

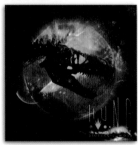

Djurassic Word
Independent
2016

2014 年ウスター在住 Barnaby Oakley のソロプロジェクトとして始動。プロジェクト名の由来は Heavy Unpredictable New Groove の頭文字から。2015 年に弦楽器を担当する Freddy Saunders が加入し、デビューアルバム『HUNG』をリリース。本作はセカンドアルバムにあたる。ヘヴィーでファンキーなリフに、煌びやかなメロディを奏でるキーボードを重ねていくプログレッシヴな一枚。ゲストには Angel Vivaldi や As Blood Runs Black の Dan 等豪華なアーティストが参加。

Ihlo

イギリス

Orion
Independent
2019

2018 年頃結成。コンポーザーであり、プロダクションからミックスまでを手掛けるギタリスト Phil Monro、ボーカリスト Andy Robison、ドラマー Clark McMenemy のトリオ体制で始動。その後、ギタリストに Connor Mackie が加入し、4 人体制で本作のレコーディングを行った。エキゾチックなアートワークからも想像出来るように、クリーンボーカルを生かした爽やかなプログレッシヴ・サウンドが印象的で、ところどころに挿入されるエレクトリックなアレンジが癖になる。

Invocation

イギリス

Atlas
Independent
2016

2009 年ミルトンキーンズで結成。ボーカル Matt Duffy、ギタリストの James Hewitt と Tom Still、ベーシスト Robin Saunders、ドラマー Alex Todd-Weller の 5 人体制で活動をスタート。2011 年にデビュー EP をリリースした後、UK Tech-Fest へ出演するなど注目を集めた。本作は、うねるヘヴィリフが複雑に刻まれていき、アトモスフェリックな音像の中を猛進するように突き抜けていく。ゲストボーカルには Exist Immortal の Meyrick や Hacktivist の Timfy が参加している。

Kmac2021

イギリス

Imposter
Independent
2019

元々 YouTube で様々なミームを投稿していた YouTuber だった Kieran によるソロプロジェクト。2020 年現在 70 万人を超えるチャンネル登録者数を誇る彼は、2016 年に EP『moon』を発表。これはピアノアンビエントであった為に注目を集めることはなかったが、本作は彼のソングライターとしての才能が詰まった作品となっている。ダークなリフワークはダウンテンポ・デスコアに匹敵するヘヴィネスを持ち、ニューメタルの鬱屈感も兼ね備えたサウンドで高評価を得た。

Mask of Judas

イギリス

The Mesmerist 2018
Independent

2010 年チチェスターで結成。女性ボーカル Jo Challen、ギタリスト Sam Bell、ベーシスト George Bell、ドラマー Jof Walsh の 4 人体制で同年、デビュー EP『Mask of Judas』をリリース。2013 年にはセカンド EP『Axis』を発表。本作は 5 年のブランクを経て完成させたデビューアルバム。ドラマティックなミドルテンポのプログレッシヴ・メタルコアをベースとし、まるで Periphery が女性ボーカルとコラボしたような雰囲気を感じさせてくれる。シャウトとクリーンを巧みに歌い分ける Jo のテクニックにも注目だ。

Miroist

イギリス

Curve 2014
Independent

2011 年、ロンドン在住の Mirois によって始動したソロプロジェクト。2012 年にファースト EP『The Pledge』を発表後、デビューアルバムとなる本作を完成させた。Cloudkicker からの影響を公言するように、クラシカルなメロディがふわふわと宙に漂いながら、モダンなプログレッシヴ・メタル / メタルコアを鳴らす。神秘的な雰囲気もあり、ソロプロジェクトらしいアーティスティックな作品になっている。アートワークはオーストラリアの Kaitlin Beckett が担当。

Nexilva

イギリス

Eschatologies 2014
Ghost Music / Subliminal Groove Records

2009 年サンダーランドで結成。Osiah の前身バンドとして知られる Humanity Depraved のボーカル Gary King、ギタリスト Sean Mennim、ベーシスト Alex Anderson、ドラマー Callum Johnson の 4 人体制で活動をスタート。2010 年にデビューアルバム『The Trials of Mankind』、2011 年に EP『Defile the Flesh of Innocence』を発表している。トリプルギター体制となって制作された本作は、シンフォニックなオーケストレーションを交え、疾走感溢れるデスコアに鋭いリフワークを重ねるスタイルで話題となった。

No Consequence

イギリス

IO 2013
Basick Records

2005 年ギルフォードで結成。ボーカル Kaan Tasan、ギタリストの Dan Reid と Harry Edwards、ベーシスト Tom Parkinson、ドラマー Colin Bentham の 5 人体制で活動をスタート。2007 年にデビュー EP『Pathway』を発表後、2009 年に Basick Records と契約し、デビューアルバム『In the Shadow of Gods』をリリースした。4 年のブランクがあったものの、同郷の Monuments を彷彿とさせるタイトかつ繊細なリフが織り成すグルーヴが清々しい。アートワークは Uneven Structure の Igori が担当した。

No Consequence

Vimana
Basick Records
2015

2年振りのリリースとなったセカンドアルバム。すでに10年のキャリアがあり、ヨーロッパを中心にファンベースを持つ彼ら。前作『IO』では Monuments を彷彿とさせるサウンドで話題となったが、本作はさらにメランコリックなメロディをふんだんに盛り込み、壮麗な音空間の中を漂うようなグルーヴが印象的だ。ミュージックビデオにもなっている「Speechless」は、Kaan の透き通ったクリーンボーカルとシャウトが生み出す絶妙なコントラストがドラマ感を演出。メロディック・ハードコアにも通ずる哀愁も兼ね備えている。

Oceans Ate Alaska

イギリス

Lost Isles
Fearless Records
2015

2010年、バーミンガムで結成。ボーカル James Harrison 、ギタリストの James Kennedy と Josh、ベーシスト Alex、ドラマー Chris Turner の5人体制で活動をスタート。2012年に『Taming Lions』『Into the Deep』と2枚のEPを立て続けにリリース。当時はポストハードコアをプレイしていたが、ギタリストに Adam Zytkiewicz、ベーシスト Mike Stanton が加入し、スタイルチェンジ。複雑に転調を続けるマスコア的なアプローチをそのサウンドに落とし込み、閃光のようなクリーンボーカルがエキゾチックな雰囲気を醸し出す。

Oceans Ate Alaska

イギリス

Hikari
Fearless Records
2017

2年振りのリリースとなったセカンドアルバム。James が脱退し、2017年に Jake Noakes が加入している。アルバムタイトル「Hikari」や、「Benzaiten」「Hansha」「Ukiyo」などといった日本語の楽曲が収録されており、どこか日本の古典音楽の旋律を思わせるものもある。ミュージックビデオにもなっている「Hansha」では、彼らのルーツであるポストハードコアをマス/プログレッシヴな楽曲に色濃く落とし込み、予測不能なブルータルパートを差し込みながら、独創的な世界観を作り上げている。なによりドラマーChrisのプレイが多くのメタルリスナーを虜にした。

Orion

イギリス

All This World Means
Rogue Records America
2012

2011年マンチェスターで結成。ボーカル Phil Owen、ギタリストの Alex Huzar と Mike Jones、ベーシスト Alex Sharpe、ドラマー Nathan Mcleish の5人体制で活動をスタート。同年に EP『Where Whales Go to Die』をリリースした後、2012年に Rogue Records America と契約し、本作のレコーディングを行った。ロマンティックな浮遊感の中で、ソリッドなリフワークを生かしたプログレッシヴ・メタルコアをプレイ。

Red Seas Fire

Red Seas Fire	2011
Independent	

2007 年ブリストルで結成。Periphery のベーシストとして知られる Adam Getgood がギタリストとして所属しており、ボーカル Robin Adams、ギタリスト Peter Graves、ベーシスト Leo Dorzs、ドラマー Sam Gates の 5 人体制で活動をスタート。Fear Factory がデスコアをプレイしたようなグルーヴメタル由来のサウンドは、クリーンパートを交えながらドラマティックに展開。2012 年に Adam が Periphery に専念する為に脱退し、そのまま活動がストップした。

Shattered Skies

Muted Neon	2018
Independent	

2011 年、イギリスを拠点にボーカル Sean Murphy、ギター、ベース、キーボードを担当する Ian Rockett、ドラマー Ross McMahon のトリオ形式で本格始動。同年にリリースした EP『Reanimation』、2015 年のアルバム『The World We Used to Know』を経て、本作を完成させた。クラシカルなプログレッシヴ・メタル / ロックをベースに Djent なエッセンスを注入。Sean の透き通る様なクリーンボーカルがモダンなサウンドと見事に融合している。「Birth of a Voyager」は Dance Gavin Dance にも接近するような雰囲気を持つ。

SikTh

The Trees Are Dead & Dried Out Wait for Something Wild	2003
Unparalleled Carousel / Victor Entertainment	

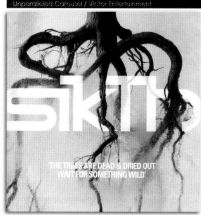

1999 年、ワトフォードで結成。2002 年にリリースしたデビュー EP『Let's the Transmitting Begin』を経て、2003 年に Unparalleled Carousel と契約、本作のレコーディングを行った。メンバー・ラインナップはツインボーカルの Mikee W. Goodman と Justin Hill、ギタリストの Dan Weller と Graham Pinney、ベーシスト James Leach、ドラマー Dan Foord の 6 人。エンジニアリングは Andrew Scarth が担当し、ミックスは Colin Richardson、マスタリングは Vlado Meller が手掛けた。また、Dan はピアノ、Mikee はシンセサイザーも演奏している。怪力無双のハイトーン・スクリームが強烈なインパクトを放ち、マスコアをベースとした奇想天外なプログレッシヴ・フレーズも炸裂し続けていく。Nick Cave and the Bad Seeds のカバーを含む 1 時間超えのフルボリューム作品であるが、Djent なアイデアも詰め込まれており、聴くたびに新たな発見がある。2004 年には FUJI ROCK FESTIVAL で来日を果たした。

SikTh

Death of a Dead Body
Bieler Bros. Records
2006

3年振りのリリースとなったセカンドアルバム。本作はバンド自身がプロデュースを行い、ミックスは Matt Laplant が担当。マスタリングは Mike Fuller によってフロリダのスタジオ Fullersound で行なわれた。パワフルなアートワークは Tim Fox によるもの。前作では、突進し続けるアグレッシヴなマスコアをプレイしたが、オープニングを飾る「Bland Street Bloom」から、Periphery を思わせるようなクリーンボーカルを含むプログレッシヴ・メタルコアなアプローチを披露。「Way Beyond the Fond Old River」では、複雑なリズムが交差するリフの嵐と伸びやかなボーカルパートのコントラストが芸術的な趣を見せる。「Sanguine Seas of Bigotry」や「As the Earth Spins Round」「Where Do We Fall?」を始め、各パートの超絶技巧も味わえる、新たな SikTh らしさを確立する事に成功した。2014 年の Record Store Day では、Basick Records よりヴァイナルバージョンが発売された。

SikTh

The Future in Whose Eyes?
Millennium Night
2017

11年振りのリリースとなった3枚目フルレングス。2008 年に活動を休止、2013 年に復活を果たし、2015 年には 6 曲入りの EP『Opacities』を発表している。Justin に代わり、Joe Rosser が加入。プロデュースは Dan が担当し、ミックスは Periphery に在籍した Adam Getwood が務め、マスタリングは Ermin Hamidovic が手掛けた。芸術的なアートワークは Meats Meier によるもの。初期のおどろおどろしさは影を潜め、綿密にエディットされた至極のリズムが幾重にも重なり合いながら、卓越されたグルーヴを生み出す様はまさに熟練技。Periphery の Spencer をフィーチャーした「Cracks of Light」に注目が集まりがちだが、「The Aura」や「Golden Cufflinks」「Riddles of Humanity」といった新鮮さに溢れた楽曲も聴きごたえがある。Mikee は SikTh を始め、Iron Maiden のギタリスト Adrian Smith と Primal Rock Rebellion というプロジェクトなどでも活動。『Awoken Broken』というアルバムをリリースしている。

アニメ文化をDjentに取り入れたスコットランドの奇才
Sithu Ayeインタビュー

質問者：Kazuki Yamamichi
回答者：Sithu Aye

Q：こんにちは！ あなたのライブは 2016 年の UK Tech-Fest と来日ツアーでライブを観ましたがとても楽しかったです。まずはじめに、活動を行う上で最も重要だと考えている事はありますか？
A：ライブを観てくれてありがとう！ とても嬉しく思うよ。活動する上で最も重要な事は、楽しむ事以外にないね。
多くの野心的なミュージシャンは、「上手に演奏する事」や、大きなソーシャルメディアを追いかける事に重点を置いているけど、Sithu Aye を始めた時には、この事について重要と考えていなかったんだ。僕のやりがいは、制作する事が楽しい音楽をやることだったから。皆の前で演奏する事も他では得る事が出来ない経験と喜びだね。バンドの仲間やお客さんと一緒にエネルギーを共有する事は、それ以外のものは全くないくらい好きだよ。

Q：Sithu Aye のサウンドはユニークで楽しく、可愛さがありますよね。どんなものがあなたの音楽にインスピレーションを与えますか？ 影響を受けたバンドなどはいますか？
A：サウンドについてコメントをくれてありがとう！ 正直、たくさんの事からインスピレーションを得ているね。バンドサウンド、ゲーム音楽、アニメや映画は僕にインスピレーションを与えてくれているんだ。
『Senpai EP』では、最近のアニソンから多くのインスピレーションを得たんだよ。よくアニメのオープニングを聴いて純粋な喜びを感じるから、『Senpai EP』を通して伝えたいと思ってたんだ。
影響を受けたバンドについては、書ききる事が出来ないほどたくさんいるよ。
Dream Theater はプログレッシヴ・メタルミュージックへと導いてくれたバンド。Periphery、Animals as Leaders、Chimp Spanner といったバンドやアーティストは、音楽のスタイルに惑わされず、自分の音楽を録音してリリースするというアイデアを僕にもたらしてくれたんだ。
Paul Gilbert、Steve Vai、Guthrie Govan、John Petrucci といったギタリスト達にも同様に影響を受けたね。これは本当にごく一部さ。

Q：スコットランドの音楽シーンはどうですか？
A：スコットランドの場所によって異なるかな。メタルだったら、グラスゴーはとても多くのバンドがライブを行っていてシーンは盛り上がっているよ。インターネット上でフォロワーを獲得してからは、グラスゴーの音楽シーンに全然繋がってないからちょっと奇妙に感じる部分はあるけどね。スコットランドではあらゆる種類の音楽を作っているクールで才能のある人々がたくさんいるよ。

Q：『Senpai EP』シリーズは日本人にとって興味深いものです。これはどんなアイデアで生まれましたか？
A：僕はアニメの大ファンなんだ。日本ではアニメファンを「アニメオタク」と呼んでいると思うけど、ヨーロッパではアニメファンの事を冗談めかして「weeaboos」や「weebs」呼んでいるんだ。僕はいつもアニソンを愛してきた。
Mayones Regius 7（7 弦ギター）と Ax-FX II（アンプシミュレータ）を手に入れた時、新しい機材を試してみたいと思ったんだ。元々、アニメのオープニングスタイルで作曲するという考えを持ってたんだけど、ロックアニメのオープニングにありがちな速くて、明るく、そしてすごくキャッチーなメロディーの感じ

を捉えようしたんだよね。そんなアニメのオープニングみたいな EP を作る考えがあったんだ。
友人の Jack は「Sithu、これは君が今まで持っていた中でも最悪のアイデアだよ」って言ってきたんだけど、あえてそれをやったよ（笑）

EP の名前については、日本では「先輩！」と学校や職場で先輩の事を呼ぶ事は非常に普通の事だと思うんだけど、西洋ではアニメの女の子たちがいつも先輩に気づかれたいと思っていた結果、恋人になった事を「Senpai, Please Notice Me!」と呼ぶちょっとした冗談があったんだ。
だから、EP に「Senpai EP」と名付けて、「Senpai, Please Notice Me!（先輩、私に気付いて下さい！）」という曲名にもジョークに関係付けたんだ。だけど、西洋と日本の人々が僕を先輩と呼ぶ事になるとは思いもよらなかったな（笑）

Q：あなたが影響を受けた日本のアニソンは何ですか？
A：僕はキャッチーでかわいい作品が好きなんだ。 ClaRiS、LiSa、GARNiDELiA、藍井エイル、中川翔子の作品はキャッチーでたまらないね。 厳密にはアニソンではないけど Tricot、Snail's House、凛として時雨、Ichika の様な本当にクールな日本のアーティストもチェックしているよ。

Q：どんなアニメが好きですか？ 日本のアニメにどんな魅力を感じますか？
A：『カウボーイビバップ』や『新世紀エヴァンゲリオン』の様なクラシックなアニメから、現代的な『Steins;Gate』や『Fate/Stay Nigh』『けいおん！』みたいな萌えアニメまで全部好きだよ！ スタジオジブリの千と千尋の神隠し、もののけ姫、天空の城ラピュタといった名作映画も忘れる事は出来ないよね。そうそう、『君の名は。』『聲の形』『時をかける少女』『おおかみこどもの雨と雪』みたいな素晴らしいアニメ映画も好きだね。
日本のマンガ、ライトノベル、アニメのクリエイターは非常に多様でユニークなアイデアや創造性をたくさん持ってるよね。西洋のアニメって子供の向けアニメか Rick and Morty or Archer みたいな大人向けの番組が多いんだけど、日本の人々がアニメのために持っている色々なアイデアに驚いているよ。全部がすごく魅力的だよね。

Q：インターネット上で自身の名前を「糞ヒキニート先輩」と名付けたのはなぜですか？
A：あぁ、それはジョークのつもりだったんだよ。 僕は多くの日本人が Twitter のハンドルネームの後に @ 何かを書く事に気付いたんだ。ヒキニートというのはライトノベル「この素晴らしい世界に祝福を！」の冗談で、キャラクターのひとりが「引きこもりニート」と他人を非難していて、僕はひきこもりやニートじゃないけど、スコットランドでは、よく自虐ネタで自分自身をたくさん楽しませるから、かなりうまくハマっているんじゃないかと思ったんだ！ 「Sithu Aye@ 糞ヒキニート先輩」が自分のためにある完璧な Twitter の名前にしたと感じたよ。

Q：2016 年には Protest the Hero/Reflections/Cyclamen で来日ツアーをしていましたね。ツアー終了後も日本に長く滞在していたと思いますが、日本はどうでした？
A：日本は歴史、伝統、文化が豊富であるだけでなく、人々が自由に自分の興味を追求出来る信じられない場所だね。本当大好きだよ。オタク文化がどこにでもある秋葉原に行ったし、原宿ではヤバい衣装を着た女の子がいたし、大阪でライブした会場にはビジュアル系のバンドもいたんだ。
日本には多くの社会的なプレッシャーと期待がある事は分かっているけど、皆それぞれ自分達の興味を追求する事が出来る様だね。日本の皆の前で演奏する事は凄い事だった。日本の音楽ファンはとても熱心で演奏中やショーの後に会ったり、話をしたりするのが本当に楽しかった。
ツアー中にとても多くの人に会う事が出来てとてもラッキーだったね。また、必ず日本に戻りたいと思う！他人を尊重し、責任感がある日本人の考え方についてだけど、日本人の皆は自分達でゴミを拾うから東京は僕が今までに訪れた中で最も綺麗な都市だったよ。非常に注意深い事にも敬意を表すよ。僕の国もそうだったらいいのに。
あっ！ 日本の食べ物に言及していない事を忘れていた！ アジア料理が好きだけど、日本料理は特に大好きなんだ。日本にいる間、めちゃくちゃ日本食べたよ。

Q：日本のファンへメッセージをお願いします。
A：僕は日本と日本の皆が大好きだから、日本に戻ってくる事を待ちきれないな。いつもサポートありがとう！

Sithu Aye

Cassini
Independent — 2011

Sithu Aye は、ミャンマー出身スコットランド／グラスゴー在住の Sithu Maung Maung Aye によるソロプロジェクト。彼は Twitter で自らを「糞ヒキニート先輩」と名乗り、日本語のネットスラングも使いこなす weeb で、日本の Djent リスナー、そしてアニメ好きから支持を集めている。本作は 2011 年にリリースされたファーストフルアルバムで、Periphery や Animals as Leaders からの影響を色濃く感じるテクニカルなプレイと、心温まるメロディラインを上手く融合させている。

Sithu Aye

Senpai EP
Independent — 2015

2012 年にセカンドアルバム『Invent the Universe』をリリース。その後も 3 枚の EP を発表し、Plini とのスプリット作品を発表するなど、オンラインを中心に絶えず活動を続ける Sithu Aye。本作は彼のアニメ趣味に振り切った作風で、オリジナルのキャラクターをあしらったアートワークが衝撃的だ。これまでの Sithu Aye が鳴らしてきたプログレッシヴ・サウンドにフュージョンの要素やアニメの OP 的なメロディを散りばめており、音楽的にも優れている。曲名も「Oh Shit, I'm Late for School!（やだ、遅刻しちゃう！）」など、Sithu Aye らしさが爆発した一枚。

Sithu Aye

Senpai II: the Noticing
2017

2015 年にリリースした『Senpai EP』の続編として制作されたコンセプト EP。前作以上にアニソンへの愛を爆発させており、アニメが好きな人からしたら新しい OP か何かに聴こえなくもない、というか聴こえるのではないだろうか？ アートワークにも登場しているキャラクターの漫画も制作されており、EP と共に公開され大きな話題となった。楽曲タイトルも「It's the Second Season, So We Need a New Character After All!（もう 2 クール目だし、新キャラ登場させなきゃね！）」など、オタクには親しみやすい雰囲気に溢れた作品になっている。

Sithu Aye

Senpai III
Independent — 2021

Sithu Aye の大人気シリーズ「Senpai」の第 3 弾。2018 年にはフルアルバム『Homebound』をリリースし、ソフトなタッチで描かれるプログレッシヴ・インストを披露。ソロアーティストとして、Plini や CHON 系のポップなマスコア／プログレッシヴシーンでファンベースを確立している。その中でも Sithu Aye の個性といっても良いアニソンと Djent のクロスオーバーは『Senpai』シリーズを通じて作り上げてきた。キャリア初となるミュージックビデオ「Differing Paths」で描かれる世界観は多くの共感を呼び、更なる支持を集めるきっかけとなった。

シャウトとクリーンが交差するDjent x マスコア

The Arusha Accordインタビュー

質問者：Kazuki Yamamichi
回答者：Paul Green

Q：2017年のUK Tech-Fest で The Arusha Accord のライブを観ました。素晴らしいショーでした。The Arusha Accord は長い間、活動を止めていたと思いますが、何があったんですか？
A：UK Tech-Fest は、活動再開後の2回目のショーだったんだ。たくさんの人が The Arusha Accord がまだ存在しているか心配していた事に寂しさを感じたけど、俺達はバンドの成長不足を感じたから、止むを得ず活動をほとんど中断していたんだ。
活動中断前には、テクニカルなメタル・シーンの盛り上がりは落ち着いてしまっていて、いくつかのバンドは大丈夫だったけど、俺達は純粋なミュージシャンとして存在する事が出来なくて、生きるために他の事に集中する選択をしたんだ。新曲を作成しながら議論していたけど、俺達はシーンに復帰する準備が出来ていなかった。中断する決定を決めた時は本当に厳しいものだったけど、100%正しい決定だったと思っているよ。

Q：そうだったのですね。多くのファンが The Arusha Accord の復活を喜び、歓迎していると思います。バンド結成時の話になりますが、どのようなバンドに影響を受けましたか？
A：俺達は皆、異なるバンドの影響を受けているけど、全員共通しているのは、Tool、The Dillinger Escape Plan、SikTh かな。俺は Karnivool や Manchester Orchestra みたいなもっとメジャーなバンドの影響を受けているよ。
音楽的には独自の事をやっていると言っても間違いないと思うけど、他のバンドに焦点を当てて直接的なインスピレーションを得るのではなく、The Arusha Accord はいつも The Arusha Accord の独自の音を持っていて、多数のバンドと区別して聴く事が出来ると思ってるよ。

Q：イギリスには素晴らしいバンドがたくさんいますね。シーンの状況は常に大きく変化し続けていると思いますが、実際にイギリスのシーンにいて、どのように感じますか？

A：イギリスの音楽シーンは大きく変わり続けているよね。テクニカルなメタル・シーンはここ数年ではるかに規模が大きくなったと思う。SikTh 再結成後に登場したバンドの成長をみれば、それをより感じる事が出来る。

シーンの発展は、UK Tech-Fest や ArcTanGent 等のイベントの規模拡大も影響していて、加えて TesseracT や Architects の様なバンドが成長している事、音楽的に精通したリスナーも増えているね。俺達の再始動はすごく良いタイミングだったと思うよ。だけど、ソーシャルメディアの使い方ははるかに厳しく難しいものになってきたよね。

Q：永年不動だったメンバーのギター Tom とボーカル Alex が脱退しましたが、何があったのでしょうか？

A：確かに、Tom と Alex は The Arusha Accord を去ったよ。これは関係者全員にとって厳しい事実だけど、皆にとって正しい決定だった思っている。ボーカルの Alex はベーシストの Luke と間にバンドの活動において意見の衝突があったし、ギタリストの Tom は自分の歌の作曲に集中するようになり、2 人とも脱退を決めたんだ。メンバーの脱退で明らかに今までと異なる要素はあるけど、新しい The Arusha Accord には自信があるよ。

Q：『Juracan』について教えて下さい。

A：5 つのトラックで構成されたこの作品には様々な音が混在しているけど、従来の The Arusha Accord のサウンドが好きなリスナーも楽しめるものであることは間違いないよ。最初の 2 曲「Blackened Heart」と「Vultures」は特にそうだね。

それ以外は、メロディアスなエレメンツが占める割合が増えているし、シャウトを使う事なく、完全に歌モノとして成立している楽曲もある。ソロボーカリストになった事で、ボーカルにフォーカスした楽曲にも面白みが出ていると思うよ。

Q：あなたは Devil Sold His Soul でボーカルを担当していますよね。私は大阪での来日公演を観て感激しました。日本でのツアーはどうでしたか？

A：言葉で表すのは難しいけど、Devil Sold His Soul の日本ツアーは、人生においての最高の体験だったよ。俺達は、日本が音楽に対してフレンドリーで、丁寧で情熱的な文化と人々がとてつもなく魅力的であると知る事が出来た。また必ず日本に戻ってくるし、The Arusha Accord でも同じ様に来日出来る事を願っているよ。

Q：日本の The Arusha Accord のファンへメッセージをお願いします。

A：新しい The Arusha Accord を是非チェックしてみてほしい。友達にも広めて、俺達が来日する機会に繋げてもらいたいな。みんなのサポートには心から感謝するよ、ありがとう！

The Arusha Accord

イギリス

The Echo Verses (Collector's Edition)　　　　2011
Basick Records

2005 年レディングにて結成。ボーカリスト Paul Green、ギタリストの James Clayton と Tom Hollings、ベーシスト Luke Williams、ドラマー Mark Vincent の 5 人体制で活動をスタートさせた。デビューアルバムとなる本作は、SikTh や The Dillinger Escape Plan を彷彿とさせるマスコアをベースに、Tool にインスパイアされたメロディを散りばめたアグレッシヴなサウンドをプレイ。シャウトとクリーンが巧みに交差するボーカルワークも聴きどころのひとつ。2009 年にオリジナル盤がリリースされており、本作はデモ音源を追加したもの。

Sky Sanctuary

イギリス

Insert Coin(s)
Independent   2012

2011 年、オックスフォード在住のギタリスト Joey Cohen によって設立されたソロプロジェクト。打ち込みの Djent なプログレッシヴ・メタルコアはリードギターの代わりにチップチューンを使用。メロディのアイデアはレトロゲームからインスパイアされたものもあり、面白い。楽曲のクオリティも高く、時折 Born of Osiris を彷彿とさせるオリエンタルな音色も挿入されている。Joey の使用しているギターの指板にはスペースインベーダーのキャラクターが描かれており、レトロゲームオタクの一面も垣間見える。

State of Serenity

イギリス

Aether & Echo
Independent   2016

ハダースフィールドを拠点にギタリストの Sam Kershaw と Anthony Childs、ベーシスト Conor O'Loughlin のトリオで結成。2013 年に Polyphia の Tim Henson がフィーチャーした楽曲が収録された EP『Foundations』でデビューすると大きな注目を集め、シングルリリースなどを続けながら本作を完成させた。眩いメロディがテクニカルにプレイされ、しっかりとグルーヴを生み出すベースラインと交差しながらスタイリッシュなプログレッシヴ・メタルコア / ロックを展開。「Aether & Echo」には Kadinja の Pierre が参加している。

Subversion

イギリス

ANIMI
Independent   2015

2008 年ケントで結成。ボーカル Spencer Haynes、ギタリストの Kai Giritli と Sean Moxom、ベーシスト Rich Lawry Johns、ドラマー Steve Cross、キーボード Chaz Barnes の 6 人体制で活動をスタート。2010 年にデビューアルバム『Lest We Forget』、2013 年には EP『Transcend』をリリース。Mnemic や Threat Signal を彷彿とさせるテクニカルなメロディック・デスメタルをベースにしながら、シンフォニックなオーケストレーションを降りまぶしたようなサウンドをプレイ。

Summits

イギリス

The Attainment
Independent   2012

2012 年ハートフォードシャーで結成。ボーカル Jake Crowder 、ギタリストの Matt Ambler と Charlie Trigg、ベーシスト Chris Russell、ドラマー Greg Ward の 5 人体制で活動をスタート。Structures をお手本としたミッドテンポ主体のヘヴィリフによるグルーヴと、メランコリックな音色で鳴らされるギターフレーズを肝としたプログレッシヴ・メタルコア。2013 年にはシングル「The Collective」「Absolution」が公開され、これからの活動に期待されたものの、2014 年に解散を発表。

The HAARP Machine

Disclosure — 2012
Sumerian Records

2007 年、ロンドンを拠点にギタリスト Al Mu'min の
ソロプロジェクトとしてスタート。ボーカル Michael
Semesky、ベーシスト Oliver Rooney、Viatrophy の
ドラマー Craig Reynolds が加わり、バンド体制とし
て The HAARP Machine の活動は本格化していった。
Sumerian Records と契約し制作された本作は、Al がプ
ロデュースを務め、ギターに加えシタールや琴の演奏も担
当。コンポーザーとしてアートディレクションや作詞も
行っている。ミックスは Eduardo Apolonia を起用し、
マスタリングは Jens Borgen が務めた。また Al のアイ
デアをプログレッシヴ・メタルコアの手法を用いてアート
ワークに落とし込んだのは、当時 Sumerian Records か
ら発表された多くの作品を手がけた Daniel McBride。
ターバンを巻いた Al がギターを弾くプレイスルー動画も
話題となったが、サウンドにおいてもオリエンタルなアレ
ンジを施した独創的なサウンドを披露。リリックビデオに
もなっている「Pleiadian」は大きな話題となった。リリー
ス後にメンバー脱退があり、活動休止状態にあったが、
2018 年から再び動き出している。

Valis Ablaze

Insularity — 2017
Independent

2012 年ブリストルで結成。Orion のボーカリスト Phil Owen、ギタリ
ストの Ash Cook と Tom Moore、Embodiment のベーシスト Kieran
Hogarty、ドラマー Rich New の 5 人体制で活動をスタート。2013 年
にデビュー EP『Abiogenesis』をリリースし、セカンド EP となる本作
までに多くのシングルを発表した。Drewsif Stalin がプロデュースを担
当した本作は、TesseracT をお手本とした、とろけるようなハイトーン
ヴォイスを楽曲の要としたプログレッシヴ・サウンドをプレイ。

Valis Ablaze

Boundless — 2018
Long Branch Records

1 年振りのリリースとなった本作は、Long Branch Records と契約を
果たして制作されたデビューアルバム。エンジニアリングは Tom Moore
が担当し、ミックス / マスタリングは Justin Hill が手掛けた。柔らかな
タッチで爪弾かれるメロディアスなギターフレーズは、Phil のハイトー
ンボーカルを包むように展開。Sithu Aye がフィーチャーした「Faster
Than Light」はワイルドなリフワークが劇的に繰り広げられていく。バ
ラエティに富んだ作品で、高い評価を得た。

Valis Ablaze

イギリス

Render
Long Branch Records
2019

１年振りのリリースとなったセカンドアルバム。Paramore や Underoath、Hands Like Houses などを手掛けた James Wisner が手掛けた本作は、幻惑的なギターフレーズが雄大なスケールで鳴らされるオープニングトラック「Neon Dreaming」で幕を開ける。より明瞭な Djent なプログレッシヴ・メタルコアへとアップデートされ、個性的なギターフレーズと伸びやかなボーカルワークを武器に、ドラマティックに展開をしていく。トップシーンへ躍り出るキッカケとなった作品。

Visions

イギリス

Home
Basick Records
2011

2008 年ピーターバラで結成。ボーカル Daniel 、ギタリストの Jake Monson と Dan Maywood、ベーシスト Dave、ドラマー Joe の５人体制で活動をスタート。デビューアルバムとなる本作は Monuments の John と Neema がエンジニアリングを担当し、Chimp Spanner がミックスを担当。同郷の The Arusha Accord や SikTh の様にタッピングやスラップを用いた目まぐるしく変わる、テクニカルな展開が特徴的だ。どこか Volumes を彷彿とさせるバウンシーなグルーヴが面白い「Autophobia 」や「Desinent」など聴きごたえ抜群。

When Giants Collide

イギリス

Versus
Rogue Records America
2013

2008 年、ウェスト・ヨークシャーで結成。2011 年にファースト EP『No One is Safe』をリリースした後、Rogue Records America と契約。ボーカル Scott Jenkins、ギタリストの William Downing と Rory Cavanagh、ベーシスト Anthony Gree、ドラマー Damian Clarke の５人体制で本作をレコーディングした。Volumes を彷彿とさせるバウンシーなメタルコア・サウンドに、叙情的なメロディを散りばめながら展開。タフなサウンドで評価を得た。

A.I.(d)

フランス

Disorder
Independent
2012

2010 年、カーニュ・シュル・メールを拠点に、Stillborn Messengers のボーカル Lou Gregoire のソロプロジェクトとして始動。数曲のデモ音源を発表した後、デビュー作となる本作を完成させた。The Algorithm を彷彿とさせるエレクトロニックなサウンドを軸に、ソロプロジェクトだからこそ出来る複雑怪奇なエクスペリメンタルなリフを、これでもかと盛り込んだ独創的な世界観を見せる。クラシカルな旋律と、ブレイクコアに接近していくかのようなプログラミングビーツの対比によって演出される唯一無二のドラマティックサウンドは、一聴の価値あり。

Amber Sea

Infantile Vision
Famined Records
2015

2013 年北部の都市リールで結成。Cycles のボーカリストだった Mathieu Rouland、ギタリスト Kevin Chesnais、ベーシスト Axel Richet、ドラマー Guy Tornel の 5 人体制で活動をスタート。Famined Records と契約し、本作のレコーディングが行なわれた。ツインリードが光るテクニカルなギタープレイを主体とし、クリーンボーカルを交えながら緩急のついた楽曲を展開していく。「死神」という日本語タイトルの楽曲もインパクト大。Kadinja や Monuments のメンバーがゲスト参加しているのも興味深い。2016 年まで活動し、解散した。

A-SynC

フランス

Clouds
Independent
2010

2009 年、パリを拠点に Beyond the Dust/Despite Behavior のコンポーザー兼ギタリスト Steeves Austin のソロプロジェクトとして始動。ボーカルに Despite Behavior の Vassilya Igor Muck を迎え、オンライン上で活動を続けた。2010 年に発表した Lady Gaga の「Poker Face」のカバーが話題となり、Djent リスナーから注目を集めた。本作は同年 2010 年に公開したシングルで、17 分と長尺の 1 曲であるが、実験的なリフワークが情感溢れるプログレッシヴ・サウンドをゆるやかに漂う。

Beyond the Dust

フランス

Khepri
Dooweet Records
2014

2010 年パリで結成。ボーカル Andrew Zicler、ギタリスト Steeves Hostins、Black Curtains のベーシスト Regan MacGowan、ドラマー Anthony Trujillo の 3 ピース体制で活動をスタート。2011 年に EP 『New Dawn』でデビューした後、Dooweet Records と契約。自らのサウンドを Dream Theater の 『Metropolis Part 2 : Scenes From a Memory』と、Meshuggah や Periphery を混ぜたサウンドと表現している通り、クラシカルかつヘヴィなスタイルを見せる。

Cartoon Theory

フランス

Planet Geisha
Independent
2016

2011 年パリで結成。プログラミング / ドラムスの Maxime と、ギター / ベースを担当している Juan のユニット体制で活動をスタート。本作から Periphery や Sky Eats Airplane での活躍で知られ、現 Darkest Hour のドラマー Travis Orbin が参加している。プログラミングされたプログレッシヴ・メタルコアには日本の文化がふんだんに取り入れられており、「花見」「花街」「招き猫」といった楽曲が収録されている。Plini、David Maxim Micic、Mathieu Ricou といった著名ギタリスト達もフィーチャーし話題となった。

Cartoon Theory

フランス

Yokai Orchestra　　　　　　　　　　　　2019
Independent

デビューアルバム『Planet Geisya』から３年振りのリリースとなっ
たセカンドアルバム。2017年には『Heptaedium VS Cartoon
Theory』を発表、活発に動き続けてきた。本作はドラマー Travis Orbin
をゲストに迎え、レコーディングが行なわれた。プログラムされたカラフ
ルなキーボードの音色が、グルーヴィに叩き込まれるドラムに軽快に絡ん
でいくポップな作風で、「狐」や「白虎」など日本語のタイトルも面白い。
2020年には Visenya とのスプリット作品『Euphoria』をリリース。
現在もマイペースながらアクティヴに制作活動を続けている。

Cycles

フランス

Enceladus　　　　　　　　　　　　　　2014
Independent

2012年ルーアンで結成。ツインボーカルの Vinc と Matt、ギタリスト
の Robin と Anthony、ベーシスト Thibault、ドラマー Kevin の６人体
制で活動をスタート。エネルギッシュにリフを刻み、ハイスピードで突進
していく展開が印象的。唐突に差し込まれるブレイクダウンもパワフル
で、独創的なクリーンボーカルの導入部分も面白い。楽曲「Drifting」は
Silence の Hunter Young がゲストボーカルとして参加、ミックス／マ
スタリングは Betraying the Martyrs のギタリスト Lucas D'Angelo
が担当している。

Four Question Marks

フランス

Titan　　　　　　　　　　　　　　　　2008
Trendkill Recordings

2000年パリで結成。ギタリスト Remy Cuveillier、ドラマー Julien
Granger、ボーカル Francis Passini、ベーシスト Yacine Mdarhri-
Alaoui の５人で活動がスタート。メンバーチェンジを経て、2005年
にデビュー作『Aleph』を発表。本作から Francis がベース／ボーカル
へとパートチェンジし、３ピース体制となった。2007年に始動した
Trendkill Recordings と契約し発表された本作は、Meshuggah に強
い影響を受けた無機質な Djent サウンドを軸に、ダークなリフを刻み続
けている。

Hypno5e

フランス

Shores of the Abstract Line　　　　　　2016
Pelagic Records

2003年モンペリエで結成。ギター／ボーカル Emmanuel Jessua と
ドラマー Thibault Lamy を中心に活動をスタート。バンド名はフランス
語で催眠術を意味する。活動開始時から楽曲制作に勤しみ、３枚目フルレ
ングスとなる本作までに EP も発表している。シネマティックメタルと自
称する様に、映画のような世界観を彩るアトモスフェリックなオーケスト
レーションに、グルーヴィーなリフがダンスをするように刻み込まれてい
く。Between the Buried and Me の様なプログレッシヴ・スタイルは
聴きごたえ有り。

I the Omniscient

Lost in Nebula　　　　2011
Independent

2010 年パリで結成。ボーカル Etienne、ギタリストの Yndi と Jim、ベーシスト Léo、ドラマー Dylan の 5 人体制で活動をスタート。Born of Osiris と Norma Jean を掛け合わせたような斬新なサウンドは、オリエンタルなオーケストレーションをバックに暴走するヘヴィなプログレッシヴ・メタルコア。3 曲目の「A Hostile Entity」には The Bridal Procession のボーカル Steve Garner がゲストで参加している。本作後はリリースなどなく、2013 年に解散を発表。

Kadinja

Ascendancy　　　　2017
Klonosphere / Season of Mist

2013 年パリで結成。ボーカル Philippe、ギタリストの Pierre と Nicolas、ベーシスト JJ Groove、ドラマー Morgan の 5 人体制で活動をスタート。同年リリースしたデビュー EP『Kadinja』は大きな話題となり、高い注目度の中で本作のレコーディングが行なわれた。ミックス / マスタリングは Novelists の Amael が担当している。Periphery 直系のプログレッシヴ・メタルコア・サウンドは、クリーンとシャウトが交差するドラマティックな展開が魅力的。

Lucas de la Rosa

Sunlight Highlights　　　　2020
Immersion Entertainment / Acid Airplane Records

ノルマンディーを拠点に活動するギタリスト Lucas de la Rosa によるソロプロジェクト。2019 年頃から活動を開始し、本作までに同郷の Kokiri のプロデュースやゲストミュージシャンとして活躍。天気が良い日に制作した楽曲のみで構成されたという 4 曲入りの本作は、Sithu Aye をフィーチャーした「Sky」や、アップテンポな楽曲から一転、Born of Osiris を彷彿とさせるオーケストレーションとヘヴィリフが魅力的な「Original Condition」など、コンパクトな作品ながらドラマ性を持つ作品となっている。

Novelists

Souvenirs　　　　2015
Arising Empire

2013 年、パリで結成。ギタリスト Florestan とドラマー Amael の Durand 兄弟を中心に、当時活動中だったメタルコアバンド A Call to Sincerity のボーカル Matt Gelsomino、ギタリスト Charly T. Kelevra、ベーシスト Nicolas Delestrade の 3 名が加わり、5 人体制で活動をスタート。2014 年に発表したデモ音源『Twenty Years』が話題となり、ミュージックビデオにもなっているアルバム・タイトルトラックは彼らの名刺代わりの代表曲で、エモーショナルさとスタイリッシュなヴィジュアルも相まって高い注目を集めた。

Novelists
フランス

Noir
2017
Sharptone Records / Arising Empire

２年振りのリリースとなったセカンドアルバム。本作は Arising Empire に加え、新たに SharpTone Records ともタッグを組み、リリースが行なわれた。Amael がプロデュースを務め、Nicolas と共同でミックス / マスタリングまでが行なわれた。センチメンタルなメロディは儚げなエフェクトが施され、壮大なプログレッシヴ・サウンドを伸びやかに突き抜けていく。シャウトとクリーンの絶妙な対比が心地良いボーカルワークも良く、耳に残るサビパートは Novelists らしさと言えるだろう。DVSR の Matt や Erra の Jesse らがゲストボーカルとして参加している。

Novelists FR
フランス

C'est La Vie
2020
SharpTone Records

３年振りのリリースとなった３枚目フルレングス。前作を発表した辺りからバンド名に FR の文字が加わった。本作から Matteo、Florestan、Amael、Nicolas の４人体制となっている。アルバムタイトルの「C'est La Vie（セ・ラヴィ）」はフランスの慣用句で「これが人生さ」、もしくは「仕方がないね」といった意味を持つ。元々彼らの魅力のひとつだったエモーショナルなメロディセンスが落ち着いたトーンで鳴らされるバンドサウンドを彩り、新章の幕開けを予感させる仕上がりを見せてくれる。2020 年には Matteo が脱退し、新たに ALAZKA でボーカルを務めた Tobias が加入している。

Om Mani
フランス

Apology
2009
Independent

2005 年リールにて結成。ボーカル Max、ギタリスト Muf、ベーシスト Rom、ドラマー Michael の４人体制で活動をスタート。2006 年に発表したファースト EP『Help is on the Way』を経て、本作を完成させた。Meshuggah を彷彿とさせるタイトなグルーヴに Skyharbor の様なクリーンボーカルを重ねていく。静と動のコントラストも特徴的だ。2011 年に解散を発表したが、2013 年に再結成。

Sunquake
フランス

Pandemonium
2015
Independent

2013 年アヌシーで結成。ツインボーカルの Isaie Massy と Thibault Anceau、ギタリストの Hugo Sanchez と Nolan Balladon、ベーシスト Alban Lavaud、ドラマー Philip Masset の６人体制で活動をスタート。MyChildren MyBride の Brian がミックス / マスタリングを担当した本作は、ハイトーンとディープなグロウルが交差しながら、同郷の Novelists を彷彿とさせる、浮遊感のあるソリッドなプログレッシヴ・メタルコアを展開。2016 年に初来日を果たした。

The Algorithm

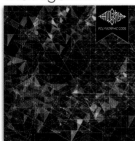

Polymorphic Code
Basick Records
2012

2008 年、ペルピニャンを拠点に活動していた Dying Breath のギタリスト Rémi Gallego のソロプロジェクトとして始動。2010 年に『Critical Error』と『Identity』のデモを公開、2012 年に Basick Records と契約し、シングル「TrOjans」を経て、本作を発表。ブレイクビーツやダブステップを用いて Djent を再構築。打ち込みみらしい自由なアイデアで、バンドサウンドでは作る事が出来ない独創的な世界観を作り上げる事に成功した。

The Algorithm

Octopus4
Basick Records
2014

2 年振りのリリースとなったセカンドアルバム。前作『Polymorphic Code』は Djent シーンに大きな衝撃をもたらした。本作から Monuments や DispersE に在籍したドラマー Mike Malyan がクレジットされている。ぐっとエレクトロに傾倒し、Djent の手法を用いてフックの効いたビートを刻んでいく。日本語のタイトル「ピタゴラス」は崩壊していくビートが徐々にメタリックになっていく、面白い展開をはらんでいる。

The Algorithm

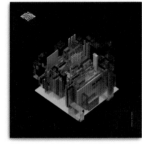

Brute Force
FiXT Music
2016

2 年振りのリリースとなった 3 枚目フルレングス。前作『Octopus4』はエレクトロへ傾倒した事からメタルリスナーからの評価を得る事は出来なかったが、これまで The Algorithm が目指してきたエレクトロと Djent を見事に融合させる事に成功している。モジュラーシンセをメタルに持ち込んだ同郷の Igorrr とのコラボ曲「Deadlock」は Meshuggah を彷彿とさせる重厚なリフを、さらに細かく切り刻んだような斬新なサウンドで大きな話題を集めた。

The Algorithm

Compiler Optimization Techniques
Independent
2018

2 年振りのリリースとなった 4 枚目フルレングス。前作『Brute Force』では Igorrr リスナーからも評価を受け、多彩なジャンルにファンベースを築く事に成功。本作は自主制作で制作され、作曲から録音、ミックス / マスタリングまですべて 1 人で行った。長尺の楽曲のみで構築された作風からも分かるように、ダークウェーヴに近い質感で響くビートの上に Djent なリフをコラージュ。ダンスミュージックにおける Djent の可能性に挑戦した彼の功績は大きい。

The Dali Thundering Concept

フランス

Eyes Wide Opium

2014

Independent

2010 年パリで結成。2012 年にデビュー EP『When X met Y...』を発表後、ボーカル Sylvain Connier、ギタリスト Léo Natale、ベーシスト Antoine Caracci、ドラマー Guillaume Plancke の 4 人体制となり、本作をレコーディングした。細かくエディットされたリフの刻みをアップテンポな楽曲の要とし、「Mesmer Eyes」ではオペラ調のボーカルやチェロをフィーチャー、スタイリッシュな世界観で注目を集めた。ゲストには TesseracT の Ashe や、Molotov Solution の Nick が参加。

The Dali Thundering Concept

フランス

Savages

2018

Apathia Records

4 年振りのリリースとなったセカンドアルバム。2016 年にはデビュー EP『When X Met Y』をリマスター。本作からベーシスト Steve Tréguier、ドラマー Martin Gronnier が加入。Léo と Martin がエンジニアリングからミックス / マスタリングまでを手掛けている。ザクザクと刻まれていくリフと、タイトなドラミングが織りなすシャープなヘヴィネスが独創的。Oceano の Adam や Kadinja の Philippe をフィーチャーしながらスタイリッシュなダイナミズムをみせてくれる。

The Nocturnal Chaos

フランス

The Nocturnal Chaos

2011

Independent

2009 年、クレルモン=フェランを拠点にギタリスト Ben のソロプロジェクトとして始動。2011 年までにベーシスト Niko、ギタリスト Jonathan が加入し、活動を本格化させる。Ganesh Rao がミックス / マスタリングを担当した彼らのデビュー EP は、宙をふわふわと浮かぶようなグルーヴが、Cloudkicker を彷彿とさせる。「Rise of the Cold Dawn」や「New Horizons」などではスローテンポだからこそ、引き出される良さが感じられるだろう。2013 年にはシングル「Temet Nosce」を発表するが、その後目立った活動はない。

Uneven Structure

フランス

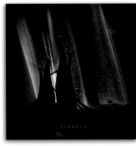

Februus

2011

Basick Records

2008 年メスで結成。デビュー EP『8』から 2 年を経て、ボーカリスト Matthieu Romarin、トリプルギタリストの Igor Omodei、Jérôme Colombelli、Aurélien Pereira、ベーシスト Benoît Friedrich、ドラマー Christian Schreil というラインナップで本作のレコーディングをスタートさせた。ポリリズムを組み込みながら静かに燃えるそのサウンドは、時折ポストロックに接近しながら、ロマンティックな世界観を創り出していく。90 分を超える壮大なプログレッシヴ・メタルコア大作。

Uneven Structure

La Partition	2017
Long Branch Records	

6年振りのリリースとなったセカンドアルバム。本作からドラマーが Arnaud Verrier にスウィッチ、またギタリストも Aurélien が抜け、Steeves Hostin が加入している。ダイナミックでありながらもどこか柔らかく、エグみのないマイルドなプログレッシヴ・メタルをベースとした Djent は Uneven Structure らしさと言えるだろう。Matthieu のボーカルも棘がなく、バンドサウンドに上手くフィットしている。ミュージックビデオになっている「Incube」を始め、7分を超える大曲も多く、ひとつひとつにドラマ性がある。

Uneven Structure

Paragon	2019
Long Branch Records / SPV	

2年振りのリリースとなった3枚目フルレングス。これまでトリプルギタリストを有する6人体制で活動を続けてきたが、本作からギターは Igor のみ。4人体制となった。プロデューサーにはデビューアルバム『Februus』でギターを務めた Aurélien を起用、ミックスまでを務め、マスタリングは Felix Jeckstadt が手掛けた。宙を舞うように浮遊するメロディとリズムが、少しずつ形になるそのスタイルは、Uneven Structure によって完成させられた Djent のスタイルのひとつと言えるだろう。ミュージックビデオになっている「Innocent」他、充実した楽曲がひしめく作品。

worC

When the Day Forms	2010
Independent	

2007年、Uneven Structure のギタリスト Auré Pereira のソロプロジェクトとして始動。2010年のデビューアルバム『Plychrmatic 0.1』リリースを経て、本作を完成させた。広大な大地に響き渡る色鮮やかなメロディの粒子が、ダンスするように奏でられるアトモスフェリックな作品となっている。しっかりと楽曲を支える手数の多いドラミングや、ザクザクとしたリフワークもさることながら、ヒロイックなギターソロに胸が熱くなる。

Bear

Noumenon	2013
Basick Records	

2010年アントウェルペンにて結成。ボーカリスト Maarten Albrechts、ギタリスト James Falk、ベーシスト Dries Verhaert、ドラマー Serch Carriere の4人体制で活動をスタート。同年、デビューEP『Abstractions』を経て、Let It Burn Records と契約し、アルバム『Doradus』をリリース。Basick Records へ移籍し、本作のレコーディングを行った。強烈に打付けるスネアに呼応するように、カオティックに、そしてプログレッシヴに刻み込まれるリフに爽快感すら感じる激烈作。

Bear

Propaganda
Pelagic Records
2020

３年振りのリリースとなった４枚目フルレングス。2017 年には３枚目フルレングス『///』を発表。その後、Envy や MONO が所属するドイツのレーベル Pelagic Records と契約を果たした。本作は Stef Exelmans がミックスを担当、Alan Douches がマスタリングを手掛けた。カオティックなメタルコアグルーヴは、グランジやオルタナティヴロック／ゴスからの影響を感じる気だるいクリーンボーカル・パートへと転調しながらも、終始アグレッシヴ。

Reach the Shore

ベルギー

Faith and Confidence
Independent
2014

2012 年ブリュッセルで結成。ボーカル Leny Tusfey、ギタリストの Damaso Jaivenois と Antonio Rendina、ベーシスト Thibaud Piron、ドラマー Gil Dieu の５人体制で活動をスタート。2014 年にデビューアルバム『Faith and Confidence』を発表、シングルリリースを挟み本作を完成させた。Erra を彷彿とさせるそのサウンドは、疾走パートから変幻自在に転調しながら Leny の絶望的な絶叫を交え、ワイルドに展開していく。

CiLiCe

オランダ

Deranged Headtrip
PMM Records
2009

2006 年アムステルダムで結成。元 Smogus で現 Textures のボーカル Daniel de Jongh、元 Orphanage のギタリスト Remco van der Spek、元 N3uk! のギタリスト Theo Holsheimer、ドラマー Philipp Moser の体制で活動をスタートする。Meshuggah をベースにダンサブルな Nu Metal をブレンドし、インダストリアル・メタルのフィルターを通して鳴らされるグルーヴィなサウンドが特徴的。2010 年にボーカル Daniel が Textures に加入した為、新しいボーカルとして Bryan Ramage が加わった。

Textures

オランダ

Drawing Circles
Listenable Records / Garden of Exile Records
2006

2001 年ティルブルフで結成。ボーカル Rom de Leeuw、ギタリストの Jochem Jacobs と Bart Hennephof、ドラマー Stef Broks、ベーシスト Dennis Aarts、キーボード Richard Rietdijk の６人体制で活動をスタート。2003 年にデビューアルバム『Polars』を発表している。本作から Rom に代わり Eric Kalsbeek が加入、ポリリズムや奇怪な転調を繰り返しながらもグルーヴィ、Eric のボーカルワークも汗を飛び散らせ、クリーンパートも交えながら狂熱的に繰り広げられていく。

Textures

Sihouettes
Listenable Records / Garden of Exile Records
2008

2 年振りのリリースとなった 3 枚目フルレングス。本作からベーシストに Remko Tielemans が加入。プロデュースは Jochem が担当し、ミックス／マスタリングまでを手掛けている。オープニングを飾る「Old Days Born Anew」は、メロディック・デスメタル譲りの淑やかなクリーンパートとシャウトのコントラストによってゴージャスに仕立てられており、なおかつ Meshuggah 的グルーヴもグルーヴも素晴らしい。「One Eye for a Thousand」のようなスローナンバーも Textures らしさが出ており、聴きごたえがある。

Textures

Dualism
Nuclear Blast Records
2011

3 年振りのリリースとなった 4 枚目フルレングス。Nuclear Blast へ移籍、新たにボーカリスト Daniel de Jongh とキーボーディスト Uri Dijk が加わり、Jochem によってレコーディング、ミックス／マスタリングが行われた。前作『Sihouettes』から少しずつメロディック・デスメタル／オルタナティヴメタルへと傾倒、本作はその流れを汲みながら、Daniel のボーカルを軸にさらにスロー／ミッドテンポを中心とした楽曲が増えている。Meshuggah を彷彿とさせるグルーヴは地味ではあるがしっかりと Textures サウンドの根底にあり、どっしりと構えている。

Textures

Phenotype
Nuclear Blast Records
2016

5 年振りのリリースとなった 5 枚目フルレングス。これまでバンドの中心人物として在籍した Jochem が脱退し、後任には Joe Tal が加入している。本作は Bart がプロデュースを担当し、脱退した Jochem がミックス／マスタリングを手掛けている。モダンなプログレッシヴ・メタルと Meshuggah グルーヴの融合は、ミュージックビデオにもなっている「Shaping a Single Grain of Sand」でも確認できる通り、完璧なバランスで完成させられている。残念ながら 2017 年に解散してしまうが、オランダのメタル・シーンに与えた影響は大きい。

Aerial Resonance

Mosaic Cycle
Independent
2017

2017 年ジーゲンで結成。ギターとベース、そしてシンセサイザーを兼任する Benjamin Richstein と、ドラムとベースを兼任する Joris Affholderbach のユニットとして活動をスタート。ダンサブルなフレーズの上を踊るように駆け回るメロディと、シャープなリフワークが特徴的だ。ダイナミズムとは反対のミニマルな質感でまとめられている。本作リリース後も精力的にリリースを行い、2020 年には 4 部作のコンセプト作品を発表している。

Declare Your Funeral

In Search of Myself
Independent
2013

2010 年ハンブルクで結成。ボーカル Patrik Finhagen、ギタリストの Julius Jansen と Finn Rach、ベーシスト Tobias Max Sajons、ドラマー Luca Warncke の 5 人体制で活動をスタートさせた。同年にファーストEP『Truth is What Connects Us』を発表、ツアーを経て本作のレコーディングを行った。独創的なアイデアで彩り鮮やかに繰り広げられるプログレッシヴ・メタルコア・サウンドは、複雑な展開ながらもドラマティックで聴きごたえ十分だ。何度も聴いても新鮮なサウンドで、高い注目を集めた一枚。

Neberu

Pointo Zero
Redfield Records
2016

2012 年レックリングハウゼンで結成。本作はボーカル Philipp Bernhard、ギタリストの Philipp Bayer と Andre Senft、ベーシスト Kevin Jagelki、ドラマー Phil-Joffrey Thiel の 5 人体制で活動をスタート。2013 年にデビュー EP『Impulsions』を発表している。Northlane を彷彿とさせるポストハードコアを通過したスタイリッシュなクリーンパートと、シャープな音像で刻み込まれるリフが雄大なオーケストレーションを演出し、シリアスな質感で鳴らされる。

Unprocessed

Covenant
Long Branch Records
2018

2013 年ヴィースバーデンで結成。ギタリストの Manuel とドラマー Jan を中心に活動をスタート。2014 年にデビュー EP『In Concretion』を発表、2016 年にリリースしたセカンド EP『Perception』を経て、Long Branch Records と契約。クリスピーなリフワークが高貴なサウンドをリズミカルに展開、はつらつとしながらも繊細なタッチで歌う Manuel のボーカルも聴きどころだ。ミュージックビデオにもなっている「Ghilan」やタイトルトラック「Covenant」など、現在も Unprocessed のライブを盛り上げるキラーチューンが多数収録されている。

Unprocessed

Artificial Void
Long Branch Records
2019

1 年振りのリリースとなったセカンドアルバム。ギター / ボーカル Manuel、ギタリストの Christopher Talosi と Christoph Schultz、ベーシスト David Levy、Leon Pfeifer という 5 人体制となり、本作をレコーディング。リードトラックの「Abandoned」のミュージックビデオが話題を集め、TesseracT を彷彿とさせるサウンドにとろけるようなクリーンボーカルが重なる。サムスラップ奏法を組み込みながらスタイリッシュなサウンドスケープで完成させた Unprocessed サウンドに、世界中から注目が集まる。

Abstract Reason

Splendid Genesis　　　　　　　　　　　　　　　2015
Independent

2008 年イヴェルドン・レ・バンにて結成。当初は Alive or Just Breathing という名前で活動していた。2012 年にセルフタイトルのデビュー EP をリリース。本作までに数度のメンバーチェンジを行っており、ボーカル Daniel Maury、ギタリストの Roman Sojic と Gilles Bonzon、ベーシスト Florian Huon、ドラマー Mladen Lazic の 5 人でレコーディングを行った。プログレッシヴとカオティックが共存する複雑な楽曲展開が彼らの魅力で、ローの効いたボーカルとメロディアスに散りばめられたタッピングフレーズが心地良い。

Make Me a Donut

Bright Side　　　　　　　　　　　　　　　　　2015
Tenacity Music

2010 年イヴェルドン・レ・バンで結成。ボーカル Valentin、ギタリストの Marc と Xavier、ベーシスト Nathan、ドラマー Joan の 5 人体制で活動をスタート。2011 年にセルフタイトル・デビュー EP を発表、2013 年にデビューアルバム『Olson』をリリース。前作に引き続き Tenacity Music からリリースされた。オリエンタルなオーケストレーションを装飾したソリッドなプログレッシヴ・メタルコアは、Born of Osiris や The Voynich Code を彷彿とさせる。ミックス / マスタリングは Mirrorthrone の Vladimir が担当した。

Damned Spring Fragrantia

Divergences　　　　　　　　　　　　　　　　2013
Basick Records

2006 年パルマで結成。　ボーカル Nicolàゑ、ギタリストの Andrea と Enrico、ベーシスト Luca、ドラマー Ballabeni の 5 人体制で活動をスタート。2009 年にデビュー EP『Fragments of a Decayed Society』、2011 年にセカンド EP『Damned Spring Fragrantia』をリリースした後、2012 年に Basick Records と契約を果たした。ダウンチューニングされた 8 弦ギターを用いたサウンドは、The Acacia Strain の様なデスコアとハードコアの中間をいくスケールを持ち、プログレッシヴなアプローチも見事だ。

Damned Spring Fragrantia

Chasm　　　　　　　　　　　　　　　　　　　2017
Basick Records

4 年振りとなる本作は彼らの 3 枚目 EP。Andrea が脱退し、新たに Dari が加入している。ゴリゴリとしたリフは前作から変わらず、浮遊感のあるアトモスフェリック・プログレッシヴ・メタルコアをプレイ。Architects や Northlane を彷彿とさせるモダン・メタルコアの疾走パートに加え、急転直下のブレイクダウンなどがパワフルに組み込まれているのも面白い。随所で感じられる Vildhjarta 直系のおどろおどろしいメロディワークもアクセントになっており、幅広い音楽性を見せてくれる。ヨーロッパを中心に精力的なライブ活動も展開し、実力共に Djent シーンの中軸を担う存在と言えるだろう。

Despite Exile

Sentience	2013
Independent	

2010 年ウーディネで結成。ボーカル Jacopo、ギタリストの Giacomo と Carloandrea、ベーシスト Giovanni、ドラマー Aleksandarc の 5 人体制で活動をスタート。同年にデビュー EP『Scarlet Reverie』、翌年にセカンド EP『Re-Evolve』を発表。本作がデビューアルバムにあたる。The Black Dahlia Murder からの影響を色濃く感じるメロディック・デスコアをベースとしながら、随所にプログレッシヴなフレーズを盛り込み、鮮やかな色彩を落とし込む。アートワークは Daniel Wagner が担当。

Despite Exile

Relics	2017
Lifeforce Records	

およそ 4 年振りのリリースとなったセカンドアルバム。2015 年には EP『DispersE』をリリース、Lifeforce Records との契約を果たした。本作は Jei Doublerice がミックス / マスタリングを担当し、アートワークは Carlo Andrea Ferraro が務めた。Thy Art is Murder など正統派デスコアの系譜で語られる事の多い彼らだが、現行のテクニカル・デスメタルのような流麗なプレイが光るプログレッシヴ・サウンドも聴きどころのひとつだろう。2019 年には Bleed From Within と共に来日を果たした。

Flash Before My Eyes

Whispers From the World	2014
Independent	

2009 年ローマで結成。ボーカル Giorgio Girelli、ギタリストの Daniele Buzzanca と Andrea Taddei、ベーシスト Matteo Tognocchi、ドラマー Lorenzo Coluccia の 5 人体制で活動をスタートし、本作は彼らのデビューアルバム。Erra を彷彿とさせるプログレッシヴ・メタルコアをベースとし、芳醇なメロディがたっぷりと詰め込まれたカラフルな色彩が心地良い。収録曲「Outcry」には Erra の初代ボーカル Garrison Lee がゲスト参加している。アートワークは D-Dub Designs の Daniel Wagner が担当。

Prospective

All We Have	2020
Long Branch Records	

2013 年、ボローニャを拠点にドラマー Flavio Cacciari のソロプロジェクトとして始動。後にボーカル Pietro Serratore、ギタリストの Davide Ruggeri と Luca Zini、ベーシスト Stefano Baldanza を加え、5 人体制で活動を本格化させる。2015 年にデビュー EP『Chronosphere』をリリース、本作までに 2 枚のアルバムを発表している。悲劇的に荒々しく身悶えするようなリフワークは、クリアな質感で躍動するベースラインを携えたプログレッシヴ・メタルコア / ポストハードコアサウンドの中で存在感を放つ。

Inner Xpose

Panoramic Horizon　　　　　　　　2013
Independent

2010 年バルセロナで結成。ボーカル William、ギタリスト Sebastian、ベーシスト Gabri、ドラマー Medina の 4 人体制で活動をスタート。まるで宇宙空間を表現しているかの様なアトモスフェリックなアトモスフェリック感に溢れ、シンプルながらフックの効いたリフがキャッチーに展開。透き通ったハイトーンが心地良いクリーンボーカルも存在感を示している。アートワークは The Korea や Immaterialist も手掛けた Egoscarred の PJ が担当。

Overdown

スペイン

Ethereal　　　　　　　　　　　　2012
Independent

2006 年マドリードで結成。ボーカル Julien、ギタリストの Rubiel と Benjamin、ベーシスト Jose、ドラマー Miguel、キーボーディスト Juan の 6 人体制で活動をスタート。2008 年に EP『Stage 45』を発表すると、EP『1225 Bleeding Songs』、EP『Reborn from the Horizon』とハイペースで制作活動を展開。デビューアルバムとなる本作は、インダストリアルな質感に仕立てられたソリッドなメタルコアに鋭いリフを組み込んだパワフルな作品。2013 年にはシングル「Djerid」を発表している。

Ultimate Breath

スペイン

Ultimate Breath　　　　　　　　2012
Independent

2011 年ヘレス・デ・ラ・フロンテーラで結成。ギタリスト兼コンポーザーの Manux とボーカル Alberto Martin のユニット体制で活動をスタート。デビュー EP となる本作は、やや荒っぽいサウンド・プロダクションではあるものの、幻惑的なアレンジを持つサウンドをベースとし、こだわりを持って造られたギターフレーズの数々を味わうことが出来る。本作リリース後、まとまった音源は無いが SoundCloud 上に定期的に楽曲を公開しており、現在も活動中。Manux は ManuxMusic 名義でソロ活動も行っている。

V3ctors

スペイン

Physis　　　　　　　　　　　　　2013
Alone Records

2011 年マラガで結成。Nodefine のボーカル Nano、ギタリスト Juan と Milo、ドラマー Yeray の 4 人体制で活動をスタート。同年にファースト EP『V3ctors』をリリースした後、Alone Records と契約。Haktivist の Timfy James がミックス / マスタリングを担当している。後期 Textures や Meshuggah の様な、不規則に刻み込まれるヴァイオレントなリフワークを得意とする熱狂的なサウンドが印象的で、シングルとしてもリリースされている「Mental Disorder」は、V3ctors らしさに溢れた一曲。

Vortice

スペイン

Human Engine
The Holy Cobra Society
2008

2004 年バルセロナで結成。ボーカリスト David、ギタリスト Pedro、ベーシスト Alex、ドラマー Llubet の 4 人体制で活動をスタート。The Holy Cobra Society と契約してリリースされたデビューアルバムは、ミッドテンポ / スローテンポ主体で複雑に刻み込まれるヘヴィリフによって生まれるグルーヴが Meshuggah そのもの。「Splinter From Bones」や「Exodus of Breeds」は Vortice 入門曲としても人気が高い。2010 年に『Zombie』、2013 年に『Host』とコンスタントにアルバムリリースを続けるも解散。

Clutter

ポルトガル

Obsidian
Independent
2015

2011 年レイリアで結成。ボーカル John Vendeirinho、ギタリストの Miguel Pessanha と Diogo Barbosa、Gonçalo Crespo、ドラマー Sérgio Ferreira の 5 人体制で活動をスタート。2012 年にファースト EP『Emergence』を発表、3 年振りのリリースとなったデビューアルバムだ。本作は別の惑星に住んでいる Nirtholiel という名の少女の物語がコンセプトになっており、スペーシーなメロディが駆け巡るモダンなプログレッシヴ・メタルコアをプレイ。現在は 6 人体制で地元を中心に活動している。

Blindfold

ギリシャ

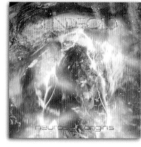

Neurosis:Origins
At Your Command Records
2014

2007 年アテネで結成。ボーカル / ベーシスト Nick Mavromatis とギタリスト Alex Malioukis のユニットとして始動し、ドラマー Andrew Bakatsias、Inertial Oblivion のキーボード Odysseas Kalogirou が加入したタイミングで本作の制作がスタートした。Erra や TesseracT を彷彿とさせるドラマティックなメロディアス・プログレッシヴ・メタルコアをプレイし、ツインリードが織りなすソリッドなサウンドが特徴的。現在目立った活動はしていないが、Nick は新しいバンド Show Us the Imminent で活動中。

Tardive Dyskinesia

ギリシャ

Static Apathy in Fast Forward
Catch the Soap Productions
2012

2003 年アテネで結成。97 年から活動しており、Override から改名している。2000 年代初頭から Meshuggah を彷彿とさせるサウンドへスタイルチェンジ。2006 年にリリースしたデビューアルバム『Distorting Point of View』にはすでに Tardive Dyskinesia としての方向性を確立している。本作は 3 枚目となるアルバムで、ギター / ボーカル Manthos、ギタリストの Petros と Steve、ベーシスト Kornelius、ドラマー Nick の 5 人体制で制作。サックスなどを交えながらモダンメタルコアと Djent の融合を体現している。

Alpha Seed

Paralyzed	2017
Independent	

2015 年ウメオで結成。ボーカリスト Robin Schulz、ギタリスト / ベーシスト Oskar Majaniemi、ドラマー Philip の 3 ピース体制で活動をスタート。バンド名は Erra のアルバム『Augment』に収録されている「Alpha Seed」に由来している。本作は、いくつかのシングルをリリースした後に自主制作で発表された。Structures や Volumes を彷彿とさせるダイナミックなローチューンヘヴィリフを主体とした、ほとばしるようなグルーヴは迫力満点。作り込まれたメロディフレーズも見事だ。残念ながら本作以降目立った活動はしていない。

Jonnah

Jonnah	2010
Independent	

2009 年フディクスバルで結成。ボーカル Thomas Fredriksson、ギタリストの Douglas Dahlstrm と Bali Harko、ベーシスト Simon Svedmyr、ドラマー Mattias Ropponen の 4 人体制で活動をスタート。同郷の Vildhjarta や Humanity's Last Breath を彷彿とさせるサウンドは、Thall と呼ばれるスタイルと Fellsilent のヘヴィかつメロディアスなスタイルが共存しているのが特徴。2011 年にシングル「White Artery」をリリースするが、その後大きな動きは無い。

Maybe That's Why Humans Drink the Darkness That is Coffee

Severance	2019
Independent	

首都ストックホルムで 2012 年に活動をスタート。結成年やメンバーの詳細については公表されていない。本作までに EP/ アルバムを含む 6 枚の作品を発表しており、シングルリリースも頻繁に行なわれている。Vildhjarta や The Tony Danza Tapdance Extravaganza などにも似た、ダークで恐怖感を煽るサウンドが印象的。ボーカルも突如絶叫してみたりと狂気的なアレンジが施されている。6 分を超える「Hugs & Kisses」と「The Tonberry Jam」の流れには高い芸術性が感じられ、アルバムにおいても盛り上がりどころのひとつになっている。

Means End

The Didact	2013
Independent	

2011 年ストックホルムで結成。ベーシスト Rasmus と Uneven Structure で活躍したドラマー Christian Schreil を中心に、Vildhjarta のボーカル Robert Luciani とギタリスト Leonard Ostlund が加入。同年にデビュー EP『Lim (f)』をリリースした。本作はオシャレな Meshuggah とも形容出来るクリアで爽快なサウンドが印象的で、Vildhjarta でも垣間見えたオペラのようなボーカルワークも心地良く響く。ミックス / マスタリングは TesseracT のギタリスト Acle Kahney が手掛けた。2015 年解散。

Thall概念を生み出した機材オタク・ギタリスト
Humanity's Last Breath インタビュー

質問者 & 翻訳：Ryohei Wakita / Shintaro Kimura / Kosuke Oi
回答者：Buster Odeholm

Q：インタビューに答えていただき誠にありがとうございます。まずは Humanity's Last Breath がスタートした理由についてお聞きしたいと思います。Vildhjarta での活動を経て結成された Humanity's Last Breath ですが、Vildhjarta との違いはなんですか？ また、Humanity's Last Breath というバンド名を名付けた理由はありますか？

A：俺と前のギタリスト Kristoffer のふたりで Humanity's Last Breath を 2008 年か 2009 年に始めたよ。彼はメタルコアとエモが好きで、俺はデスメタルとかブラックメタルが好きだったね。2 人とも Ion Dissonance にすごくハマっていて、それに近いスタイルをプレイしたいと思っていたのを覚えている。バンド名は俺が当時若気の至りで付けた感じかな（笑）

Q：Humanity's Last Breath の YouTube アカウントをチェックすると、活動を始めた 2012 年頃に Dimmu Borgir の「Eradication Instincts Defined」のカバー音源をアップしていますよね。この楽曲をカバーしようと思ったきっかけは何ですか？

A：あれはただ俺と Vildhjarta の Vilhelm が遊びにやっただけさ。俺は Dimmu Borgir の大ファンだからね。

Q：現在、Humanity's Last Breath が所属している Unique Leader Records と言えば、テクニカル・デスメタルやブルータル・デスメタルといったバンドが多く所属しているレーベルですよね。Unique Leader Records に所属するきっかけは何でしたか？

A：Humanity's Last Breath は Unique Leader Records のファウンダーである Erik Lindmark が亡くなる前に契約した最後のバンドなんだ。だからこのレーベルの仲間にいられることを凄く誇りに思うよ。あと、Erik が亡くなってから Jamie Graham がレーベルを運営しているんだけど、彼の努力は凄くて、

バンドにもいい結果をもたらしてくれているよ。

Q：ヨーロッパを中心にライブ活動もアクティヴに行われていますよね。UK Tech-Fest や Euroblast Festival などの大規模フェスティバルなどに出演されてきましたが、共演したアーティストの中で刺激を受けたアーティストはいましたか？　また、これまでに行ったライブやツアーで印象的なエピソードはありますか？

A：Decapitated と共演した 2019 年の Deathfeast は良かったな。彼らと空港で出くわして俺たちのステージが良かったと褒めてくれたのはすごく嬉しかったね。でもあの朝片頭痛で体調が悪くて、ずっと嘔吐してたんだけど、彼らにその姿を見られなくてよかったよ（笑）

Q：Humanity's Last Breath がアップしているいくつかのビデオの中でも Buster のギタープレイスルーは非常に興味深く、多くの Djent リスナー、そしてギタープレイヤーの関心を集めています。レフティかつ弦を反対に貼った独特のスタイルは Buster のアイデアですか？　それとも誰か影響を受けたギタープレイヤーがいますか？

A：このスタイルはアイデアという訳ではなく、俺にとって必要だったからなんだ。家に右利きのギターしかなくて、それを反転して使うしか練習する方法がなかったんだよ。

Q：先ほどの質問とは別に、Buster の機材環境についてもお聞かせください。

A：アルバム毎にギターとアンプは変えているんだけど、このリストが今のセットアップで、参考になるリストがあるよ。

　ギター：Hapas Guitars Judge 628 HLB ET
　ボディ：特製 Northern ash 2pc
　ネック Padauk エボニー 5pcs
　ヘッド：Northern ash（ボディと合わせ、軽量化させる為に）
　フレットボード：Richlite（湿気に強く、高密度で強度が強い）
　フレット：ステンレス・スティール
　サイドドット：Luminlay
　チューナー：Evertune ブリッジ + Hipshot
　ナット：カスタム・ブラス
　ピックアップ：Lundgren M6 + Hapas Zaez
　コイルスプリット：Push-pull
　スケール：28 インチ
　フレットボード・ラディウス：400mmR
　チューニング：E B E A A♭A
　ゲージ：075, 059, 046, 030, 014, 013
　トーン：Neural DSP Fortin Nameless

Q：2021 年リリースの『Välde』は、これまでにリリースした作品と比べてどのようなオリジナリティを持っていますか？

A：『Välde』は『Abyssal』と比べてテクニカルな曲が多いかな。『Abyssal』はもっとデスメタルやブラックメタルに傾倒していたから、これまでのファンは少し混乱したみたいだね（笑）だから新しいサウンドも入れつつ、今回は俺達が求められているテクニカルなスタイルも加えて楽曲制作を行ったよ。

Q：すでに国際的な人気を持つ Humanity's Last Breath ですが、一番反応がある国はどこですか？またツアーで行ってみたい国はありますか？

A：たぶんアメリカが一番俺らのファンが多いと思うよ。俺はあまり旅行が好きじゃないけどノルウェーとかフィンランド、アイスランドにこのバンドで行ってみたいね。

Q：最後に、この『Djent ガイドブック』を読んでいる Humanity's Last Breath のファンへメッセージをお願いします。

A：Thall

Humanity's Last Breath

スウェーデン

Humanity's Last Breath
Rogue Records America

2013

2009 年ヘルシンボリで結成。Vildjarta のドラマー Buster Odeholm、ギタリスト Kristoffer Nilsson を中心に結成。2010 年にファースト EP 『Reanimated By Hate』、2011 年にセカンド EP 『Structures Collapse』をリリースした後、デビューアルバムとなる本作をレコーディングした。Vildjarta での活動によって生み出された Thall 感はもちろんの事、強烈なダウンテンポ・フレーズに挿入されるエクスペリメンタルな装飾が不気味さを放っている。2020 年にはリミックス / リマスターされ、再発された。

Humanity's Last Breath

スウェーデン

Abyssal
Unique Leader Records

2019

6 年振りのリリースとなったセカンドアルバム。Unique Leader Records と契約、新しくボーカリストに Filip Danielsson が加わり、ライブメンバーとしてギタリスト Calle Thomer とドラマー Marcus Rosell もクレジットされている。バンドのブレインである Buster がプロデュースからミックス / マスタリングを手掛けた本作は、漆黒のサウンドスケープを突き抜けていくブラッケンドなブラスティングと、前作以上に破壊力を増した凶悪なヘヴィリフが刻み込まれていく、圧倒的世界観をを展開する。

ギタリストの Buster Odeholm

Djentリスナーの合言葉として使われるThallの意味とは

Thall（ソール）は、2011年にスウェーデン出身のバンド Vildhjarta（ヴィルドジャルタ）が Century Media Records からリリースしたデビューアルバム『Måsstaden』をキッカケに広まった Djent のサブジャンルとして語られる事が多いだろう。この Thall と呼ばれるサウンドの特徴は、Djent において、ダウンチューニングした7-8弦ギターのヘヴィなリフの刻みに、カオティック、スイサイダル、デプレッシヴなフレーバーのメロディを散りばめたり、ワーミー（音楽を上げる働きを持つエフェクター）やチョーキング（弦を持ち上げる事で音階を上げる）を組み合わせながら、ダウンテンポデスコアにも通ずるようなイーヴィルな響きを意味する。

Vildhjarta の T シャツ

『Måsstaden』に収録されている楽曲「Dagger」のミュージックビデオでは、メンバーの楽器に Thall ステッカーが貼られていたり、Century Media Records の YouTube チャンネルにアップされたアルバムのメイキング映像のタイトルにも Thall という言葉が使用されており、Vildhjarta のマーチャンダイズでは Thall とプリントされたアイテムが販売された。

Vildhjarta はどのようなキッカケでこの Thall という言葉を使い始めたのだろうか。当時、多くのメディアがこの質問をバンドに投げかけていて、それを理解したいと躍起になっていた多くの Djent リスナーによって咀嚼されたものの、結局はサブジャンルとして文化的な広がりを持つことはあまりなかったと言える。

メンバーの Daniel と Calle はオンラインゲーム「ワールド・オブ・ウォークラフト」について議論されているウェブのフォーラムで、ゲームに登場する敵キャラクター「Thrall」を「Thall」とミスタイプした。この Thrall はヴァイキング時代の北欧文化圏における奴隷を意味していた事もあり、このミスタイプは2人の間でちょっとした面白事件だったようだ。この Thall という言葉をふざけて使用していた頃、Djent という言葉の持つ意味や、これらのサウンドを別の言葉を用いてカテゴライズするべきだ、などといった論争が様々なメタルフォーラムで行われていた。Vildhjarta は自分達も Djent スタイルに影響を受けていた事もあったが、これらの論争に水を差すようにして Vildhjarta のサウンドを「Thall」とタグ付けして発信した。この絶妙に頭に残る言葉は Djent シーンにおいて、曖昧なままだったサウンドを形容するのにピッタリで、フォロワーを生み出すまでに浸透していった。今となっては、Thall が何かサウンド的な特徴を示す言葉として影響をもっているかと言えば難しいところであるが、Djent の歴史を振り返る時、Vildhjarta の衝撃とその影響を感じる為には有用な「タグ」だと言えるだろう。

Thall にタグ付けられているバンドを知るのに丁度良いビデオチャンネルがある。Thall TV では、Vildhjarta を始め、Fractalize や Humanity's Last Breath、reg3n や 初期 Refrections が紹介されていて、音楽的特徴を捉えてうまく紹介している。また、ビデオからは Thall の持つダークなヴィジュアルイメージも感じられるだろう。ダウンテンポデスコアやブラックメタル、ニューメタルが好きな方に是非チェックしてもらいたい。

Thall なギターサウンドが作れるプラグイン

Vildhjarta

スウェーデン

Mässtaden
Century Media Records
2011

2005 年フーディクスバルで結成。バンド名は「ヴィル
ドジャルタ」と読み、スウェーデンで人気のあるテーブル
トーク RPG「Drakar och Demoner」に登場する巨大な
森が由来となっている。ボーカリストの Daniel Ädel と
Robert Luciani、ギタリストの Daniel Bergström と
Jimmie Åkerström、ベーシスト Jimmie Åkerström、
ドラマー David Lindkvist の 6 人体制で活動をスター
ト。2009 年に EP『Omnislash』リリース後、Robert
に代わり Vilhelm Bladin が加入している。Daniel
Bergström がプロデュースを務め、Jens Bogren がマ
スタリングを手掛けた本作は、スローテンポを主体とし、
徹底的にローに振り切ったリフをギロチンのように打ち付
けていく漆黒のサウンドは、Thall と呼ばれる Djent のサ
ブジャンルとして後続のバンドに影響を与えた。ミュー
ジックビデオにもなっているリードトラック「Dagger」
は、全員真っ黒な服装で Meshuggah にも似たヴィジュ
アルであるが、確かなオリジナリティを持っている事が確
認出来る。Billboard Top Heatseekers で 37 位にラン
クイン。

Vildhjarta

スウェーデン

Thousands of Evils
Century Media Records
2013

2 年振りのリリースとなった本作は、EP ではありながら
8 曲入りというボリューム。本作からギタリスト Jimmie
に代わり Calle-Magnus Thomér が加入。前作同様
Daniel Bergström がプロデュースを務め、ミックス /
マスタリングは Christian Svedin が担当した。先行公
開されたシングル「Dimman」は、アコースティックギ
ターの物悲しいアルペジオが描く暗黒の世界観が、前作で
築いた Vildhjarta サウンドを更に不気味に仕立てる。高
い注目を集めて発表された本作のオープニングトラック
「Introduction: Staos」は、ピンと緊張感のあるダーク
アンビエントからおどろおどろしいソリッドなギロチンリ
フを豪快に振り落としていく。続く「Längstmedån」
も強烈なツインボーカルの圧倒的な迫力に圧倒されるヘ
ヴィチューンで、深化した Vildhjarta の魅力を存分に体
感する事が出来る。細かく楽曲に挿入されるオーケスト
レーションは Patrick Marchente によるもので、恐怖
感を押し上げる働きを見せている。本作以降、メンバーは
Humanity's Last Breath で精力的に活動を続けている。

Atena

Shades of Black Won't Bring Her Back
Negative Vibe Records
2015

2010 年オスロにて結成。ツインボーカルの Simen Kjeksrud と Jakob Skogli、ギタリスト Vebjørn Iversen、ベーシスト Ulrik Linstad、ドラマー Fredrik の 4 人体制で活動をスタート。2013 年にデビューアルバム『Of Giants』を発表。本作のミックス / マスタリングは Humanity's Last Breath の Buster Odeholm が担当している。極限までメロディをそぎ落とし、ソリッドなリフを刻み込んでいく漆黒の音空間が印象的で、ゾッとするような冷ややかなサンプリングも興味深い。

Vanora

Origin
Daniel Engen Productions
2014

2014 年オスロで結成。ボーカル Tom、ギタリストの Andre と Christopher、ベーシスト Steffen、ドラマー Elias の 5 人体制で活動をスタート。同年に Daniel Engen Productions と契約を果たした。Vildhjarta を彷彿とさせる 8 弦ギターの強烈なローチューニングリフをガツガツと刻み、呪術的なサウンドの中をダークに突き進む。「Artifact」のようなさっぱりとしたナンバーも含む、ドラマティックな構成で仕上げている。

Vanora

Momentum
Crime Records
2017

3 年振りのリリースとなった本作は、地元のレーベルへと移籍して制作されたデビューアルバム。本作から新しいボーカルに Konrad が加入している。ダークな質感はそのままに、よりメインストリームを意識したプログレッシヴ・メタルコアへとアップデート。Born of Osiris を彷彿とさせるオリエンタルな装飾も新鮮で、Konrad のうなるようなボーカルワークも Varona のサウンドにフィットしている。大きな話題となったものの、解散を発表した。

Cold Night for Alligators

Course of Events
Long Branch Records
2016

2008 年コペンハーゲンで結成。ボーカル Johan Pedersenn、ギタリストの Kristoffer Jessen と Roar Jakobsen、ベーシスト Christian Minch、ドラマー Niklas の 5 人体制で活動をスタート。2010 年にデビュー EP『Ulterior Motives』、翌年にはセカンド EP『Singular Patterns』と精力的な制作活動を経て本作を完成させた。Meshuggah と The Faceless をミックスさせたようなマシーン・グルーヴ主体のテクニカルサウンドが、独特のメロディフレーズを交えながらしっとりと展開していく。

Cold Night for Alligators

Fervor
Long Branch Records

2018

2 年振りのリリースとなったセカンドアルバム。Euroblast Festival や UK Tech-Fest への出演や、過密なツアーを経て Cold Night for Alligators の世界観はより洗練され、オリジナリティ溢れるものへと進化を遂げた。本作はプロデューサーに Siamese のボーカリスト Mirza Radonjica を起用、ミックスは Ricardo Rodrigues が担当し、マスタリングは Jens Bogren が務めた。リードトラック「Violent Design」の MV は、モノクロの世界観の中で複雑に展開するメロディアスなプログレッシヴ・サウンドをプレイし、話題となった。

Misophonia

デンマーク

Vinctus
Independent

2014

2012 年オーフスにて結成。ボーカル Rasmus、トリプルギタリストの Hamed と Mads、Jens、ベーシスト Jakob、ドラマー Morten の 6 人体制で活動をスタート。SoundCloud でのシングルリリースを続け、デビューアルバムとなる本作を完成させた。グルーヴィーなメタルコアの中軸を担う細やかな Djentl なリフと、時折感じる Meshuggah 的ポリリズムが特徴的。ミックスは Jens が担当し、マスタリングは TesseracT の Acle Kahney が運営する 4D Sounds が手掛けた。

Mnemic

デンマーク

Mechanical Spin Phenomena
Nuclear Blast Records

2003

1998 年、オールボーで結成。ボーカリスト Mark Bai、ギタリストの Mircea Gabriel Eftemie と Rune Stigart、ベーシスト Mikkel Larsen、ドラマー Brian Rasmussen の 5 人体制で活動をスタート。バンド名の正式名称は Mainly Neurotic Energy Modifying Instant Creation で、これを略した Mnemic が通称として知られている。Michael Bøgballe にボーカルがチェンジし、2004 年に Nuclear Blast と契約してリリースされたデビューアルバムとなる本作は、プロデューサーに Tue Madsen を起用、サンプラー / プログラマーとして DJ Træsko もクレジットされている。Meshuggah からの影響を感じさせるリフを刻み続けるグルーヴメタルに Fear Factory 的インダストリアル・エッセンスを注入したサウンドで注目を集めた。ミュージックビデオになっているリードトラック「Ghost」を観ると、彼らが求めたインダストリアルメタルがどんなものであるかがヴィジュアル、ディレクションから伝わってくるだろう。ヨーロッパ各国を始め、ロシアやインドネシア、アメリカでも流通しヒットした華々しいデビュー盤。

Vola

Inmazes	2015
Independent	

2004 年、コペンハーゲン在住のコンポーザー Asger Mygind を中心に結成。バンド名の由来はイタリア語で「飛んでいく」を意味している。2008 年にファースト EP『Homesick Machinery』、2011 年にセカンド EP『Monsters』を発表。本作は 2015 年にリリースしたデビューアルバムで、ボーカル / ギタリスト Asger、ベーシスト Nicolai、ドラマー Felix、キーボード Martin が参加。幽玄な世界観の中に Meshuggah グルーヴを落とし込み、ピアノを始めとするオーケストレーションがクラシカルに響くのも印象的。

Djent と日本オタクカルチャーとの親和性

　37 ページでインタビューしている Sithu Aye は日本のアニメ文化に対する愛を隠さない。ミャンマーに出自を持ち、スコットランドに在住しているにも関わらず、Twitter では自らを「糞ヒキニート先輩」と名乗り、その作品名も「Senpai」と日本語が用いられている。彼の場合は突出しているが、Djent ミュージシャンの中には他にも日本のオタクカルチャーを愛する人々が多いようだ。

　また日本の歴史、侍や忍者をモチーフに用いていたり、日本語の言葉を歌詞や作品名で用いているバンドが大勢いる。そこで Djent で見受けられるオタクカルチャーや日本趣味をまとめてみた。

　イギリスの Akarusa Yami はバンド名が「明るさ闇」という日本人からすると違和感のある言葉が由来である。スコットランドの Bleeding Skies は初音ミクのカバーをしていたりと、日本のアニソンの影響を受けている。ブライトンの El Scar はエヴァンゲリオンの大ファンで、アルバム「ヒキコモリ」をリリース、カタカナもジャケットに記載している。バーミンガムの Oceans Ate Alaska は『Hikari』というアルバムの中で「Benzaiten」「Hansha」「Ukiyo」といった曲を収録している。

　フランスでは Amber Sea が「死神」という日本語タイトルの曲がある。パリの Cartoon Theory は「花見」「花道」「招き猫」「狐」や「白虎」といった日本語の楽曲があり、『Planet Geisha』というアルバムのジャケットはアニメ調の芸者が描かれている。ペルピニャンの The Algorithm は日本語で「ピタゴラス」という曲がある。有名バンド Veil of Maya はアルバム『Matriarch』で日本人ダンサー Natsumi Suzuki をジャケットアートに用い、『ファイナルファンタジー 7』の Aeris、『エルフェンリート』の Nyu など日本のアニメやゲームの女性キャラクターを曲名 / モチーフにしている。

　オーストラリアには Twelve Foot Ninja、そして Heavy Metal Ninjas と「忍者」をバンド名掲げるバンドが 2 つもいる。両者ともライブを忍者の格好で行うそうだ。Skyharbor の「Kaikoma」という曲では「一度きりの人生。結果がすべてではなく、行程が大事なのが人生。信頼、裏切り、希望、絶望……」という日本語のナレーションが入る。厦門の Once N for All のオープニングトラックは「Akegata」で、インタビューでも答えている通り、日本のドラマ好き。

　本書の中で確認できるだけでもこれだけの日本趣味が見受けられたが、より念入りに調査すればもっと出てくるはずである。確かに日本漫画に影響を受けた Rise of the Northstar や日本のグロアニメや二次元ポルノをテーマにしたチェコのゴアグラインド Jig-Ai など、他のジャンルでも日本愛好家は存在する。しかしデスメタルやブラックメタル全般では、ここまで日本が取り入れられる事はなく、日本をクールとする雰囲気はそこまでない。オタク気質で、ベッドルームのワンマンバンドでも許容される Djent だからこそ、日本のオタクカルチャーが特に支持されているといえるのではないだろうか。世界の若者の間では K-POP が大流行してはいるものの、アンダーグラウンド・インディーズシーンで、特に韓国と関係する文化が取り入れられているという話は見聞きしない。日本の経済的地盤沈下が進行する中、Djent というマニアックな世界で、日本が存在感を発揮している事に勇気づけられる。

D.I.Y.で精力的に世界をツアーするライブバンド
Ghost Irisインタビュー

質問者 & 翻訳：Ryohei Wakita / Shintaro Kimura
回答者：Sebastian Linnet

Q：Ghost Iris は、Djent をプレイするバンドとしては比較的ライブ活動を精力的に行っているバンドですよね。その中でも Dream Theater とのツアーが印象的だったと思いますが、そのツアーはどのようなものでしたか？
A：Dream Theater とのツアーは最高だったよ！　今までで一番大きい会場だったし、いつも会場には数千人の観客がいたよ。大きいツアーでプレイすることは、自分達が今までやってきたツアーとまったく違ったね。やっぱり、たくさんの観客がいる中でライブをするのは特別な事だよ。自分が夢に見ていたほとんどの事が叶った感じがしたよ。あと、Dream Theater のチームがとても優しかったのが印象的だったな。

Q：ヨーロッパを中心に数々のツアーやフェスティバルに出演しています。Dream Theater との共演のほかに、思い出深いツアーなどはありますか？
A：最近の事だけど、Jinjer と新型コロナウイルスのパンデミック中にツアーしたのが思い出深かったかな。このツアーは 2020 年9月の半ばから後半にかけて開催したんだけど、世界中でもこの状況下で海外ツアーしたバンドはいないんじゃないかな。ライブではソーシャルディスタンスが取られてたし、お客さんはみんな座らないといけなかったけどね。いつツアーがキャンセルされてもおかしくない状況だったから心配してたんだけど、幸運にも全部予定通りに上手く行ったし、すごくラッキーだったと思うよ。

Q：共演したアーティストの中で、ミュージシャンとして尊敬できる存在はありましたか？
A：個人的には一緒にツアーした After the Burial だね。彼らのことは昔から大好きだったし、自分の音楽のスタイルの中でとても重要な存在だよ。Nicklas と Daniel は John Petrucci と一緒に演奏出来る事をとても楽しみにしてたよ。特に Nicklas は Dream Theater の「Pull Me Under」をよく弾いていたし、彼にとってヒーローだったからね。

Q：海外でツアーする際（飛行機で移動する場合）、Djent バンドの多くが機材の問題を抱えていると思います。これまでに日本や中国などでツアーをされていますが、ツアーバンドとして機材の問題をどのようにクリアしましたか？
A：俺たちは必要最低限の機材しか持ってかないし、全部整理整頓してコンパクトにパッキングしているんだ。スーツケースは持っていかずに、ギ

ターのケースに服を出来るだけ小さく畳んでいれるとかね。あとは現地調達さ。これから海外へツアーしたいと考えるDjent 系バンドに対して、何かアドバイスをするとしたら、やりたいことを全部やろうとしない事。

Q：これまでに印象的だったツアーの出来事は何かありますか？
A：イギリスをツアーしている時、高速道路上で運転していたバンがフルスピードのまま動かなくなった事があったんだ。ブレーキも効かない、窓も開けれなかった、タイヤもほとんど動かなかった。幸運にも緊急専用のレーンがあってそこで完全に止まるまで走ってたよ。あれは恐ろしかったね……。ダニエルが後ろで寝てたんだけど「車が止まらな

い！」って叫んで彼を起こしたのを覚えてる。彼ほんとに死ぬ寸前だって思ってたらしいよ。車は次の日まで直らなくて、その日は一晩寒い中みんなで寝たんだ。他にも面白いエピソードはいっぱいあるよ！

Q：Ghost Iris の楽曲の中で、最もプレイしていて楽しいと思う楽曲は何ですか？
A：「The Rat and the Snake」は個人的に好きだし、ライブで演奏した時にかなり盛り上がるね。

Q：読者に何かメッセージがあればお願いします。
A：日本は Ghost Iris にとってツアーするのが本当に楽しくて思い出深い国なんだ。日本に行ったらいつも優しく迎えてくれるし、また次行くのが凄く楽しみだよ！

Ghost Iris
デンマーク

Anecdotes of Science & Soul
Prime Collective/Go with Me Records
2015

2012 年コペンハーゲンで結成。Shaped Like Swans のボーカル Jesper、ギタリストの Nicklas と Peter、ドラマー Sebastian の 4 人体制で活動をスタート。当初は The Monolith という名前で始動したが、2014 年にシングル「Dreamless State」をリリースしたタイミングで Ghost Iris へ改名。Periphery と Volumes を高次元融合したかのようなプログレッシヴ・メタルコアを鳴らし、王道とも言えるエキサイティングなリフと、うるおいのあるクリーンボーカルが印象的。日本盤も発売され話題となった。

Ghost Iris
デンマーク

Blind World
Long Branch Records
2017

2 年振りのリリースとなった本作は、Long Branch Records と契約し発表された。アートワークは Jesper が担当している。ギタリストの Peter が脱退し、ベーシストとして Dennis が加入してレコーディングされた本作は、前作の延長線上にあるモダンな Djent サウンドを鳴らし、コンセプチュアルな世界観の中を優雅に展開。Jesper のハイトーンボイスは勇ましく、そしてどこか侘しさも兼ね備えた響きがあり、バンドサウンドの核になっている。精力的なツアーを重ね、UK Tech-Fest へ 2 年連続で出演。さらには RNR TOURS の招致により 2017 年に初来日も実現した。

Ghost Iris
デンマーク

Apple of Discord
Long Branch Records
2019

コンスタントにリリースを続け、ヨーロッパのプログレッシヴ・メタルコアシーンにおいて存在感を増した彼らの 3 枚目フルレングス。本作はゲストミュージシャンに Don Vedda や Traitors の Tyler、For the Fallen Dreams や Legend で活躍した Chad が参加しており、深化した Ghost Iris サウンドを様々なスタイルで味わうことが出来る。Djent をベースにしながらも、はつらつとしたタフなブレイクダウン / ビートダウンを挿入したり、緊張感を漂わせながらメリハリの効いたグルーヴで楽曲を引っ張っていったりと、独創性を感じさせるソングライティングが印象的。

Circle of Contempt

フィンランド

Artifacts in Motion

2009

Sumerian Records

2005 年ポリで結成。ボーカル Riku Haavisto、ギタ
リスト Risto-Matti Toivonen、ベーシスト Markus
Karhumäki、ドラマー JP Kaukonen の4人体制で活
動をスタート。当初は Thrust Moment と名乗り、クラ
シックなメタルコアをプレイしていた。2006 年にデモ
音源『Parallels』をリリースし、2007 年にデビュー
EP『Rumor Has It』、2008 年にセカンド EP『Color
Lines』を発表。2009 年、Sumerian Records との
契約前に Circle of Contempt へと改名すると新たにギ
タリスト Joni Kosonen を加え、プロデューサーに Jori
Haukio を迎えレコーディングを開始。名刺代わりのオー
プニングトラック「Color Lines」は、August Burns
Red を彷彿とさせるメタルコアをベースに、歯切れの良
いリフワークとメランコリックなメロディが絶叫するよう
な Riku のボーカルが相互に作用しながら展開する Circle
of Contempt らしい楽曲。ミュージックビデオにもなっ
ている「Concealed」や、ドラマティックなエンディン
グを飾る「Scour the Sharpside」など、北欧から世界
へ衝撃をもたらした一枚。

Circle of Contempt

フィンランド

Entwine the Threads

2012

Sumerian Records

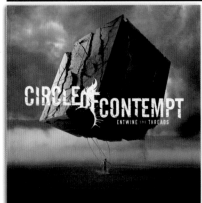

3 年振りのリリースとなった本作は、5 曲入りの EP と
いう形で発表された。2011 年にボーカル Riku が脱退
し、新たに Denis Hautaniemi が加入。また、2012
年には Joni もバンドを去り、Kill the Romance や
Chaosphere で活躍したギタリスト Ville Patrikainen
に交代。本作はプロデューサーに同郷のテクニカルデスメ
タル・レジェンド、Necrophagist のギタリスト Sami
Raatikainen を起用し、レコーディングを行った。オー
プニングを飾るアルバム・タイトルトラック『Entwine
the Threads』はプログレッシヴ・メタルコア / デスコ
アをベースに、シンフォニックなオーケストレーション
をド派手に装飾、テクニカルなアンサンブルを心地良く
響かせる。特筆すべきはパワフルなドラミングで、ダイ
ナミックなシンバルワークがまるで生き物のように躍動
する。「To Entitle Vacancy」では、荘厳に響くツイ
ンリードやギターソロを楽曲の要としながら、独創的な
リズムに絡み付いていく。最後を飾る「Perceive the
Mendacity」では、Born of Osiris にも匹敵するシンフォ
ニックなオーケストレーションが映えるドラマティックな
楽曲。テクニカル・デスメタル・リスナーからも高い評価
を得た。

Circle of Contempt

Structures for Creation   2016
Independent

前作『Entwine the Threads』リリース後、2014年に Sumerian Records を離脱。本作は自主制作でリリースされたセカンドアルバム。メンバー・ラインナップに変更はないが、オリジナルメンバーの Riku が Risto と共に楽曲制作を手掛けた。プロデューサーには Parallel Focus Studios の Julian Rodriguez を起用し、ミックス／マスタリングまでを担当している。オープニングを飾る「The Inception」では、これまでのデスメタリックなテクニカルフレーズは影を潜めており、バウンシーなプログレッシヴ・メタルコアへのスタイルチェンジが伺える。アルバム・タイトルトラックでミュージックビデオにもなっている「Structures for Creation」も、まるで It Prevails を Born of Osiris がカバーしたかのような叙情的なメロディを持つサウンドになっており、相変わらず手数の多いドラミングも聴きどころのひとつだ。ドラマーの JP はフリーランスのビデオプロデューサーとしても活動しており、自身の MV も制作している。本作リリースから2か月後にインストゥルメンタル・バージョンもオンライン・リリースされている。

Indistinct

フィンランド

Mirage   2017
Independent

2010年タンペレで結成。ボーカル Ville Haavisto、トリプルギターの Klaus Telenius と Joona Muistola、Konsta Leinonen、ベーシスト Jare Rantanen、ドラマー Joni Kangas の6人体制で活動をスタート。定期的にウェブ上に楽曲を公開しながら着実にファンベースを築き、本作を発表した。印象的なヘヴィネスは、アンビエントなアレンジや癖のあるクリーンボーカルによって強調され、Vildhjarta や The Contortionist の様な雰囲気を持っている。

Ocean Within

フィンランド

Leaders   2010
Independent

2008年ポリで結成。ボーカル Juho Tommila、ギタリストの Petteri Saarinen と Joonas Vohlakari、ベーシスト Thomas Braun、ドラマー Tuomas Aalto の5人体制で活動をスタート。2009年にデモ『Spells of Coming』のリリースを経て、本作を完成させた。同郷の Circle of Contempt をお手本としたメランコリックなメロディを、ヘヴィなオールドスクール・デスコア／メタルコアにブレンドしたサウンドをプレイ。スポークンワードを交えたリードトラック「The Hedonist」は胸を締め付けられるような哀愁が漂う。

We Are the Illusion

The Podium of Lies
Independent
2010

2008 年、ヒュヴィンカーで結成。ボーカル Teemu、ギタリストの Makku と Tipi、ベース兼シンセサイザー Iiro、ドラマー Mikki の 5 人体制で活動をスタート。同郷の Circle of Contempt を彷彿とさせるグルーヴィなリフによって生み出される躍動感と、ギターフレーズを鮮やかに彩るシンセサイザーによる装飾が特徴的。2011 年には Famined Records と契約を行い、シングル「Echo/Nine Circles」をリリースするが、その後目立った動きは確認出来ない。

Cruentus

ポーランド

Terminal Code
Independent
2010

1999 年シュチェチンで結成。ボーカル Marcin、ギタリスト Tomasz、ベーシスト Jakub、ドラマー Bart、キーボード / シンセサイザー Robert の 5 人体制で活動をスタート。デモや EP をリリースしながら、2003 年にデビューアルバム『Event Horizon』をリリース。その後、自主制作で本作をレコーディングした。Fear Factory や Mnemic の様なクリーンボーカルを主体としたグルーヴメタルをベースとしながら、機械のように刻まれるマシーンリフと、ゴージャスなオーケストレーションをふんだんに取り入れたスケールの大きなサウンドに圧倒される。

DispersE

ポーランド

Living Mirrors
Season of Mist
2013

2007 年ブシェボルスクで結成。ボーカル / キーボード Rafał Biernacki、ギタリスト / ボーカル Jakub Żyteckii、ベーシスト Marcin Kicyk のトリオ体制で活動をスタート。2010 年にデビューアルバム『Journey Through the Hidden Gardens』をリリース。本作で Season of Mist との契約を果たした。TOTO や Cynic などの影響を受け、スケールの大きなプログレッシヴ・メタルコアを展開。フュージョンやジャズのエッセンスをブレンドしながら、Jakub のギタープレイは圧巻で、ユニークなフレーズを多分に含んだ作品。

DispersE

ポーランド

Foreword
Season of Mist
2017

4 年振りのリリースとなったセカンドアルバム。2015 年には、Monuments や The Algorithm で活躍したドラマー Mike Malyan が加入、ベーシストが Bartosz Wilk へと代わり、4 人体制での活動をスタートさせた。Jakub がプロデュースを務めた本作は、彼らのルーツにもなっているプログレッシヴ・メタルへと傾倒しながらも、現行のプログレッシヴ・メタルコアや Djent にヒントを得ながら、メインストリームのオルタナティヴロックにも引けを取らないロマンティックな世界観を作り出す事に成功している。Djent とは言い難いが、そこから引き出される可能性に未来を感じる。

Gru

Cosmogenesis
Independent　　　　　　　　　　　　　　　　　　2010

マゾフシェを拠点にギタリスト Piotrek Gruszka のソロプロジェクトとして始動。本作はウェブ上で公開していた音源をまとめたデビューアルバム。アルバムタイトルからも分かるように、宇宙空間にインスパイアされたサウンドスケープを持ち、微細にエディットされた煌びやかなメロディワークが印象的なプログレッシヴなインスト作品。本作リリース後は、同郷の Widek のアルバム『Outside the Universe』『Journey to the Stars』にゲストギタリストとして参加していたり、デザイナーとしてシーンに貢献している。

Jakub Zytecki

Wishful Lotus Proof
Independent　　　　　　　　　　　　　　　　　　2015

DispersE で活動するクラクフ在住のギタリスト Jakub Zytecki のソロプロジェクト。2010 年から活動を開始し、これが彼のデビューアルバム。透明感のあるメロディが映えるプログレッシヴ・ロックナンバーから、ワイルドなリフワークがグイグイと刻み込まれるパワフルナンバーまでバラエティに富んだ楽曲群が面白い。Periphery の Misha や Destiny Potato の David、Halcyon の Plini など豪華ギタリストをはじめ、Decapitated の Rafal がボーカルとして参加している。

Proghma-C

Bar-do Travel
Mystic Production / Armoury Records　　　　　　2009

2000 年代後期に結成。ボーカリスト Piotr Gibner、ギター / シンセサイザー Paweł Smakulski、ベーシスト Tomasz Wolter、ドラマー **Łukasz Kumański** の 4 人体制で活動をスタート。プロデューサーに Szymon Czech を迎え制作した本作は、クラシカルなプログレッシヴ・メタルにスタイリッシュな Djent リフを刻み込む。メタルコアを通過していないところがまた面白く、Periphery のデビュー前にこの作品を完成させたという事に驚く。残念ながら本作以降は目立った活動は見られない。

Widek

Journey to the Stars
Independent　　　　　　　　　　　　　　　　　　2015

グダニスク在住のギタリスト、Maciej Dawidek によるソロプロジェクトとして始動。2011 年にデモ集『2010 Songs』、2012 年にデビュー EP『Aurora Borealis』、2014 年にデビューアルバム『Outside the Universe』を経て発表したセカンドアルバム。ポストロックの持つ雄大な雄大さを Djently に奏でていくスタイルは、幅広いプログレッシヴ・メタルリスナーにリーチ出来るポテンシャルを持っている。Scale the Summit の Chris Letchford や Plini らがゲストギタリストとして参加しており、ギタリストなら必聴だ。

Between the Planets
チェコ

Immersion into the Unknown
Independent
2013

2012 年プラハで結成。ギタリスト Martin Perina、ベーシスト Adam Palma、ドラマー Filip Kittnar の 3 ピース体制で活動をスタート。同年にシングル「Spectral Horizon」をリリースした後、本作のレコーディングを行った。モダンなプログレッシヴ・メタルをベースに、スペーシーなオーケストレーションを彩るアンビエントサウンドがもやのように漂う。しっとりと刻まれるリフに、ゲスト参加している Karel Zdarsky の鳴らすチェロの音色がクラシカルに絡み合っていく。アートワークは Lukas が手掛ける Isisdesign Studio が担当。

Modern Day Babylon
チェコ

The Manipulation Theory
Music Media House
2011

2010 年テプリツェにてギタリスト Tomáš Raclavský のソロプロジェクトとして始動。チェコで初めての Djent バンドであり、名前は Tosin Abasi が在籍していた Reflux の曲名に由来している。ベーシスト Marek Mrvik、ドラマー Vojtech Seminsky が加入し、デビュー EP となる本作のレコーディングを行った。8 弦ギターの重厚な Djent なリフを打ち込み続け、アトモスフェリックなオーケストレーションを効果的に使いながら劇的なインストを奏でていく。「Universal Intelligence」には Destiny Potato の David がゲストで参加。

Modern Day Babylon
チェコ

Travelers
Independent
2013

2 年振りのリリースとなったデビューアルバム。Marek が脱退、新たに Premysl が加入している。ヘヴィかつクリスピーなリフは切れ味を増し、タイトなドラミングとバイブレーションを高めながらドラマティックに展開。All Shall Perish のギタリスト Chris Storey や、DispersE のギタリスト Jakub Zytecki がゲスト参加するなど、バラエティに富んだインスト作品となっている。印象的なアートワークは Born of Osiris などを手掛けた Cameron Gray によるもの。

Modern Day Babylon
チェコ

The Ocean Atlas
Independent
2015

2 年振りのリリースとなったセカンド EP。ドラマーの Vojtechy が脱退、新たに Petr Hataš が加入している。ザクザクとしたリフは健在ながらも、みずみずしいメロディが様々な音色で軽やかに踊るプログレッシヴ・メタルコア・サウンドは、これまでの Modern Day Babylon 以上に透明感がある。2 曲目の「Water Drops」には Plini がゲストギターとして参加していることからも感じられるように、バンドが目指すサウンドに変化が生じた事を感じられる作品。

Modern Day Babylon

チェコ

Coma
Independent
2018

3年振りのリリースとなったセカンドアルバム。前作『The Ocean Atlas』で築いた新境地に加え、初期の Modern Day Babylon の持ち味だったソリッドなヘヴィネスがやや戻ってきたような印象を受ける。雄大なプログレッシヴ・サウンドによる持つオープニングトラック「Sleeper」で幕を開けると、はつらつとした響きで奏でられる「Dream Cycle」や、サムスラップを用いたリードトラック「Coma」などハイクオリティな楽曲がずらっと続く。

Destiny Potato

セルビア

LUN
Independent
2014

2010年ベオグラードで結成。女性ツインボーカルの Aleksandra Radosavljevic と Aleksandra Djelmash、ギタリスト David Maxim Micic を中心に活動をスタート。オンラインでのシングルリリースで人気を集めたが、Aleksandra Radosavljevic が脱退。新しくギタリスト Dusan、ベーシスト Boja、ドラマー Milan が加入し、デビューアルバムとなる本作のレコーディングが行われた。ポップスと Djent を融合させるという、これまでになかったサウンドで注目を集め、クオリティも高い。アイドル的な人気もあるようだ。

Orient Fall

ハンガリー

Fractals
GarageLive Records
2015

2009年ブダペストで結成。ボーカル Krisztián、ギタリストの Bálint と Dániel、ベーシスト Tamás、ドラマー András の5人体制で活動をスタート。2011年に EP『Where the Pressure of Duty Leaves Off』と『The Challenge of Excellence Begins』を経て、GarageLive Records との契約を果たした。シンフォニックなオーケストレーションを大胆に組み込み、激情的なメタルコアを展開。現在はポストメタル的なアプローチを得意とするメタルコアへとスタイルチェンジしながら、精力的に活動中。

The Ralph

クロアチア

Enter Escape
Independent
2017

2011年、ロバーを拠点にギタリスト Andreas のソロプロジェクトとして始動。2012年にデビュー EP『Fragments』、2014年にセカンド EP『Delimiter』を発表。本作はボーカルに Dino、ギタリスト Mario、ベーシスト Jovan、ドラマー Patrik を加え完成させたデビューアルバムだ。エレクトロニックなアレンジが効いたサウンドは、Northlane を彷彿とさせるプログレッシヴ・メタルコアとポストハードコアを融合したタイプ。R&B からの影響を色濃く感じる Dino のボーカルは Issues などが好きなリスナーにもオススメできる。

Fractalize

モルドヴァ

Immersion
Independent
2019

2015 年キシナウを拠点に活動をスタート。Alex によるソロプロジェクトで、2016 年に 3 曲入りの EP『Prophet of Despair』でデビュー。シングル「Void」を経て、2019 年の大晦日に本作をリリースした。Meshuggah や Humanity's Last Breath を彷彿とさせるいわゆる Thall の雰囲気を持ち、漆黒のサウンドにカミソリのように鋭いローチューニングリフをふとぶとと刻み込んでいく。ライブ活動は行っていないようだが、出身地の珍しさ故に注目を集めている。

Abstract Deviation

ロシア

Layers
Independent
2013

2011 年サマーラにて結成。ギタリストの Alexander Zaitsev と Alexander Koldin、ベーシスト Alexander Buslaev、ドラマー Nikita Sukhorukov、キーボード Andrey Sazonov の 5 人体制で活動をスタート。当初はインストバンドで、デビュー EP『Aliedora』をリリースした後、女性ボーカル Alisa Lisovna が加入。本作は目まぐるしく展開するプログレッシヴ・フレーズの渦に、クラシカルに歌い上げる Alisa の狂熱的なボーカルが絡み合う、華麗な仕上がりとなっている。

Artifact Implication

ロシア

Illuminate
Independent
2012

2012 年モスクワで結成。Sentenced to Dissection のボーカル Sergey Yurchenko と Obscure of Acacia のギタリスト Vova Kutichev のサイドプロジェクトとしてスタートし、Sumatra のギタリスト Andrey Denisov、ベーシスト Kesha、ドラマー Stas が加入して本格始動。デビュー作となる本作は、Born of Osiris を彷彿とさせるオリエンタルなオーケストレーションをふんだんに盛り込んだプログレッシヴ・デスコア。2014 年には Architects のモスクワ公演の前座を務めている。

Asterials

ロシア

Oversighted
Independent
2013

2011 年ウラジオストクで結成。ツインボーカルの Misha と Artyom、ギタリストの Sasha と Vlad、ベーシスト Bogdan、ドラマー Ilya の 6 人体制で活動をスタート。デビュー EP となる本作は、Emmure を彷彿とさせるニューメタルとデスコアのクロスオーバーサウンドをベースとし、ローチューンリフがダンサブルに刻まれ続けていく。若干の叙情感をアクセントにしているのが個性的だ。2014 年に Change of Loyalty の Peter Kosenkov をゲストに迎えたシングル「Constructed Visions」を発表するも、2015 年以降目立った動きはない。

Astral Display

Prometheus
Rogue Records America
2013

2012 年モスクワで結成。ボーカル Andrey Lugovskoy、ギタリストの Andrey Borovik と Pavel Minin、ベーシスト Maxim Zyulin、ドラマー Kirill Bonart の 5 人体制で活動をスタート。同年にシングル「Standing on a Precipice」を発表、Rogue Records America と契約し、本作のレコーディングが行なわれた。インダストリアルメタルに Djent を注入したようなサウンドの中には、メタルコアやポストハードコアといった香りも漂う。2015 年には Periphery ロシア公演の前座を務めた。

Catch the Sun

ロシア

Aspiration
Independent
2012

2009 年ニジニ・ノヴゴロドで結成。ギタリストの Alexander Gorin と Kirill Sumachev、ベーシスト Denis Romanovich を中心に活動がスタート。Tell Me a Fairytal のボーカル Andy Lachugin をセッションメンバーとして加え、本作のレコーディングを開始。トリプルギター構成で、ツインリードにバッキングが乗り、非常に濃厚な音を生み出している。Andy のアグレッシヴなボーカルもインパクトがあり、セッションメンバーながら良いバイブスを感じる事が出来る。この後はインストにシフトする為、ボーカルが聴けるのは本作品のみ。

Catch the Sun

ロシア

Legacy
Independent
2013

1 年足らずで完成させたセカンドアルバム。EP『Feel the Creator』と、シングル「Echoes」など数曲を続けてリリースし、2013 年末に本作を発表。本格的にインストへシフト。ツインリードを主体とした浮遊感のあるプログレッシヴ・メタルをベースに、ほのかに香る叙情的なメロディフレーズを織り込んだゴージャスなゴージャスなフレーズが印象的。ジャキジャキと歯切れの良いバッキングフレーズもグルーヴの要になっている。2015 年にはシングル「Between the Lights」をリリース、ライブ活動は行わないようで、メンバーはそれぞれにプロジェクトを抱え活動中。

Change of Loyalty

ロシア

Freethinker
headXplode Records
2011

2003 年サンクトペテルブルクで結成。ボーカル Peter Kosenkov、ギタリストの Slava Kavlenas と Kirill Rudnickii、ベーシスト Sam Maksudov、ドラマー Eugene Mikhailov の 5 人体制で活動をスタート。2010 年にファースト EP『Two Steps to Her Bed』をリリース、翌年 headXplode Records と契約を果たし、本作を発表した。ローチューニングリフのザクザクとした刻みと、ふわふわと宙に舞う流麗なメロディが魅力のプログレッシヴ・メタルコアをプレイ。ロシア国内のみならず、ワールドワイドな注目を集めた。

Change of Loyalty

Breathtaker
Independent   2015

４年振りのリリースとなったセカンドアルバム。一時期は Subliminal Groove Records に所属、2013 年にシングルをリリースしたがレーベルを離脱し、自主制作で本作を発表。ボーカリスト Sam Arrag をゲストに迎え、煌びやかなメロディワークをふんだんに盛り込んだテクニカルなスタイルをみせた。本作後はリリースがなく、現在も目立った活動をしていないが、ボーカルの Peter は新しいバンド I Versus Myself を始動させ、ギタリスト Slava は Shrezzers や Fail Emotions、Wildways 等で活躍。

I'm Sorry Wilson

ロシア

The Beginning of the End
Independent   2013

2011 年モスクワで結成。ボーカル Alex、ギタリストの Dima と Sergey、ベーシスト Alexey、ドラマー Alexey の 5 人体制で活動をスタート。Periphery に影響を受けたプログレッシヴ・メタルコアをプレイ。跳ねるようなグルーヴにシャウトとクリーンのコントラストが鮮やかだ。ライブ活動は長い間行っていない様であるが、1 年に 1 回ペースでマイペースに新曲をリリースしており、2017 年にも楽曲「Cataclysm」を公開している。

Immaterialist

ロシア

Immaterialist
Independent   2013

2012 年サンクトペテルブルクで結成。The Wheels of Sorrow で活動していたギタリスト Alexander Filippov と、The Korea 等様々なバンドとコラボしているギタリスト Ilya Kuzubov を中心に活動をスタート。ボーカルの Rustam と Anton、ベーシスト Dmitry、ドラマー Daniil が加入し、6 人体制で本作のレコーディングを行った。Hacktivist のようなラップとプログレッシヴ・メタルコアを組み合わせたサウンドを鳴らし、荒々しいリフワークも聴きどころのひとつ。

Irrita

ロシア

Irrita
Independent   2014

2014 年、サンクトペテルブルク在住のコンポーザー Kirill Alexandrovich のプロジェクトとして始動。本作はボーカリストに Electrified で活動する Evgen を迎え、レコーディングされたデビューEP で、Meshuggah を彷彿とさせる淡々とリフを刻むスタイルを披露。ゲストギタリストには Immaterialist の Ilya が参加している。アートワークは Egoscarred の Pj Potehin が担当。2016 年には本作のデラックス盤が発売された。

Lizard Minell

Airwaves
Independent
2014

サンクトペテルブルクで結成。アメリカの女優 Liza Minnelli の名前を
モジったバンド名を冠し、ボーカル Boris、ギタリストの German と
Sergey Bejanian、ベーシスト Sergey Kabakoy、ドラマー Pavel
の5人体制で活動をスタート。2012年にデビュー EP 『The Rotten
Crown』を発表、本作はデビューアルバムにあたる。エレクトロサ
ウンドが華やかさを演出、奥行きのあるアトモスフェリックなプログ
レッシヴ・メタルコアをプレイ。EDM のアンセム Nicky Romero の
「Toulouse」のカバーも注目を集めた。2017年に Talitha へと改名。

Mira

ロシア

Three Pound Universe
Independent
2013

2008年、ロシア連邦に属するチュヴァシ共和国で結成。女性ボーカル
Nastja、ギタリストの Stan と Sergey、ベーシスト Tony のドラムレ
ス4人体制で活動をスタート。Mnemic や Textures を想起されるマシー
ンリフをゴリゴリと繰り出すパワフルなサウンドを披露。Arch Enemy
の Angela に似たボーカルスタイルで、劇的な楽曲展開を彩る。サイケ
デリックなアートワークは Insane Visions の Raphael が担当。本作リ
リース後は音沙汰なく、活動を終了したと思われる。

Nemertines

ロシア

Death, My Love
Subliminal Groove Records
2013

2009年より始動したロシア在住のアーティスト Sabrina Scissor の
ソロプロジェクト。活動当初からハイペースで制作活動を続け、自身が
手掛けるアートワークと併せてホラーテイストの世界観を築き上げてき
た。本作は Subliminal Groove Records と契約してリリースされた
Nemertines の代表作。ニューメタルをブレンドしたグルーヴィなメタ
ルコア / デスコアサウンドは、狂気的なエフェクトを組み込み、デプレッ
シヴな雰囲気を醸し出している。現在も精力的にリリースを続ける。

Outofchannel

ロシア

Heart Beats Out the Same
Independent
2014

2010年サンクトペテルブルクで結成。ボーカル Punch、ギタリストの
Yura と Taras、ベーシスト Cliff、ドラマー Krok の5人体制で活動をス
タート。クラシカルなプログレッシヴ・メタルを軸とし、Skyharbor を
彷彿とさせるメロディアスでファンキーな作風が印象的。I the Breather
のロシア公演の前座を務めた事もあったが、活動自体はマイペース。
2015年には本作のインスト盤が発表されたものの、その後目立った活
動は行っていない様子。

Second to Sun

ロシア

Based on a True Story
Independent
2013

2012年サンクトペテルブルクで結成。Utenomjordisk Hull や Epoch
Crysis といったブラックメタルバンドに在籍したギタリスト Vladimir
を中心に。本作はベーシスト Anton、ドラマー Artem、ギタリスト
Alexandr が加入し、制作されたデビューアルバム。デスメタリックなリ
フがブラストビートに乗って強烈に猛進するデスコアには、歯切れの良い
Djent グルーヴが隠れている。複雑にジャンルが絡み合う不思議なサウン
ドが癖になる一枚。

Sequence of Discord

ロシア

Namaste
Independent
2012

2011年トゥーラで結成。ギタリストの Sergey Ofitserov と Max
Maly を中心に活動をスタート。雪崩のようにリズムを築いては壊しを
繰り返す、プログレッシヴでありカオティックでもあるメタルコアを武
器に、アトモスフェリックなサウンドスケープを劇的に展開し続けて
いく。2013年にはボーカルに Dmitriy Karaev、ベーシストに Igor
Vichikov、ドラマーに Alexandr Maliy、キーボードに Nikita Melnikov
を迎えた新体制でのシングル「Reverse Side」がリリースされた。

She Was the Universe

ロシア

Else and Where
Delicious Music
2014

2012年ニジニ・ノヴゴロドで結成。ボーカル Aleksey、ギタリ
ストの Sasha と Ivan、ベーシスト Aleksander、ドラマー Lesha
の4人体制で活動をスタート。バンド名の由来は The Ocean の
『Anthropocentric』収録曲からで、カバーもしている。2012年にデ
ビュー EP『Whalesong』をリリースし、本作を発表した。マスコアを
注入した荒れ狂ったヘヴィメタルコアをベースに、ナイフのように鋭いリ
フが随所に組み込まれている。2017年にはリイシューされた。

Shokran

ロシア

Supreme Truth
Independent
2014

2012年、モスクワを拠点にギタリスト Dmitry Demyanenko のソロプ
ロジェクトとして始動。2013年にデビュー EP『Sixth Sense』をリリー
ス。その後、Obscure of Acacia や Triumphant で活躍し、Sumatra
にも在籍した Serezha Raev、ギタリストの Dmitry Demyanenko と
Aleksandr Burlakov、ベーシスト Rodion Shevchenko、ドラマー
Michael Isaev を加え、自主制作で本作を作り上げた。Born of Osiris
を彷彿とさせるオリエンタルなサウンドで世界に衝撃を与えた。

Shokran

Exodus
Independent
2016

2年振りのリリースとなったセカンドアルバム。前作『Supreme Truth』はハイクオリティなサウンドで、Born of Osiris リスナーを始め、コアなメタルコアファンに衝撃をもたらした。本作は Reflections のギタリスト Patrick Somoulay をフィーチャーした「Disfigured Hand」や、CrazyEightyEight の女性ボーカリスト Lauren Babic が参加した「And Heavens Began to Fall」など、多彩なゲストを交えながら Shokran ワールドを展開。オリエンタルな響きが多彩となり、独創的な世界観を見せてくれる。

Shokran

Ethereal
Independent
2019

3年振りのリリースとなった3枚目フルレングス。本作はバンド体制を解消し、Dmitry が楽曲制作を行い、ボーカリストに The HAARP Machine や Synopsis での活動で知られる Andrew Ivashchenko が加入し、レコーディングが行なわれた。ミュージックビデオにもなっている「Golden Pendant」では、しっとりとなめらかなバラード調の楽曲でありながら、ローの効いたリフがプログレッシヴに刻まれていく新たな Shokran の魅力を見せてくれる。ワールドワイドな人気を獲得、ドラマーに Michael Isaev を加え、世界ツアーを行うまで成長した。

The Korea

Cosmogonist
Independent
2015

2003年サンクトペテルブルクで結成。ボーカル Ilya、ギター／ボーカル Yevgeny、ギタリスト Alexander、ベーシスト Ruslan、ドラマー Sergey の5人体制で活動をスタート。2006年にデビューアルバム『On Broken Wings』、2007年にセカンドアルバム『Pulse』、2012年に『Колесницы богов』を発表し、完成させた4枚目フルレングス。ひんやりとした空気感の中、ダークな質感で鳴らされるバンドアンサンブルが不気味。地味ではあるが、ゴリゴリと刻み込まれる Djent なリフワークが狂熱的。

Walking Across Jupiter

Scent
Progressive Design Records
2013

2009年、サンクトペテルブルクを拠点にギタリスト Alexander Valitov のプロジェクトとして始動。Bandcamp 上にデモを継続的に公開し続けた後、2013年にボーカル Nikita Valamin、ベーシスト Artem Saschenko、ドラマー Ilgiz Iunusov を迎え、バンド体制で活動を開始。ヒロイックなギターフレーズが涙を誘うドラマティックなプログレッシヴ・メタルコア・サウンドが、心地良い映画のような雰囲気を感じさせてくれる。2021年1月にはシングル「Lost in Haze」をリリース。自身の SNS でレコーディングの様子などもこまめに発信している。

EUROBLAST FESTIVAL　世界中からファンが集まるDjentの祭典

　Euroblast Festival は、2008 年ドイツのケルンを拠点に John Giulio Sprich と Daniel Schneider の友人 2 人で立ち上げられたフェスティバル。第 1 回は、Demise Empire や Begging for Incest、Sayn といったバンドら 11 組による小規模なフェスではあった。同年に開催された 2 回目からテクニカルでプログレッシヴなサウンドを中心としたラインナップへと変化し、翌年開催された第 3 回目には、Obscura が出演。4 回目はフランスへと移り、Dagoba や Textures、TesseracT が参加。5 回目からはテーマを設け、Grind Edition、Got-Djent Edition として開催。以降は 2Days 開催、3Days 開催と規模を拡大しながら、Meshuggah、Animals as Leaders、Mnemic、After the Burial をヘッドライナーに迎え、Djent、プログレッシヴ・メタルを代表するフェスティバルへと成長していった。
　Euroblast Festival は、UKTech-Fest と並び、モダン・プログレッシヴ・メタル・シーンの最も重要なフェスティバルのひとつであり、世界中のプログレッシヴ・メタル、Djent バンドが出演を夢見る舞台だ。これまでに 45 カ国からバンドや観客がフェスに訪れている。
　このフェスティバルの重要な特徴は、オーディエンスとミュージシャンが作る親しみやすい雰囲気にあるだろう。3 日間かけて行われるイベントでは、様々なイベントに参加することができ、ライブの他にバンドによるワークショップが行われ、Euroblast Festival のコンセプトの重要なピースとなっている。さらに多くのギアメーカーがバンドとコラボレーションする機会にもなっている。

AMERICA

プログレッシヴ・メタルコア/Djentの礎を築き上げる

Periphery

- 🕐 2005 年
- 🎧 リスナー：199K　Scrobble：17.7M
- 🌐 ワシントン D.C.
- ▶ ① Reptile ② Marigold ③ Blood Eagle

　2005 年、父親がモーリシャスの財務大臣だったこともあるギタリスト Misha Mansoor のプロジェクトとして Periphery は動き始めた。当時の Misha は、音楽コミュニティサイト Soundclick に定期的に楽曲をアップロードしたり、ギタリスト向けのコミュニティ sevenstring.org の Meshuggah や John Petrucci のフォーラムに楽曲を投稿していた。Periphery がシーンに登場する前から、Misha の楽曲はメタルリスナーから注目を集めていた。このようにして Periphery はシーンに登場する前に、評価を得ていた。初期のサウンドは Meshuggah を意識したもので、次第にプログレッシヴな側面を強く打ち出すようになっていく。

右手前の白いシャツを着ているのが Misha

　本格的にフルバンドとして動き出すまでに、数度のメンバーチェンジがあった。今ではギタリストのイメージが強い Misha であるが、最初はドラムとギターを兼任していた。Jason S.Berlin がドラマーとして加入すると、Misha はギター専任となった。その後 Jason に代わり、Travis Orbin がドラムを担当、同時にボーカリストも探すが、2009 年 ま で Jake Veredika、Casey Sabol、Chris Barretto とボーカルのパートは何度も入れ替わっている。

2010 年頃の Periphery

フルバンドとして動き出し、アメリカを中心に精力的なライブ活動を展開。その話題はローカルを飛び出し、Dream Theater や Veil of Maya、Animals as Leaders、The Dillinger Escape Plan、Fear Factory、Between the Buried and Me など、名だたるバンドと共演を実現。2009 年に Travis が Sky Eats Airplane に加入する為に脱退するが、その後任として Matt Halpern が加入、またボーカルを務めていた Chris がバンド脱退し、新しいボーカリスト Spencer Sotelo が加入している。2010 年の 4 月には Sumerian Records と契約を発表した。

有名バンドと数々の世界ツアーに繰り出す

デビューアルバム『Periphery』は 4 月 20 日にリリースされ、Billboard Top 200 で 128 位にランクイン、また Billboard Heatseekers では 2 位を記録した。このツアーのレコ発はワールドワイドに行われ、アメリカやカナダはもちろん、The Dillinger Escape Plan とオーストラリアツアーを行い、2011 年にはヘッドライナーでヨーロッパツアーを行った。このヘッドライナーツアーは League of Extraordinary Djentlemen Tour と題され、TesseracT や Monuments がイギリスでサポートし、その他のヨーロッパ公演は Monuments と The Safety Fire がサポートを務めた。

ツアーでは様々なトラブルが発生してしまった。Spencer は気管支炎の症状が出てしまい、いくつかの公演でセットリストを全て歌う事が出来なかった。また、Jake Bowen がイギリスツアーの最初の週にステージから転落し、指を骨折。残りの公演でプレイすることができなくなってしまった。残りの数公演で復帰し、Fair to Midland と Scale the Summit と共演した。

2011 年 1 月 19 日、NME の公式サイトで「Jetpacks Was Yes!」のミュージックビデオが公開された。この楽曲は再録され、『Icarus EP』に収録された。7 月 6 日、バンドは自身の Myspace ブログでギタリスト Alex Bois の脱退を発表。ただ、この時発表していたツアースケジュールは変更せず、Red Seas Fire のメンバーだった Mark Holcomb と Adam Getgood に Alex のパートを演奏してもらった。

League Of Extraordinary Djentlemen Tour

2011 年 9 月 7 日、2012 年に開催される Dream Theater のツアー A Dramatic Turn of Events のヨーロッパツアーに帯同することを発表。10 月には Mark が正式メンバーとして加入することが発表され、11 月にはベーシストの Tom Murphy が脱退した為、Adam がベーシストとして Dream Theater とのツアーメンバーとして参加している。また、度々 Mark の兄弟である Jeff がベーシストとしてツアーに参加することもあった。2012 年のアメリカツアーでプレイし、Protest the Hero、The Safety Fire らと共演。

『Juggernaut』でプログレッシヴ・メタルシーンでも評価、Grammy 賞にまでノミネートされる

バンドは忙しいツアー活動と平行しながら、次作の計画も着々と進めていた。2 つのフルアルバムの制作に取り掛かる為スタジオ入り、Misha のソロプロジェクトである Bulb で制作したいくつかのデモを再構築。また、フルバンドで制作した新しい楽曲も録音した。レコーディングでは Adam がベースだけでなく、ギターも担当。Adam は『Periphery II: This Time It's Personal』から正式なメンバーとしてクレジットされている。

2012年のSummer Slaughter TourまでJeffが在籍したが、家族の緊急事態が生じたとしてツアーを離脱。これは、AdamがRed Seas Fireでの最後のライブをPeripheryとUKTech-Festで行う事が出来るように仕向けたものであったという。その後、Jeffはバンドのクルーとして在籍し、ベースプレイヤーとしてもしばしばショウに出る事がある。

11月、Gramercy Theaterで行われたライブのアンコール曲「Icarus Lives!」で、前任ボーカリストChrisがサプライズで登場。これは長年に渡りバンドとChrisのわだかまりを解消するためのもので、ツアーのタイトルThis Tour is Personalの意味とリンクしている。12月には、EP『Clear』のリリースをアナウンス。リリース日も2014年1月28日と公表した。この作品はフルアルバムのレコーディングとは別に完成させた作品で、オープニングトラックの「Overtune」以外の楽曲は、各メンバーがクリエイティブ・ディレクターに割り当てられ、そのトラックのテーマを「Overtune」とし共有する形で制作された。

もうひとつ、『Juggernaut』は、バンドが数年かけて作り上げてきたコンセプトアルバムで、MishaはPeripheryを始動させた当初に一連のデモを完成させていた。この作品はツアースケジュールとの兼ね合いで、リリースが2015年にずれ込んでいた。

On the Escape from the Studio Tour、Spencerは『Juggernaut』の制作が終わり、2015年の1月にSumerian Recordsからリリースされると発表。その年の11月、アルバムのリリース日とそれが『Juggernaut:Alpha』と『Juggernaut:Omega』というダブルアルバムになることも発表している。この作品はDjentシーンのみならず、プログレッシヴ・メタル・シーンでも高い評価を得た。

2016年の初め、Peripheryはメンバーそれぞれに現在アルバム制作を行っているとアナウンス。Matt Halpernは彼のInstagramでドラムのレコーディングを行っていると2月に投稿、4月にはFacebookページでそのアルバムのタイトル『Periphery III: Select Difficulty』を公開した。先行シングル「The Price is Wrong」は5月25日に発表され、ミュージックビデオ「Marigold」は7月8日に公開された。このアルバムをきっかけに、Peripheryは59th Annual Grammy AwardsのBest Metal Performanceにノミネートされている（「The Price is Wrong」が候補。PeripheryのほかにはMegadeth、Baroness、Gojira、Kornがノミネートされた）。

Sumerianから脱退、3DOT Recordings立ち上げ、MishaはBulbでも活動

『Periphery IV: Hail Stan』のレコーディング

この頃、Adamは自身のプロジェクトやプロダクション業務に専念する為、ツアーから離脱。ライブでは、彼が録音したトラックを使用して行ったが、2017年8月3日、Adamは正式にPeripheryから脱退することになった。2018年の4月、バンドはSumerian Recordsを脱退し、自身が運営する3DOT Recordingsへと移籍した。2019年にアルバム『Periphery IV: Hail Stan』を発表。独立後もPeripheryらしさはそのままに、プログレッシヴ・メタルコアシーンを牽引し続け、存在感は抜群だ。

Mishaは、Peripheryの活動と平行して、様々なプロデュース業務などを行っているが、彼がPeripheryより前から活動しているBulbは、2020年までにアルバムを8枚リリースしている。すべて統一されたアートワークを使用し、『Orchestral』というスピンオフアルバムを発表している。Peripheryのスタイルとは関係なく、彼の創作意欲を表現するひとつの形としてファンの間で親しまれて

いる。

　その他にも Jake と共に Four Second Ago というユニットを持ち、2018 年にアルバム『The Vacancy』をリリース。Jake も 2015 年にアンビエントなエレクトロニック・ソロアルバム『Isometric』を発表している。

　他にも Mark と共に Haunted Shoes というユニットを持ち、『Maelstrom』『Viscera』と 2 枚のアルバムをリリース。この 2 人に TesseracT の Elliot Coleman を加えた Of Man Not of Machine というプロジェクトも存在する。

Periphery

Periphery　　　　　　　　　　　　　　　　　　　　　　　　　　　2010
Sumerian Records / Distort / Roadrunner Records / TRIPLE VISION

2005 年ベセスダで結成。Bulb と言うソロプロジェクトで活動していたギタリスト Misha Mansoor を中心に活動をスタート。本作は、ボーカリスト Spencer Sotelo、ギタリストの Jake Bowen と Alex Bois、ベーシスト Tom Murphy、ドラマー Matt Halpern、そして Misha を加えた 6 人体制で制作されており、ゲストミュージシャンにはギタリストの Adam Getgood と Nevermore の Jeff、ボーカルには Sky Eats Airplane の Elliot が参加。プロデュースは Misha が担当し、ミックス／マスタリングまでを行っており、アートワークは Benjamin Guarino が手掛けている。プログレッシヴ・メタルに Meshuggah のポリリズムやリフ、当時の Sumerian Records らしいメタルコア／ポストハードコアをブレンドし、後のプログレッシヴ・メタルコア／Djent の礎となるサウンドを展開。ミュージックビデオにもなっている「Icarus Lives」は、クリスピーな Djent リフがグルーヴィに繰り広げられ、浮遊感のあるメロディを散りばめながら、Spencer のクリーンボーカルがドラマティックに響く Djent を代表する名曲。Billboard 200 で 128 位にランクイン、ヨーロッパやオーストラリアのチャートにも食い込んだ。

Periphery

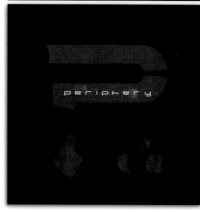

2 年振りのリリースとなったセカンドアルバム。本作ではメンバーチェンジがあり、Alex と Tom が脱退、ギタリストとして Mark Holcomb、ベース / ギターに Adam Getgood が加入。Adam は Misha と共にプロダクションにも関わり、Taylor Larson と Ken Dudley がエンジニアリングを担当し、マスタリングは Logan Mader が務めた。オープニングトラックの「Muramasa」は、アジアの香りが漂うオーケストレーションを持ち、ミドルテンポの雄大な楽曲で、続く「Have a Blast」ではチェロやヴァイオリン、シンセサイザーによってクラシカルなプログレッシヴ・サウンドを Periphery 流にプレイしている。Dream Theater の John Petrucci をゲストに迎えた「Erised」や、The Faceless の Wes が参加した「Mile Zero」など、多彩なアレンジとゲストミュージシャン達とのコラボレーションにより Djent の可能性を拡大する事に成功。Misha が Bulb 名義で発表したインスト曲も再録されており、古参ファンも楽しむ事が出来る内容になっている。リミテッド盤にはボーナストラックとして Slipknot の「The Heretic Anthem」が収録されており、そちらも聴きごたえ十分。Billboard 200 で 44 位にランクインした。

Periphery

2 年振りのリリースとなった本作は彼らのセカンド EP にあたる。メンバーがそれぞれに作曲し、プロデュースした楽曲をまとめた作品で、Periphery の楽曲を構成するメンバー達のソングライティング・スキルやアイデアの源泉を感じる事が出来る一枚となっている。Misha が制作を担当したオープニングトラック「Overture」はクラシカルなピアノの旋律で幕を開け、Jake が手掛けた「The Summer Jam」はプログレッシヴ・ポストハードコアとも形容出来そうな Spencer の流麗なハイトーンボーカルが印象的だ。2014 年に Scream Out Fest で待望の初来日が実現した。

Bulb

Bulb は、Periphery のギタリストである Misha Mansoor のソロ・プロジェクトで、Periphery が結成される前から存在していた。プロデューサーなどエンジニアとして活動するかたわら、自身の創作活動の一環として Bulb は動き続けており、2020 年には『Archives』シリーズとしてアルバムにしておよそ 10 枚発表されている。Periphery を彷彿とさせるプログレッシヴ・メタルコアなインストから、オーケストレーションのみで構成されたものなど様々だ。

Periphery

１年振りのリリースとなった３枚目フルレングス。本作は Alpha と Omega に分かれ、ダブルアルバムという形で発表された。２枚組ではなく、それぞれにコンセプトを持ち、独立しているのも面白い。プロデュースは Periphery のメンバー全員による共同作業で行なわれ、ボーカルパートのみ Spencer が担当。アディショナル・エンジニアには Taylor Larson や Ernie Slenkovic、Eric Emery を起用、マスタリングは Ermin Hamidovic が手掛けた。耳馴染みの良いブライトなメロディが躍動する楽曲が多く、波打つようになめらかな Spencer のクリーンボーカル・パートを要としながら、キャッチーなサウンドを鳴らす。「MK Ultra」は、プログレッシヴな手法で鳴らされるジャジーなアウトロが鮮烈な印象を与え、続く「Heavy Heart」は、Djent バラードとも形容できそうな独創性に溢れている。8bit のイントロが楽しい「Alpha」は、Issues や Siamese といったポストハードコアの系譜を感じさせるメロディワークが印象的だ。メタルコアやデスコアといった Djent と接近するジャンルとは違ったポップなアプローチで、更に多くのファンベースを獲得するキッカケになった。

Periphery

ダブルアルバムという形で発表された「Juggernaut」シリーズの Omega パートは、全７曲入りでトータルタイム 39 分（アルバム・タイトルトラックの Omega は 11 分という長尺曲）というすっきりとした仕上がりになっており、Alpha とはまた違ったアプローチの楽曲が収録されている。また DVD が付属しており、アルバムのメイキング映像が収められている。ミュージックビデオにもなっているリードトラック「The Bad Thing」は、ソリッドなリフが織りなす強靭なグルーヴとスクリームがインパクト大なヘヴィナンバーで、「Graveless」はキャリアの中で最もファストで、デスメタリックなメロディが印象的。ダークでヘヴィな魅力を詰め込んだ Omega は、コアなプログレッシヴ・メタルコアファンから高評価を集めた。Alpha は Billboard 200 で 22 位、Omega は 25 位にランクイン、日本を含むヨーロッパ、オーストラリアでも Periphery 史上最高位にチャートインしている。また、本シリーズのアートワークは Justin Randall と Tim Swim、Daniel McBride によって手掛けられた。

Periphery

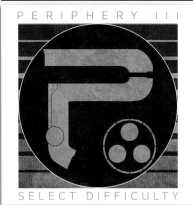

Periphery III: Select Difficulty   2016
Sumerian Records / Century Media Records / Roadrunner Records

1 年振りのリリースとなった 5 枚目フルレングス。前作と同じメンバー・ラインナップでレコーディングが行なわれており、Misha がプロデュースを務め、Adam がミックスを担当。マスタリングは Ermin Hamidovic が手掛けた。新しい試みとしては Randy Slaugh が指揮を執るオーケストラが参加している事だろう。バイオリンやヴィオラ、チェロ、トランペットなどが効果的に導入されており、Ken Dudley によるエンジニアリングで Periphery サウンドに上手く溶け込んでいる。オープニングトラックの「The Price is Wrong」はグラミー賞ベスト・メタルパフォーマンス部門にノミネートされた楽曲で、これまでの Periphery のキャリアを総括するかのようなプログレッシヴ・メタルコア /Djent サウンドを聴かせてくれる。色彩豊かなメロディアスチューン「The Way the News Goes...」は、ポストハードコアの流れを汲んだ挑戦的な楽曲で、ファンからも高評価を得た。オーケストラが力強く響く「Marigold」や「Lune」は、オーバーグラウンドのメタル・シーンにおいて新風となるクオリティとアイデアで作り込まれている。2017 年には再来日を果たすも、長年活動を共にした Adam が脱退。

Periphery

Periphery IV: Hail Stan   2019
3DOT Recordings / eOne / Century Media Records

3 年振りのリリースとなった 6 枚目フルレングス。2018 年に Sumerian Records を離れ、バンドが設立した 3DOT Recordings から本作を発表。また、ツアー活動から離脱していた Adam は正式メンバーから外れ、制作面で Periphery と関わるようになった。これまでと同様、Misha と Adam がプロデュースを手掛け、マスタリングは Ermin Hamidovic が担当。Randy Slaugh 率いるオーケストラも参加している。16 分を超えるオープニングトラック「Reptile」では、SikTh の Mikee がゲストボーカルとして参加、Spencer のシャウトはブラックメタルにも接近するような迫力を醸し出し、オーケストレーションによって引き出される神秘的なサウンドスケープにも上手くマッチしている。ミュージックビデオにもなっている「Blood Eagle」もテクニカルかつプログレッシヴな暴虐性を持つ Periphery の新境地とも言えるサウンドでファンを驚かせた。ヘヴィな路線へとシフトしたかと思えば、「It's Only Smiles」では、爽やかなプログレッシヴ・ロックに Djent なクリスピーリフが軽やかに疾走するポップなナンバーを披露。幅広い音楽を吸収し、自身のサウンドに落とし込む彼らのセンスと、それを表現する類稀なテクニックに脱帽必須の会心の一枚。

プログレッシヴ・メタルの歴史を変えた天才音楽家集団

Animals as Leaders

🕐 2007 年 🌐 ワシントン D.C.
🔊 リスナー：242.3K　Scrobble：14.9M ◎ ① Physical Education ② CAFO ③ The Brain Dance

　Tosin Abasi は 1983 年 1 月 7 日、ワシントン D.C. で誕生した。彼の両親はナイジェリア出身で、Abasi が生まれる前、1970 年代に仕事でアメリカへ移住してきた。

　Abasi が初めてギターに出会ったのは 12 歳の頃。友達が持っていたギターに興味を持った。Abasi は小学校のバンドでクラリネットを演奏しており、基本的な音楽能力は持ち合わせており、クラリネットよりもはるかにクールに見えたという。ギターが欲しくてたまらなかった Abasi は、120 ドルで買えるギターの広告を発見し、父親にお願いして買ってもらった。ギターの基礎は音楽の先生に教わり、チューニングを覚えるところから始まった。先にギターを練習していた友人よりも Abasi の上達スピードは早く、その後も真剣にギターの技術を習得することに熱中していった。

　Abasi がギターに熱中している事を、両親共に応援していたわけではなかった。Abasi の母は伝統的な移民の教育観念を持ち、ギターを演奏する事よりも一般的な移民としての生き方をしてほしいと考えていたようだ。父は Abasi がギターに熱中する姿に寛大な心を持っていて、息子を誇りに思っていた。

　Atlanta Institute of Music という音楽学校へ進学した Abasi

Animals as Leaders 結成前の Abasi

は、十分な機材を手に入れる為に様々なアルバイトを経験した。犬小屋で糞の掃除したり、缶詰工場でサーモンの処理を朝から晩までしたり、カフェでも熱心に働いた。そうして貯めたお金で Steve Vai モデルのギターを購入したという。

Reflux での活動を Prosthetic Records に見い出され、Animals as Leaders を立ち上げる

Abasi がソロプロジェクトとして Animals as Leaders を始動させる前、いくつかバンドで活躍していた。記録によると、PSI (a.k.a Pressure per Square Inch) というバンドが彼のファーストバンドで、2001 年に『Virus』というアルバムを地元のレーベル Stone Age Survivors Entertainment からリリースしている。このバンドには Javier Reyes がボーカリストとして参加しており、ドラマーは Dave Lozano、ギタリスト Jim Goldrup、ベーシスト Brain Matise という 5 人組。Rough Edge Reviews というディスクレビューサイトによると、そのサウンドは Deftones に近く、ニューメタルのような雰囲気もあったという（アルバムは入手困難）。

もうひとつ、Abasi が参加していたとして有名なのが Reflux だ。このバンドは、Sumerian Records の創立者である Ash Avildsen がボーカルを務め、The Faceless や Entheos で知られるベーシスト Evan Brewer が在籍していた事で知られ、2004 年に Prosthetic Records からアルバム『The Illusion of Democracy』をリリースしている。Abasi はその後 Reflux を去るが、Prosthetic Records の関係者は Abasi のギタープレイに魅了され、ソロアルバムを作らないかと連絡をしてきた。しかし Abasi はソロアルバムを作る事に抵抗があり、一度断っている。音楽学校を卒業する頃、ソロアルバム制作する事に再び興味が湧き、Animals as Leaders を始動させる事になった。

Reflux

強力なメンバーの加入、T.R.A.M. の勃発、Periphery の Misha と制作

Animals as Leaders という名前は、Daniel Quinn が 1992 年に出版した小説『Ishmael』に由来している。この小説は、主人公（人間）が Ishmael（ゴリラ）から、「人間とはなにか」について学ぶというものだ。この小説では、誰が生きるべきで誰が死ぬべきかと判断できるのは人類ではない、という内容が書かれており、この小説の内容に影響を受け名付けられた。

2009 年、ファーストアルバムのレコーディングを終えると、Javier Reyes と Navene Koperweis をツアーメンバーとして迎え入れた。デビューアルバム『Animals as Leaders』がリリースされると、2010 年には Summer Slaughter Tour に参加し、Decapitated や Carnifex、The Faceless、

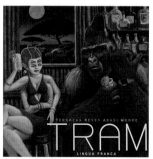

Veil of Maya らと共演。その後は Underoath のツアーに帯同。Animals as Leaders は瞬く間にプログレッシヴ・メタル・シーンで注目を集めるようになる。

2011 年には新しいバンド、T.R.A.M. を結成。このバンドは Javier と、Suicidal Tendencies のドラマー Eric Moore、そして The Mars Volta の Adrián Terrazas-González が参加している。T.R.A.M. は、Terrazas、Reyes、Abasi、Moore の頭文字に由来している。T.R.A.M. はテキサス州オースティンで開催されたフェス、South by Southwest（通称 SXSW）でデビューライブを行った。

同年 7 月、Animals as Leaders として初のヘッドラインツアーを行った。このツアーには Intronaut や Dead Letter Circus、Evan Brewer らが参加し、この模様は DVD にもなっている。ツ

TRAM

アーは続き、9月には Between the Buried and Me と共にヨーロッパツアーを行い、11月にはアルバム『Weightless』もリリースした。

翌年にはドラマーとして Matt Garstka が加入。3枚目となるフルアルバム『The Joy of Motion』を Periphery の Misha Mansoor と制作。2014年1月に Sumerian Records からリリースした。すでに Animals as Leaders の革新的なサウンドは世界中から注目を浴び、メンバーの類稀なテクニックとアイデアはフォロワーが簡単に誕生しないほどの独自性に溢れていた。

自身の Abasi Guitars の設立

ソロギタリストとしても自由な活動を展開していた Abasi は、2013年に開催された世界最大級の楽器の祭典 NAMM Show で、シグネチャーギター Ibanez TAM 100 を披露した。これは当時使用していた Ibanez RG2228 に基づいたギターで、DiMarzio Lonizer のピックアップが搭載されたもの。ギタリストとしても絶大な人気を持ち、Abasi に憧れてギターを始めた人も多かった。

Abasi Guitars

2015年には Joe Satriani、Guthrie Govan、Mike Keneally のプロジェクトに参加し、G4 Tour に出演。2016年の4月から1ヶ月を掛けて、Nuno Bettencourt、Yngwie Malmsteen、Steve Vai、Zakk Wylde からなるスーパーグループに参加し、Generation Axe Tour を敢行している。このグループでのツアーは2017年にアジア、そして2018年に2度目の北米アメリカで行われた。

4枚目のフルアルバム『The Madness of Many』でも飽くなき新しい Animals as Leaders サウンドを追求。その名はメタル・シーンだけでなく、ギターを弾くすべてのミュージシャンにまで及んだ。Ibanez からサポートを受けてきた Abasi だが、2017年にオリジナルギターブランドAbasi Guitarsを設立。ディストーションペダルのプロデュースも行い、活躍の場を広げた。

Javier もソロとしてのキャリアをスタートし、Mestis という名義のソロプロジェクトで Sumerian Records からアルバム『Polysemy』をリリース。Matt も多くのドラムメーカーからテクニカルサポートを受け、プレイヤーとして様々な方面で活動を続けている。3人の優れたミュージシャンによる Animals as Leaders によって、プログレッシヴ・メタルは今も進化をし続けているといっても過言ではない。

Abasi がナイジェリアの血を持つアメリカ人として、その独創的なアイデアでメタル・シーンに与えている影響は大きいだろう。Abasi の兄弟 Abdul Abasi は、Abasi Rosborough というファッションブランドで活躍するなど、兄弟揃ってクリエイティヴな仕事を行っている。生まれ持った才能とひたむきな努力によってシーンを魅了し続ける Abasi、彼と共に活躍する Javier、Matt から目が離せない。

Animals as Leaders

Animals as Leaders

2007 年ワシントン D.C. を拠点に、Tosin Abasi のソロプロジェクトとして始動。もともと Reflux というバンドメンバーとして Prosthetic Records と関わりがあり、彼のスキルに驚いたレーベルが Reflux での活動を終えた Tosin にソロアルバム制作のオファーを持ちかけた。当初はソロアルバムを制作する事を躊躇していたが、音楽学校で学んだジャズのスタンダードな知識を自身の創作に生かす場所として、ソロミュージシャンとしてのキャリアをスタートさせる事を選択、オファーを受けた。本作はギターとベースを Tosin がプレイし、Periphery の Misha Mansoor がプロデューサーとして共に制作を行い、ドラムのプログラミングからエンジニアリング、ミックス / マスタリングまでを担当している。独創的な Tosin のプレイスタイルによって表現される斬新なアイデアは、メタル・シーンにおけるプログレッシヴ・スタイルの可能性を大きく拡大させ、多くのメタルリスナーを驚愕させた。ミュージックビデオになっている「CAFO」では、ジャズのファンダメンタルなハーモニーを狂熱的なメタルミュージックの中に落とし込み、「Tempting Time」ではフュージョンの手法も用いて表現される Djent なアイデアがたっぷりと詰め込まれている。Djent の歴史を変えた名盤中の名盤。

Animals as Leaders

2 年振りのリリースとなったセカンドアルバム。本作から Animals as Leaders の正式メンバーとしてギタリストの Javier Reyes とドラム / プログラミングの Navene Koperweis が加入し、3 ピース体制となった。レコーディングにおけるエンジニアリングを Navene が担当し、ミックスは Javier が手掛け、マスタリングは Dustin Miller が行った。楽曲タイトルはイギリス出身の SF 作家 Arthur Charles Clarke の長編小説『Rendezvous with Rama』にインスパイアされている。ジャンルによって形容する事が難しいほど、多彩な音楽からの演奏スタイルを用いて Animal as Leaders にしか鳴らす事の出来ないプログレッシヴ・サウンドを披露。特に Tosin が得意とするサムスラップ奏法は細やかなリフを表現する新しい技法として、Djent シーンに多大な影響を与えた。オープニングトラックの「An Infinite Regression」から Tosin のテクニックが炸裂、Javier が支える巧みなリフグルーヴの上を軽やかに駆け回るギタープレイに驚くこと間違いなし。2012 年には Between the Buried and Me と共に来日し、そのテクニックでファンを魅了した。

Animals as Leaders

３年振りのリリースとなった３枚目フルレングス。
2012 年 に Sumerian Records と 契 約、2014 年
に新しくドラマー / パーカッショニストとして、Matt
Garstka が加入。Matt は Javier のソロプロジェクト
Mestis で活動している。本作では Misha Mansoor が
ソングライティングのプロセスから制作に大きく関わり、
Adam Getwood、Diego Farias と共にベースパート や
キーボードのフレーズの奏者としてもクレジットされて
いる。マスタリングは Forrester Savell が担当し、ドラ
ムレコーディングには Sam Martin と Jeff Dunne がエ
ンジニアとして参加している。ピンと張り詰めた緊張感
が漂うオープニングトラックの「Ka$cade」は、微細に
エディットされた様々なパートがミクロのレベルで相互
に交わりあいながら、グルーヴを生み出していく。クリ
スピーな質感が心地良い Tosin のサムスラップやツルッ
と滑らかなタッピンフレーズが冴え渡るリードトラック
「Physical Education」はミュージックビデオとして
Animals as Leaders の名を更に知らしめるのに効果的
に働いた。Billboard 200 では 23 位にランクインし、シー
ンのトップに躍り出た。

Animals as Leaders

２年振りのリリースとなった４枚目フルレングス。本作
はメンバーそれぞれがコンポーザーとしてプロダクション
制作を担当。楽曲「Inner Assassins」ではエレクトロ
シーンで活躍する Travis Stewart がゲストミュージシャ
ンとして参加。Francesco Camelli がドラムレコーディ
ングを手掛け、Javier がミックス、Ermin Hamidovic
がマスタリングを担当した。ゴージャスな装飾を省いたシ
ンプルな Animals as Leaders の魅力が引き出された作
品であり、ジューシーなフュージョンフレーズからクリ
スピーかつソリッドなサムズスラップを鮮やかに繰り出
す Tosin の独創的なプレイを堪能するにはぴったりの一
枚となっている。オープニングを飾る「Arthmophobia」
や「Cognitive Contortions」ではエレクトロニックな
アレンジがスパイスとして大きな役割を果たしており、ラ
イブの定番曲になっている「The Brain Dance」では、オー
ガニックな雰囲気を演出するアコースティックギターの音
色を要とした新しい Animals as Leaders の魅力を見せ
てくれる。パワフルなリフが強いインパクトになっている
「Backpfeifengesicht」は、ヘヴィを極めるメタルコア、
デスコアシーンにおいて大きなヒントを与える楽曲と言え
るだろう。

Animals as Leaders

Live 2017
Sumerian Records

2018

前作『The Madness of Many』から2年振りのリリースとなったのは、2017年に開催されたツアー The Convergence Tour の各公演で披露されたプレイから厳選されたライブ音源をまとめたもので、ミックス／マスタリングは Ronnie Young によって行われた。じっくりと練り上げられたセットリストにおいて、ライブ仕様にエディットされた楽曲は新しい魅力を聴かせてくれる。フロアの歓声も収録されており、メンバーそれぞれのソロパートでの盛り上がりが伺える。

Djentはロックに影響を与えている

Animals as Leaders の Tosin Abasi によって生み出された Djent なギター奏法といえば、サンピング（thump / thumping）というものがある。この奏法は非常に難しく、多くの Djent ミュージシャンも、それを自身の楽曲に取り入れる為に日々習練している。それは Djent シーンだけでなく、他のシーンにもサンピングの影響が及んでいる。

standards

大手インディロックレーベル、Top Shelf Records に所属しているマスロック／トゥウィンクル・エモユニット、standards は、自身の Facebook に「thump 101 from not a metal guitarist」と題したビデオをアップし、Tosin Abasi の生み出したサンピングについて紹介している。インディロックやエモといったシーンにおいてもこの奏法は楽曲の幅を広げる可能性があり、取り入れるきっかけを作ろうとしている。

Polyphia が台頭して以降は、メタルというジャンルの枠組みを飛び出し、マスロック／インディロックシーンにおいても Djent の様々な技法やアイデアが咀嚼され、浸透している。Djent を聴くリスナーの多くはギターオタクであることもあり、ジャンルの壁は、デスメタルやスラッシュメタルなどに比べると薄いだろう。自由な感覚で、Djent の魅力が他のジャンルに影響を与えていることに面白みがあり、Djent 発祥のテクニカルなプレイが他ジャンルでも見られる未来は近いかもしれない。

Djent リスナーにオススメしたいテクニカルな音楽

standards
テクニカルなマスロックサウンドで、名門 Topshelf Records と契約。2020年にアルバム『Fruit Island』をリリースしている。

Alan Gogoll
ベル・ハーモニックという奏法を得意とするオーストラリア出身のアコースティックギター奏者。bandcamp で数多くの作品が視聴可能。

Igorrr
モジュラーシンセとデスメタルを融合させ、常に新しい音楽を追求するプロジェクト。Cannibal Corpse ともコラボしている。2020年に Metal Blade Records からアルバム『Spirituality and Distortion』をリリースしている。

アメリカン・メタルコアシーンのスーパースター

After the Burial

🕐 2004 年　　　　　　　　　　　　　　　　🌐 ミネソタ州ミネアポリス
💿 リスナー：156.2K　Scrobble：7M　　　　◉ ① 11/26 ② Lost In The Static ③ Behold The Crown

　2004 年、同じ高校に通っていたギタリストの Trent Hafdahl と Justin Lowe、ボーカリスト Nick Wellner、ドラマー Greg Erickson の４人で After the Burial は結成された。ベーシストが見つかるまでの間、Dave Coleman がサポートベーシストとして在籍したが、彼らの地元である Twin Cities のハードコア・コミュニティのネット掲示板で Lerichard Foral から応募があり、5 人が揃った。

　デモ音源を制作しつつ、2005 年の暮れにはデビューアルバム『Forging a Future Self』を完成させた。Corrosive Recordings のディストリビューションによってローカルシーンを中心にその名が広がっていった。『Forging a Future Self』がきっかけとなり、Sumerian Records と契約を果たした。このタイミングでメンバーチェンジがあり、Nick と Greg が脱退、ボーカリスト Grant Luoma とドラマー Eric Robles が加入している。

　2008 年には、セカンドアルバムとなる『Rareform』のレコーディングを開始した。Eric が脱退した為、Justin がドラムをプログラミング。Trent と共にミックスを行った。この頃から Trent と Justin が中心となってソングライティングを行っており、After the Burial の核としてその才能を発揮。アルバムリリース後に Grant が脱退した為、Anthony Notarmaso が加入している。また、ドラマーに Dan Carle が加わり、フルバンドとしてツアーに出かける事も出来た。 2008 年の暮れには、Suicide Silence の The Cleansing the Nation Tour に参加し、デスコアファンからの支持を集めると、翌年には Veil of Maya と共にダブルヘッドライナーツアーを行った。Sumerian Records 黎明期の看板バンドとして、Veil of Maya とは共演する機会が多かった。

　2009 年には Anthony のボーカルで録り直した『Rareform』をリリース。この再発盤にはソールドア

ウトした公演の模様がボーナスコンテンツとして収
められており、当時の After the Burial を取り巻
くシーンの盛り上がりを生々しく体感することが出
来る貴重なアーカイヴとなっている。

　2010 年には 3 枚目となるフルアルバム
『In Dreams』をリリース。Austrian Death
Machine や All Shall Perish などの作品にフィー
チャーしているギタリスト Rusty Cooley が
「Encased in Ice」でギターソロを弾くなど、
様々な試みで After the Burial サウンドを豊か
に拡大表現した。2010 年の暮れには Winds of
Plague のツアーサポートとして The December
Decimation Tour に参加。翌年にも Crush Em'
All Tour 2 に出演している。

2013 年頃の After the Burial

　2012 年には Whitechapel がヘッドライナー
を務めた The Recorrup Tour に Miss May I、
Within the Ruins、The Plot in You らと共に参加。Sumerian Records のプッシュもあり、デスコアシー
ンを飛び抜け、メタルコアシーンでも強い存在感を見せるようになった。

　精力的なライブ活動を続ける中、2013 年にはデビューアルバム『Forging a Future Self』からリー
ドトラック 3 曲を再録した EP『This Life is All We Have』を発表。また、ライブのセットリストには
新曲を組み込み、ファンの注目を集めた。Tirivium と DevilDriver がヘッドライナーを務めたツアーにサポー
トアクトとして参加。また、The Road to New England Metal Fest Tour ではヘッドライナーを務め、
The Contortionist や Within the Ruins とツアーを行っている。

　その年の暮れにはニューアルバム『Wolves Within』を Sumerian Records からリリース。翌年のレ
コ発ツアーには Texas in July、I Declare War、Reflections、Come the Dawn が帯同。ヨーロッ
パツアーは Born of Osiris がヘッドライナーを務め、Betraying the Martyrs らと共演。Animals as
Leaders のヘッドライナーツアーにも CHON らと共に参加した。毎日のようにライブを続け、数千人が
集まるような公演でも圧倒的なパフォーマンスで観客を魅了した。Justin と Trent の仲睦まじいギタープ
レイは SNS で話題になった。

統合失調症を抱えていた Justin の死

　シーンを代表するバンドへと成長していった彼らだが、2015 年 6 月 24 日、突如 Justin が脱退を発表。
Justin は統合失調症に悩まされており、脱退時も自身の Facebook ページに支離滅裂な長文を投稿してい
た。バンドは Justin が深刻な精神的な苦痛を背負っている事を発表し、専門家の治療を受け、回復できる
よう努力しているとポストした。2015 年 7 月 20 日の夕方、Justin が行方不明になり、捜索願が出され
たが、翌日にウィスコンシン州サマーセットにある橋の真下で遺体となって発見された。警察によって橋の

近くに Justin の車があるのが発見されている。こ
のニュースはシーンに大きな衝撃をもたらし、バ
ンドは出演予定だった Summer Slaughter Tour
をキャンセル。彼を失った悲しみと向き合った。

　2016 年 10 月、Justin を亡くしてから初
となる新曲「Lost in the Static」を公開。11
月には The Faceless、Rings of Saturn、
Toothgrinder と共にツアーを行い、再び動き出し
た。2016 年 2 月、アルバム『Dig Deep』をリリー
ス、6 月に Lerichard が家庭の事情により脱退し
たが、新しく Adrian Oropeza を迎え活動を続
けた。2017 年の 2 月から Sumerian Records

10th Anniversary Tour に Born of Osiris、Veil of Maya、Erra、Bad Omens らと共に参加。VANS Warped Tour にも出演し、Emmure、Fit for a King と共に The Carry the Flame Tour を行った。

2018 年、Trent は新しいアルバムを制作していることを発表した。アルバムは同年 7 月にレコーディングが終了し、翌年 2 月に先行シングル「Behold the Crown」をリリース。アルバムは 4 月に発売された。9 月には彼らのデビューアルバムのリリース記念ツアー Rareform Across the Continent Tour を開催し、長年に渡りバンドを支え続けたファンと共に熱狂的なツアーを作り上げた。

2019 年も Parkway Drive と Killswitch Engage と共に Collapse the World Tour を行い、As I Lay Dying がヘッドライナーの Shaped by Fire Tour に Emmure と共に参加するなど、再び活発なツアーへと戻った彼ら。Justin を失ってからオリジナルメンバーは Trent だけになってしまったが、明るいキャラクターで親しみやすいバンドとして今もシーンで大人気だ。

After the Burial

Forging a Future Self
Corrosive Recordings
2006

2004 年ミネアポリス / セントポールを中心に、同じ高校だったボーカル Nick Wellner、ギタリストの Justin Lowe と Trent Hafdahl、ベーシストの Lerichard Foral、ドラマー Greg Erickson の 5 人体制で活動をスタート。2005 年に発表したデモ音源をキッカケに、Corrosive Recordings と契約を果たした。ザクザクと刻み込まれる Djent なリフが印象的で、メロディアスなツインリードや個性的な展開から生み出されるグルーヴを要とした初期の代表曲が詰まった作品。2016 年にデモ音源を追加したバージョンが再発された。

After the Burial

Rareform
Sumerian Records
2008

2 年振りのリリースとなったセカンドアルバム。前作『Forging a Future Self』発表後に Sumerian Records との契約を発表。メンバーチェンジがあり、本作からボーカリストに Grant Luoma とドラマー Dan Carle が加入している。プロデュースは Trent と Justin が担当し、ミックス / マスタリングは Mark Softich を中心に手掛けられた。また、ゲストボーカルには Alex Haza と Matthew Downs が参加している。古典的なメロディック・メタルコアをテクニカルかつプログレッシヴな手法でアレンジし、Djent のエッセンスも交えながら展開していく後の After the Burial まで繋がるスタイルを披露。オープニングトラックの「Berzerker」は、Sumerian Records からのデビューに相応しい強靭なリフワークが映える楽曲で、なめらかに躍動するギターソロを要とする「Drifts」や「Rareform」もアルバムの中で強い存在感を示している。翌年にはボーカリスト Anthony Notarmaso を迎え、再録されたトラックで構成されたリイシュー盤がリリースされている。本書掲載のアートワークはリイシュー盤のもの。

After the Burial

２年振りのリリースとなった３枚目フルレングス。前作『Rareform』のリイシュー盤でボーカルを務めたAnthony Notarmaso が加入。本作も Trent と Justinによるプロデュースで行われ、ミックス / マスタリングを担当した Jocke Skog も２人と一緒にプロダクション作業に携わっている。ボーカルのレコーディングには Will Putney が参加。アートワークは Daniel McBride によって制作された。整合感のあるサウンド・プロダクションによって引き出された After the Burial の持つ類まれなメロディセンスが顕著になり、ヘヴィでありながらもメタルコアリスナーにとっては Djent の入り口として最適な作品と言えるだろう。特にミュージックビデオになっている「Your Troubles Will Cease and Fortune Will Smile Upon You」は、Meshuggah に匹敵するヘヴィネスとグルーヴに、伸びやかなギターフレーズが爽やかに踊る仕上がりとなっている。Billboard Top Heatseekers Albums で３位にチャートインするなど高い注目を集めた。YouTube には Rico Roman による本作のプリプロの様子がアップされているのでチェックしてみて欲しい。

After the Burial

３年振りのリリースとなった４枚目フルレングス。前作『In Dreams』発表後は精力的なライブ活動を展開。いくつかのショウでは本作収録曲をプレイするなどし、大きな話題となった。本作も Trent と Justin の２人により、プロデュースからミックス / マスタリングが行われ、ボーカルのミックスは Daniel Castleman が担当し、「A Wolf Amongst Ravens」のみ Slipknot や Slayer を手掛けた Terry Date がプロダクションとミックスを行った。アートワークは Austin Wade によるもので、シンプルでありながらもアルバムの持つコンセプトに沿った端麗な仕上がりとなっている。細部にまでアレンジが施されたリフワークはドラムパートとの親和性が高く、彼らのヘヴィネスを担う根幹になっている。フックの効いたコーラスワークとシャープなリフが重なる「Pennyweight」は、新しい After the Burial を象徴する楽曲のひとつであると言えるだろう。「Virga」では過去バンドに在籍したNick Wellner がゲストボーカルとして参加、ライブでも頻繁にプレイされた。

After the Burial

３年振りのリリースとなった５枚目フルレングス。2015年にJustinが健康上の問題を理由に脱退。その直後に亡くなってしまった。バンドは出演を予定していたSummer Slaughterツアーへの参加をキャンセルし、Justinの死を乗り越える為に悲しみと向き合った。新しいメンバーは加えず、Trentを中心にバンド全体でプロダクション制作が行われ、ミックス／マスタリングはWill Putneyが担当。アートワークはDaniel McBrideによって手掛けられた。アルバムリリース前に先行公開されたリードトラック「Lost in the Static」は、ミドルテンポのヘヴィなメタルコアを軸に、耳馴染みの良いメロディを奏でるギターフレーズと力強いコーラスワークを乗せた洗練されたキラーチューンで話題となった。ミュージックビデオになっている「Collapse」は、Anthonyのボーカルを要としながらこれぞAfter the Burialと言えるモダンな雰囲気がたまらない。アルバム全体に漂うセンチメンタルな空気感も楽曲を彩る重要なエッセンスになっている。Billboard 200において50位にランクインし、シーンにおける存在感をより一層強めた。

After the Burial

３年振りのリリースとなった６枚目フルレングス。前作『Dig Deep』で大きな転換期を迎えた彼らは、ペースを落とすことなく、本作の制作に取り掛かった。ベーシストとして新しくAdrian Oropezaが加入。Trentがバンドの中心となってプロダクション制作を行い、Will Putneyと共にSteve SeidとMatt Guglielmoがレコーディングのエンジニアリングを担当、ミックス／マスタリングまでを手掛けた。アートワークも長年After the Burialのヴィジュアルイメージの形成に欠かせない存在といえるDaniel McBrideによって完成させられた。直下する強烈なブレイクダウンがインパクト大なオープニングトラック「Behold the Crown」はミュージックビデオにもなっており、続く「Exit, Exist」もソリッドなリフが幾重にも重なり合う良曲。ポリリズムを組み込んだ「In Flux」では、After the Burial史上最もヘヴィな仕上がりでありながら、ドラマティックなグルーヴで構成された楽曲で、より広域のメタルリスナーへリーチする事に成功した。Billboard 200で183位にランクインし、現在も変わらず活動を続けている。

オリエンタルなオーケストレーション導入で注目

Born of Osiris

● 2003 年
⊘ リスナー：216.2K　Scrobble：11.2M

⊕ イリノイ州シカゴ
♫ ① Analogs in a Cell ② Machine ③ Under the Gun

　2003 年イリノイ州シカゴにて結成。Born of Osiris というバンド名になるまでに何度も改名を行っており、結成から 2004 年までは Diminished、2006 年までは Your Heart Engraved、2007 年までは Rosecrance として活動してきた。初期はスクリーモを鳴らし、Born of Osiris になる頃には、デスコアをプレイするようになっていた。Born of Osiris となってからは、キーボーディスト Joe Buras、ドラマー Cameron Losch、ボーカリスト Ronnie Canizaro、ギタリスト Mike Shanahan と Joel Negus、ベーシスト Austin Krause の 6 人体制で始動すると、シカゴのメタルコアシーンでライブ活動を展開し、Veil of Maya や Oceano といったバンドとよく共演していた。

　2007 年にはベーシスト David Darocha、ギタリスト Lee McKinney が加入。同年、Sumerian Records と契約し、2008 年には Summer Slaughter Tour へ参加。翌年リリースしたデビューアルバム『A Higher Hope』は Billboard Chart73 位にランクインし、一気にメタルコア / デスコアシーンをリードする存在へと成長。オリエンタルなオーケストレーションとソリッドなリフワークによって生み出されるグルーヴィなサウンドは、当時はまだ個性的なもので注目を集めた。2008 年までに Mike、Joel、Matt が脱退するなど相変わらずメンバーチェンジが激しかったものの、ギタリスト Jason Richardson の加入や、Animals as Leaders の Tosin Abasi がライブギタリストとして参加するなどしながら、Born of Osiris を支えた。

　Rockstar Mayhem Festival などに出演し、初来日も果たしている。2018 年にはベーシスト Nick Rossi が加入し、翌年には 5 枚目となるフルアルバム『The Simulation』を発表。プログレッシヴ・メタルコアシーンを象徴するバンドとして、現在も世界中で広く知られている。

Born of Osiris

The New Reign
Sumerian Records

2003 年にシカゴで結成。ボーカル Ronnie Canizaro、キーボード / ボーカル Joe Buras、ドラマー Cameron Losch の 3 名を中心に活動をスタート。3 度の改名を経て Sumerian Records と契約を果たした。ギタリストに Matthew C. Pantelis と Lee McKinney、ベーシスト David Darocha を加え 6 人体制となった彼らは、プロデューサーに The Faceless の Michael Keene と Pad Demolish を加えレコーディングを行った。カオティックな楽曲構成で鳴らされるブルータルなシンフォニック・デスコアは、Conducting From the Grave や Veil of Maya らが台頭していた当時の Sumerian Records らしいサウンド。その中でも彼らの魅力はエレガントなオーケストレーションと豪快なリフワークだろう。「Empires Erased」は当時の彼らを象徴する楽曲で、ドラマティックでありながらも重厚なリフを堪能出来る。アルバム・タイトルトラックの「The New Reign」は冒頭の強烈なブルータリティからは想像も出来ないほどのドラマ性を兼ね備えていて、ポテンシャルの高さが伺える。

Born of Osiris

A Higher Place
Sumerian Records

2 年振りのリリースとなったセカンドアルバム。Matthew が Veil of Maya に参加する為に脱退、5 人体制でレコーディングが行なわれた。プロデューサーには Chris "Zeuss" Harris を起用し、エグゼクティヴ・プロデューサーには Sumerian Records の創始者 Ash Avildsen と Shawn Keith が参加。ミックス / マスタリングは Chris Dowhan と Andreas Lars Magnusson が務め、ボーカル・レコーディングは Mike Rashmawi が担当。Born of Osiris サウンドのトレードマークである Joe のキーボードサウンドはオリエンタルな香りを放ちはじめ、楽曲もカオティックな展開は影を潜め、ダンサブルなプログレッシヴ・デスコアへと変貌。ミュージックビデオになっている「Now Arise」も古代エジプトを彷彿とさせるビデオディレクションが施されており、Born of Osiris のヴィジュアルイメージを決定付けた楽曲と言えるだろう。Djent な雰囲気が味わえる「Starved」やタイトルトラックの「A Higher Place」など、バンドを代表する楽曲がずらっと並ぶ。Billboard 200 で 73 位にランクイン、Top Independent Albums では 8 位を記録した。

Born of Osiris

The Discovery
Sumerian Records   2011

2年振りのリリースとなった3枚目フルレングス。本
作からメンバーチェンジがあり、All Shall Perish や
Chelsea Grin、Polyphia での活躍で知られるギタリス
ト Jason Richardson とベーシスト David Da Rocha
が加入。セルフプロデュースであるものの、プリプロダク
ションでは Periphery の Misha Mansoor がプロデュー
スを担当。Don Byczynski と Lee がエンジニアリング
を行い、ミックスは Jason Suecof、マスタリングは
Alan Douches が施した。サウンド・プロダクションの
大幅な向上とキャッチーな楽曲群は Born of Osiris を一
気にメインストリームに押し上げるキッカケになった。
オープニングトラックの「Follow the Signs」では神秘
的なオーケストレーションと Djent な刻みが心地良いプ
ログレッシヴ・デスコアを披露し、新たなバンドの代表
曲となった。華やかさとキャッチーなヘヴィネスを手に
いれた本作は、Billboard 200 で 87 位にランクイン。
Cameron Gray の手掛けたワートワークも相まって、幅
広いメタルリスナーにリーチする事に成功。2013 年に
は Sumerian Tour と題して Upon a Burning Body と
共に初来日を果たしている。

Born of Osiris

アメリカ / イリノイ

Tomorrow We Die Alive
Sumerian Records   2013

コンスタントにアルバムリリースと続ける彼らの2年
振りとなった4枚目フルレングス。Jason が Chelsea
Grin に加入する為に脱退。5人体制で挑んだレコーディ
ングは、Nick Sampson をプロデューサーに迎え、ミッ
クス / マスタリングは Joey Sturgis が担当した。ボー
カル・レコーディングは引き続き Ash と Shawn が指揮
を執っている。Born of Osiris の最高傑作と呼び声の高
いこの作品は、Cameron Gray の描く神秘的なアートワー
クをそのままサウンドにしたようなミステリアスな空気が
充満しており、冒頭の「Machine」と「Divergency」
では、グルーヴィなプログレッシヴ・デスコアをベース
に Born of Osiris らしいオリエンタルなオーケストレー
ションをブレンドしたキラーチューンとなっている。微細
にエディットされた Ronnie のシャウトも味わい深く、
切れ味鋭い Lee のリフワークと重なり合いながらバイヴ
スを高めていく。Lee はリードギターのパートにおいて
もその才能を発揮しており、聴きどころのひとつ。後続の
シンフォニック・デスコア勢との格の違いを見せつけた。
Billboard 200 では 27 位にランクインし、Hard Rock
Albums では 3 位を記録した。

Born of Osiris

Soul Sphere
Sumerian Records

2015

2年振りのリリースとなった5枚目フルレングス。本作もプロデューサーに Nick Sampson を迎え、Lee と Joe を中心にアイデアが練り上げられていった。アートワークも Cameron Gray が担当している。前作『Tomorrow We Die Alive』で作り上げた Born of Osiris サウンドをベースに、より多彩なオーケストレーションと洗練されたサウンド・プロダクションがこの作品の聴きどころだろう。クラシカルなオーケストレーションによって奥域のある上品な仕上がりを見せる「The Other Half of Me」で幕を開け、リードトラックの「Throw Me in the Jungle」ではシンガロングを誘うボーカルワークが冴え渡る。パワーメタルやシンフォニックメタルに負けない雄大な響きを持つ「Illuminate」や「Tidebinder」は、これまで築き上げてきた独自性を貫きながらもアップデートした Born of Osiris の新たな魅力に溢れている。Billboard 200 では 67 位にランクイン、Sumerian Records の看板バンドとしての貫禄を見せつけた意欲作。

Born of Osiris

The Simulation
Sumerian Records

2019

4年振りのリリースとなった6枚目フルレングス。2017年にはデビュー10周年を記念し、デビュー作である『The New Reign』を再録した『The Eternal Reign』を発表。この作品には2004年に制作されたEP『Youm Wara Youm』に収められていた「Glorious Day」も含まれており、コアなファンを驚かせた。本作から新たにベーシスト Nick Rossi が加入。アルバムはバンド自身でプロデュースしレコーディングを行い、ミックス / マスタリングは Nick Sampson が手掛けている。これまでバンドサウンドの要となっていたシンフォニックなオーケストレーションは控えめに、バンドアンサンブルのピュアなグルーヴをフィーチャーした楽曲が中心になっている。ミュージックビデオになっている「Cycles of Tragedy」では Ronnie と Joe のツインボーカルを堪能出来る仕上がりとなっていて、EDM の影響を感じる「Under the Gun」は、これからの Born of Osiris が目指すサウンドの未来を垣間見る事が出来るだろう。濃厚な Djent なリフが満載な「Silence the Echo」をはじめ、ベテランらしい味わいに満ち溢れた作品。

メロディックでモダンなプログレッシヴ・メタルコア

Erra

🕐 2009 年
🎧 リスナー：88.4K　Scrobble：4.6M

🌐 アラバマ州バーミンガム
🎵 ① Eye of God ② Scorpion Hymn ③ Snowblood

　2009 年、アラバマ州バーミンガムで結成。デスコアバンド By Blood And Iron に在籍していた Alex Ballew、Jesse Cash、Adam Hicks が、バンドの解散を機に Garrison Lee と Alan Rigdon を誘い、Erra をスタートさせた。同年にはセルフタイトル EP をリリースし、地元を中心としたライブシーンで注目を集めると、翌年発表した EP『Andromeda』をきっかけに Tragic Hero Records との契約を果たした。2011 年にはデビューアルバム『Impulse』を完成させ、Born of Osiris と Upon a Burning Body らのツアーに帯同。活動を本格化させていった。

　制作活動も精力的で、翌年には 2 枚目となるアルバム『Augment』をリリース。更に活動が活発になる中でメンバーチェンジが起こり、Adam に代わって Sean Price が加入。2014 年には Garrison と Alan も友好的に脱退した。 Alan は Erra を脱退後、パートナーの Sarah と共に The Artificials のメンバーとして音楽活動を継続している。

　Jesse は 2013 年からソロ・プロジェクト Ghost Atlas を始動させている。Erra とは違い、ポストロックを彷彿とさせるスタイルで、2014 年に EP『Gold Soul Coma』、2015 年に EP『Immortal Youth』、2017 年にはアルバム『All in Sync, and There's Nothing Left to Sing About』をリリースしている。2014 年からは Sumerian Records と契約。ボーカリストとして Ian Eubanks が加入し、3 枚目の EP『Moments of Clarity』を発表。この作品は、Billboard Heatseekers Albums チャートで 4 位を記録した。翌年には August Burns Red の Frozen Flame Tour や、TesseracT の『Polaris』リリースツアーに参加した。

　2016 年には健康上の理由により脱退した Ian に代わり、Texas in July で活動した J.T. Cavey が加入。

加えてI, The Breather、Myself My Enemy、With Life in Mindで活動してきたConnor Hesseも参加。彼らの加入を機にバンドは3枚目のスタジオアルバム『Drift』のレコーディングをスタートさせた。このアルバムはBillboard Heatseekersチャートで1位を記録。その後、Born of Osiris、Veil of Maya、After The Burial、Bad Omensらと共にSumerian 10-year Tourに参加している。2018年にアルバム『Neon』をリリース。この作品もBillboard Heatseekersチャートで1位を記録している。2019年にはNeon/Alien Tourを開催し、北米をNorthlane、Crystal Lake、Currentsと共に周った。

　2020年、バンドはSumerian Recordsを離れ、UNFDと契約。2021年3月には4枚目となるアルバム『Erra』を発表。 Erraの特徴は、モダンなプログレッシヴ・メタルコアをメロディックでアンビエントなスタイルを交えてプレイするサウンドである。彼らはAugust Burns Red、Misery Signals、Born of Osiris、Saosinに影響を受けており、JesseはSaosinのCove ReberやCirca CurviveのAnthony Greenの歌唱スタイルに影響を受けている。

Erra

Andromeda　　　　　　　　　　　　　　　　　　　　　2010
Self-released

2009年バーミンガムで結成。ボーカルGarrison Lee、By Blood and IronのギタリストJesse Cash、Broadcast the NightmareのギタリストAlan Rigdon、ベーシストAdam Hicks、ドラマーAlex Ballewの5人体制で活動をスタート。本作は2009年のデビュー・セルフタイトルEPに次ぐセカンドEP。ツインリードを要としたメロディック・メタルコアをベースに、デスコア由来のローシャウトとハイトーンヴォイスが絡み合うスタイル。収録曲「Tower」はミュージックビデオにもなっており、ここからErraを知ったリスナーも多いだろう。

Erra

Impulse　　　　　　　　　　　　　　　　　　　　　　2011
Tragic Hero Records/Zestone Records

前作『Andromeda』から1年後にTragic Hero Recordsと契約。プロデューサーにBrian Hoodを迎え、デビューアルバムとなる本作のレコーディングが行なわれた。鋭いリフがDjentに刻み込まれるアップテンポなプログレッシヴ・メタルコア / ポストハードコアサウンドが、Jesseのハイトーンヴォイスを要としながらドラマティックに展開。儚げに爪弾かれるクラシカルなギターフレーズは、ツインリードを用いながら、ソリッドなグルーヴを色彩豊かに表現してくれる。Aaron Marshの手掛けたアートワークもErraの世界観に上手くマッチしている。

Erra

Augment　　　　　　　　　　　　　　　　　　　　　　2013
Tragic Hero Records

2年振りのリリースとなったセカンドアルバム。ベーシストAdam Hicksが脱退し、新たにSean Priceが加入。前作同様Brianがプロデュースを担当し、アートワークはAaronが務めた。オープニングトラック「Alpha Seed」は、Erraの魅力をぐっと凝縮した彼らの代表曲のひとつで、ソリッドかつメロディアスなリフがフックの効いたリズムをダイナミックに演出。シャウトとハイトーンのコントラストを生かしたボーカルワークは格段にレベルアップし、「Pulse」で見せてくれる巧みはツインボーカルの掛け合いは聴き応え十分。シャープなヘヴィネスを手に入れ、シーンで存在感を見せつけた。

Erra

Drift
Sumerian Records

2016

３年振りとなった３枚目フルレングス。2014年にSumerian Recordsと契約し、3枚目となるEP『Moments of Clarity』をリリース。メンバー・ラインナップは大きく変わり、2015年に解散したTexas in JulyのボーカルJT Cavey、Alanも脱退し、ベースを担当していたSeanがギタリストへパートチェンジ、ベースパートはギタリストのJesseが兼任する形でレコーディングが行なわれた。プロデューサーにはI Am AbominationのギタリストNick Sampsonを起用、ミックス/マスタリングまでを務めている。これまでのサウンドをベースとしながら、ポストハードコアにも接近していくようなハイトーンヴォイスを主体とした「Skyline」や、ポップでありながらもメランコリックなメロディが印象的なアルバム・タイトルトラック「Drift」など、バラエティに富んだ楽曲で飽きのこないアルバムに仕上がっている。本作はBillboard 200で101位にチャートイン、その他US Top Rock Albumsで12位、Heartseekers Albumsチャートで1位を記録している。また、2枚組のLP盤もリリースされている。

Erra

Neon
Sumerian Records

2018

２年振りのリリースとなった４枚目フルレングス。本作からベーシストにI, the BreatherやWith Life in Mind、Myself My Enemyで活躍したベーシストConor Hesseが加入。5人体制で再び動き出し、Saosinを手掛けたBeau Burchellと、PeripheryやBeingのプロダクションに携わっているTaylor Larsonによるプロデュースでミックス/マスタリングを含むレコーディング作業が行なわれた。美しいカラーリングが映えるアートワークはMete Yafetが担当している。ドラマティックなサウンドは様々な要素によって構築されており、Erraサウンドの代名詞とも言えるメロディアスなギターリフだけでなく、奥行きのあるスケールを演出するアトモスフェリックなパートも大切なピースになっている。もちろん、伸びやかなハイトーンヴォイスとシャウトの対比は素晴らしく、細部までこだわり抜かれたサウンドをパワフルに表現している。新しい試みとしては、アルバムタイトルの『Neon』を彷彿とさせるようなR&Bの香りをほんのりと漂わせたことだろう。来日ツアーも実現し、ワールドワイドな人気を持つ彼らは、Djentを取り入れたサウンドを鳴らすアーティスト達に多くのヒントを与えている。

ポストロックとDjentのスタイリッシュ・クロスオーバー

The Contortionist

- 🕐 2007 年
- 💿 リスナー：119.4K　Scrobble：5.1M
- 🌐 インディアナ州インディアナポリス
- ⊙ ① Return to Earth ② Ebb & Flow ③ Language I: Intuition

　2007 年インディアナ州インディアナポリスで結成当初は At the Hands of Machines というバンド名でスタート。ボーカリストの Jake Morris、ギタリストの Robby Baca と Cameron Manyard、ベーシスト Christopher Tilley、ドラマー Joey Baca の5人で制作したデビュー EP『Sporadic Movements』は、Job for a Cowboy を彷彿とさせるエレクトロニックなアレンジを組み込んだカオティック・デスコアだった。

初期はプログレッシヴ・デスコアとして知られていた

　『Sporadic Movements』発表後に The Contortionist へと改名。2008 年9月に EP『Shapeshifter』をリリースした。強烈なブレイクダウンを搭載したクラシカルなデスコアで、Arsonists Get All the Girls にも似たテクニカルでアヴァンギャルドな雰囲気もうっすらと感じる。この頃、まだプログレッシヴ・メタルやポストロックな要素は皆無だ。

　ボーカリストの Jake Morris が脱退すると、新しく Dave Hoffman が加入する。彼はキーボードも兼任する事になっていた。2009 年初頭にスタジオ入りすると、キーボードを取り入れた新しいサウンドを追求。EP『Apparition』を完成させ

た。まだ Djent とまではいかないものの、プログレッシヴなリズムセクションとスペーシーなキーボードワークを上手く取り入れたデスコアを鳴らし、新しい The Contortionist サウンドへと進化を遂げた。Dave はすぐに脱退してしまうが、後任の Jonathan Carpenter もボーカル / キーボードを担当し、デビューアルバム『Exoplanet』のレコーディングも、『Apparition』の流れを汲む形で制作が行なわれている。本作から Good Fight Music と契約、このアルバムはデスコアシーンを中心に、プログレッシヴ・メタルコアリスナーからも評価を得た。デスコアでありながらも次第に The Contortionist らしさがそのサウンドに浮かび上がるようになり、メロディアスなフレーズと複雑なリフの交差、スペーシーなオーケストレーションといった部分がバンドのチャームポイントになっていく。The Acacia Strain や The Red Chord をヘッドライナーに迎えた To Catch a Predatour や、Periphery をヘッドライナーに Textures らと共に参加した Frak the Gods Tour に参加すると、ファンベースはぐっと拡大していった。

クリーンボーカル導入、デスコアからの脱却

Jonathan のクリーンボーカルは『Exoplanet』においては主力と呼ばれるパートではなかったものの、2012 年に eOne と Good Fight Music によってリリースされたアルバム『Intrinsic』では、デスコアサウンドから脱却し、Jonathan のクリーンボーカルを全面に押し出したプログレッシヴ・メタルコアへと変貌を遂げている。バンドのロゴやアートワークの持つヴィジュアルイメージもメタリックな要素を排除し、シャープなものに変更した。この年、All Shall Perish や Carnifex、Fleshgod Apocalypse や Conducting from the Grave を迎えた This is Where It Ends Tour や、After the Burial や Reflections を迎えた Midwest Madness Tour に参加。Jeff Loomis や Chimp Spanner を迎え、ヘッドライナーツアーも行っている。

リリース後に Jonathan が家庭の事情により脱退してしまうが、Last Chance to Reason の Mike Lessard をサポートメンバーに迎え、ツアーを続行。2013 年 6 月、Mike は正式に The Contortionist のメンバーとなり、Between the Buried and Me や The Human Abstract などを手掛けた Jamie King をプロデューサーに迎え、アルバムのレコーディングを始動した。

プログレッシヴ・メタル／ポストロックへと進化

2014 年にアルバム『Language』をリリース。前作ではプログレッシヴなアプローチへ舵を切ったが、デスコアやメタルコアをルーツにした作品であった。本作では優雅なピアノと伸びやかな Mike のクリーンボーカルによるイントロ「The Source」で幕を開け、落ち着いたトーンのプログレッシヴ・メタル / ポストロックへと進化。彼らのルーツともいえるデスコアサウンドは完全に排除されたものの、ダイナミックなリズムセクションからは Djent な雰囲気が感じられる。

2015 年には Between the Buried and Me をヘッドライナーに Animals as Leaders が参加した The Coma Ecliptic Tour や、TesseracT や Erra、Skyharbor、CHON、AURAS とのアメリカツアー、Monuments や Entheos、TesseracT とヨーロッパツアーを行っている。

2017 年には 4 枚目となるフルアルバム『Clairvoyant』を発表。アヴァンギャルドな雰囲気を兼ね備えた新しい The Contortionist サウンドで、ぐっとメインストリームシーンで活躍する機会を増やした。この頃、長年ベースを務めた Christopher に代わり、Scale the Summit の Jordan Eberhardt が加入している。また専任キーボーディストに Eric Guenther が加入し、6 人体制で新たに歩みだした。2019 年には EP『Our Bones』を発表し、独創的なサウンドで、メタル・シーンにフレッシュな衝撃を与え続けてくれる。

The Contortionist

Exoplanet
Good Fight Music / eOne Entertainment   2010

2007 年インディアナポリスで結成。当初は At the Hands of Machines という名前で活動しており、同年に発表したデビュー EP『Sporadic Movements』を経て、The Contortionist に改名している。ボーカリスト / シンセサイザー Jonathan Carpenter、ギタリストの Robby Baca と Cameron Maynard、ベーシスト Christopher Tilley、ドラマー Joey Baca の 5 人体制となり、2008 年にセカンド EP『Shapeshifte』、2009 年にサード EP『Apparition』をリリースした。2010 年に Good Fight Music / eOne Entertainment と契約、プロデューサーに Jordan King を起用し、ミックスは Ken Susi、マスタリングは Alan Douches が担当した。これまでプレイしてきたプログレッシヴ・デスコアを軸に、ささやくように穏やかなクリーンボーカルで転調しながら独創的なスタイルを見せてくれる。空間に広がりを持たせるようなキーボードパートがしっかりと爪弾かれるギターのメロディと調和し、鳴り響く。2016 年にリイシュー盤も発売された。

The Contortionist

Intrinsic
Good Fight Music / eOne Entertainment   2012

2 年振りのリリースとなったセカンドアルバム。前作『Exoplanet』と同じメンバー・ラインナップで制作され、プロデューサーには Eyal Levi、Jason Suecof、Eric Guenther を起用し、Eyal と Jason がミックスを務め、マスタリングは Alan Douhes が担当した。Eric はシンセサイザーも演奏している。これまでの The Contortionist はプログレッシヴ・デスコアをベースとしながらもクリーンパートを挿入する事で個性を出していたが、本作ではよりモダンなアプローチが増え、デスコアを通過しながらも、クラシックなプログレッシヴ・メタルの新たな可能性を追求している。リリースに先駆けて先行公開された「Holomovement」は、神秘的なメロディが紡ぎ出す物柔らかな空気の中をふわふわと漂うようなクリーンボーカルが印象的で、展開によってはヘヴィなリフがポイントになっているが、閑やかなサウンドが軸になっている。キャリア初となるミュージックビデオにもなった「Causality」は、プログレッシヴ・デスコアを多彩なキーボードワークによってより深化させる事に成功、幅広いメタルリスナーから高評価を得た。

The Contortionist

Language
Good Fight Music / eOne Entertainment

２年振りのリリースとなった３枚目フルレングス。Jonathan と Christopher が脱退し、Last Chance to Reason のボーカリスト Michael Lessard へチェンジ。また前作『Intrinsic』でシンセサイザーを担当した Eric Guenther が正式に加入している。プロデューサーには Jamie King を起用し、ミックス / マスタリングまでを担当。アートワークは Bobby Jeffries が務めた。しっとりと温和なプログレッシヴ・ロック / メタルが悠々と展開され、初期のデスコア / メタルコア色は影を潜めたものの、確かに感じられる Djent なリズムワークがじわじわとドラマティックなグルーヴを生み出している。ミュージックビデオになっている「Language I: Intuition」は、言葉を話すように唄う Michael のボーカルをキーとしながら、流れるようなスムース・プログレッシヴをプレイ。同じくアルバムのリードトラック「Primordial Sound」では、細やかなキーボードワークと振り絞るようなシャウトが独創的なサウンドの柱となっており、聴きごたえ十分。本作は Billboard 200 で 52 位にランクイン、Top Hard Rock Albums では 6 位を記録するなど、さらに広く認知されるキッカケになった。

The Contortionist

Clairvoyant
Good Fight Music / eOne Entertainment

３年振りのリリースとなった４枚目フルレングス。前作『Language』にも参加していたが、Scale the Summit のベーシスト Jordan Eberhardt がベーシストとしてクレジットされており、6 人体制となっている（実際には前作の段階で 6 人体制であったが、ベースパートのレコーディングは Robby と Jordan の分業となっていた）。本作もプロデュースは Jamie King によって行われている。これまで減少はしてきたものの、初期のデスコアやメタルコアのエレメンツは本作では完全になくなり、Djent なフレーズは感じられない。ただ、プログレッシヴな展開の中に溶け込む微細なフックには、The Contortionist の歴史が感じられる。ミュージックビデオになっている「Return to Earth」は、スタイリッシュなサウンドをとろけるように包み込む Michael のボーカルが印象的で、アクセントとして力強く刻まれるクリスピーなリフが叙情的な雰囲気を醸し出している。デスコアや Djent を通過し、新しいプログレッシヴ・ロックの形を示した作品と言えるだろう。2019 年に 4 曲入りの新録 EP『Our Bones』をリリース。

プログレッシヴ・デスコアの可能性を広げた改革者

Veil of Maya

- 🕐 2004 年
- ⓒ リスナー：179.4K　Scrobble：8.9M

- 🌐 イリノイ州シカゴ
- ◎ ① Manichee ② Outsider ③ Mikasa

　2004 年イリノイ州シカゴにて結成。2004
年に解散したメロディック・デスメタル・バンド
Insurrection に在籍していたギタリスト Marc
Okubo、 ドラマー Sam Applebaum、ベーシ
スト Kristopher Higler を中心に、ギタリスト
Timothy Marshall と、後に Skeletonwitch や
Wolvhammer で活躍するボーカリスト Adam
Clemans による 5 人体制で Veil of Maya とし
ての活動をスタートさせた。

　2005 年にデモ音源をリリースすると、ギタリ
スト Scott Okarma が加入し、6 人体制となっ
た。しかしメンバーチェンジが続き、Timothy と
Scott が脱退し、Bryan Ruppell を迎え再び 5

Insurrection

人体制で動き出す。当時は多くのメタルコアバンドがアメリカで誕生し、デモ音源を Myspace にアップ
しては解散するという事も多く、Veil of Maya もメンバー構成にはしばらく苦労する事となる。

　2006 年にデビューアルバム『All Things Set Aside』を Corrosive Recordings からリリース。こ
の当時の Veil of Maya はブルータルデスメタルにも接近するテクニカルなデスコアをプレイしており、ど
ちらかと言うとメタルコアというよりデスメタル・シーンで話題を集めていた。ライブ活動も精力的に行う

も、Adam と Bryan が脱退、後任ボーカリストとして当時 20 歳だった Iscariot の Brandon Butler が加入した。

Sumerian Records に見初められ、デスコアからプログレッシヴ・メタルコアに転身
　4人体制となった Veil of Maya はいったん安定したラインナップで日々ライブ活動を継続し、デスコア、メタルコアシーンでの存在感を強めていった。その評判は当時 Sumerian Records のマネージャーを務めていた Shawn Keith とオーナーの Ash Avildsen の耳にも入り、Sumerian Records と契約する事になった。

2010 年頃の Veil of Maya

　2008 年にセカンドアルバム『The Common Man's Collapse』を発表し、Kristopher に代わって Born of Osiris に在籍した Matthew Pantelis が加入し、次のステージに向けて動き出した。この年は Darkest Hour や Parkway Drive、Suicide Silence が参加した Thrash and Burn Tour や、Summer Slaughter Tour のカナダ編に出演し、Necrophagist や Beneath the Massacre、Dying Fetus らと共演。年末にも 2 本のツアーを行い、Arsis や Winds of Plague、Sea of Treachery とステージを共にしている。
　2010 年 4 月、3 枚目となるフルアルバム『[id]』をリリース。プロデューサーに The Faceless の Michael Keene を起用し制作したこの作品は、Billboard 200 で 107 位にランクインした。同年 Matthew が脱退し、Danny Hauser が加入。2012 年には 4 枚目となるフルアルバム『Eclipse』を Periphery の Misha Mansoor を迎え制作。その後、Brandon が I Declare War のメンバーによって立ち上げられた Lost Origins に加入する為に脱退している。バンドにとっては Veil of Maya の名を世界に広め、デスコアからプログレッシヴ・メタルコアへと転換を図った時期でもあった。『Eclipse』はコンパクトな作風であったが、シーンに与えた影響は強かった。
　2014 年に出演した KNOTFEST で、ウィスコンシン出身のバンド Arms of Empire の Lukas Magyar を新しいボーカリストとして迎えることが発表された。その後、Lukas と共に制作したシングル「Phoenix」をリリースしている。新しいボーカルを迎えた Veil of Maya は、Upon a Burning Body や Volumes、The Last Ten Seconds of Life が出演した Slow Your Troll and Know Your Role

Crush 'em All Tour 2011

Europe Summer Tour 2013

America Headliner Tour 2014

Tour、そして Chelsea Grin や Oceans Ate Alaska が参加した Ashes to Ashes European Tour に参加。

2015 年にはアルバム『Matriarch』の詳細を発表。先行シングルとして「Mikasa」を発表、アルバムは 5 月にリリースされた。この作品は Lukas が加入してから最初の作品で、これまでの Veil of Maya サウンドの根幹にあったテクニカルでデスメタリックなフレーズは影を潜め、プログレッシヴなサウンドへと大きくシフトしている。プログレッシヴ・メタルコアシーンでの人気も絶大なものとなり、Born of Osiris や Volumes と共に Sumerian Alliance European Tour に参加。Animals as Leaders の The Madness of Many アメリカツアーにも帯同した。

2017 年 9 月、新しいアルバムの先行シングル「Overthrow」を公開。10 月にはアルバム『False Idol』をリリースした。Lukas 加入後はメンバーチェンジもなく、安定した活動を展開。2018 年には Dance Gavin Dance とダブルヘッドライナーツアーを行い、Between the Buried and Me や Erra が参加した The Summer Slaughter Tour 北米編やインドツアーも行った。2020 年にはシングル「Outsider」のミュージックビデオを公開し、ベテランらしいフックの効いたサウンドでファンを魅了した。日本での人気も高く、来日公演も成功させている。

The Matriarch Tour

Veil of Maya

The Common Man's Collapse	2008
Sumerian Records	

2004 年シカゴで結成。バンド名の由来は Cynic のデビューアルバム『Focus』収録の「Veil of Maya」。2006 年にデビューアルバム『All Things Set Aside』をリリース、Sumerian Records と契約し発表された本作は、ボーカル Brandon Butler、ギタリスト Mark Okubo、ベーシスト Kris Hilger、ドラマー Sam Applebaum の 4 人体制で録音され、プロデューサーに The Faceless の Michael Keene を起用し、ミックス／マスタリングまでを担当している。不気味な音空間を切り裂くようにザクザクとリフを刻み込む「Wounds」で幕を開けると、ブルータルなブラスティング・デスコアを軸にテクニカルフレーズをこれでもかと詰め込みつつ、バウンシーなハンマーリフを振り下ろしていく。「It's Not Safe to Swim Today」では瑞々しいメロディを散りばめつつも、奇天烈な楽曲展開が強烈。ブルータルでありながらも、メロディアスという斬新なサウンドで注目を集めた。2020 年にヴァイナルでリイシューされている。

Veil of Maya

(id) 2010
Sumerian Records

2年振りのリリースとなった3枚目フルレングス。アルバムタイトルの（id）＝イドは、心理学で用いられる言葉で、フロイトが精神分析学の分野で定義付けた概念の名前であり、人間の精神を構成する3つの重要な要素を意味している。本作からベーシスト Matthew Pantelis が加入、プロデュースは引き続き The Faceless の Michael が担当している。イントロ明けのオープニングトラック「Unbreakable」は彼らの代表曲としても知られミュージックビデオにもなっている、爽快な整合感溢れる Djent な刻みとメロディアスなサビパートが心地良い。Veil of Maya らしいファスト＆テクニカルナンバー「The Higler」や Dance Gavin Dance を彷彿とさせるプログレッシヴ・ロックのスタイリッシュな香り漂う「Mowgli」、ビデオゲーム「Rock Band 3」に使用された事で話題となった「Namaste」など、Veil of Maya の魅力をたっぷりと引き出す事に成功した。Billboard 200 で 107 位にランクイン、Top Heat Seekers では 1 位を記録した。

Veil of Maya

Eclipse 2012
Sumerian Records

2年振りのリリースとなった4枚目フルレングス。Matthew が脱退し、新たに Dan Hauser がベーシストとして参加した本作は、プロデューサーに Periphery の Misha Mansoor を起用、ソングライティング作業にも参加し、ミックス／マスタリングまでを担当した。全10曲でトータル 28 分というコンパクトな内容であるが、Veil of Maya の魅力を存分に味わえる仕上がりとなっている Meshuggah を彷彿とさせるマシーンリフが畳み掛けるイントロ「20/200」で幕を開けると、ハイスピードブラストを主体としたメロディアスなデスコアを炸裂させる。テレビドラマシリーズ Game of Thrones に影響を受けて制作された「Winter is Coming Soon」は、シンフォニックなエフェクトを交えながら叙情メタルコアを展開。「The Glass Slide」は、メタルコアとデスコアの中間をいくスタイルの中で、プログレッシヴなエレメンツや独創的なリズムワークを組み込んでいる。アルバム・タイトルトラックの「Eclipse」は神秘的なインスト曲で、アートワークの世界観ともリンクしている。デスメタリックな要素が薄れ、後の Veil of Maya サウンドの礎となった。

Veil of Maya

Matriarch
Sumerian Records

3 年振りのリリースとなった 5 枚目フルレングス。Brandon が脱退し、新たに Lukas Magyar がボーカリストとして加入。本作はプロデューサーに From First to Last の Taylor Larson を起用、ミックス / マスタリングまでを手掛けている。エンジニアリングには多くの Djent シーンの大物が参加しており、Volumes の Diego や Periphery の Spencer、From First to Last の Matt が腕をふるった。アメリカで活動しているダンサー Natsumi Suzuki をモチーフに制作されたアートワークは Daniel McBride によるもの。本作では Veil of Maya としては初めてクリーンボーカルのパートが挿入され、ぐっとプログレッシヴ・メタルコアへ傾倒しているのが分かる。『進撃の巨人』から影響を受けて名付けられた「Mikasa」はミュージックビデオにもなっており、従来の Veil of Maya らしいファストなテクニカルパートとしっとりと、伸びやかなクリーンボーカル・パートの対比が心地良い。その他にも『ファイナルファンタジー 7』の「Aeris」、『エルフェンリート』の「Nyu」など日本のアニメやゲームの女性キャラクターを曲名 / モチーフにしており、「Matriarch（女性族長）」という一貫したコンセプトを感じられる。

Veil of Maya

False Idol
Sumerian Records

2 年振りのリリースとなった 6 枚目フルレングス。メンバー・ラインナップはそのままに本作ではプロデューサーに Max Schad を起用。ミックスまでを行い、マスタリングは Volumes の Daniel Braunstein が担当した。前作『Matriarch』から取り入れたクリーンボーカル・パートは大幅に増加、初期の面影はないものの、ブルータルなサウンドを通じて培ったグルーヴ感は Veil of Maya 流プログレッシヴ・メタルコアとして完璧に昇華している。Brandon Paddock がエンジニアリングを担当したボーカルパートは透明感と力強さを兼ね備え、楽曲の要になっている。バラード調の「Doublespeak」や、これぞ Veil of Maya と言えるファストなプログレッシヴ・スタイルが癖になる「Overthrow」、波打つような Djent リフが印象的な「Whistleblower」はミュージックビデオにもなっており、Sumerian Records リスナーだけでなく、幅広いメタルリスナーから高評価を得た。Billboard 200 で 67 位にランクイン、Top Hard Rock Albums では 3 位を記録するなどセールス的にも成功を収めている。

Djentと多様なハードコアをかけ合わせたパイオニア

Volumes

- 🕐 2009 年
- 🎧 リスナー：112.3K　Scrobble：4.1M
- 🌐 カリフォルニア州ロサンジェルス
- 🔘 ① Weighted ② holywater ③ Feels Good

　2009 年 1 月、ギタリストの Diego Farias と Daniel Braunstein が一緒に楽曲制作を始めた。彼らが拠点にしていたカリフォルニア州ロサンジェルスを中心に、メタルやヒップホップ、ジャズが好きなメンバーを探し始め、ボーカリストの Michael Barr と Diego の兄弟である Gus Farias、ベーシストの Raad Soudani とドラマー Chris Khoury が加入し、6 人体制で動き出した。メンバーが決まったところで EP『The Concept of Dreaming』の制作をスタートさせ、2010 年 11 月には Mediaskare Records と契約し、本作をリリース。ただ、大学での時間が忙しくなってしまった Daniel が脱退。バンドは新しく Daniel Schwartz を迎え、精力的なツアーへと出発する事になる。

Structures と Volumes

　Her Demise My Rise のヘッドライナーツアー Smoke Ya' Later Tour や、It Prevails の Dollar Menu, Where's the Venue? Tour に Counterparts や Betrayal、Bermuda と参加。2000 年代後半からムーヴメントになっていたカオティックハードコアとメタルコアを融合させたサウンドをプレイしたバンドらの波に乗り、Arsonists Get All the Girls のヘッドライナーツアー The Return to the Motherland Tour

Canadian Rehab tour

Via Release Tour

や、Structures も参加したカナダ編 The Canadian Rehabilitation Tour、Rings of Saturn や Scale the Summit が出演した Slaughter Survivors Tour に帯同し、ライブキッズを中心に Volumes の名はアメリカ全土に轟き始めていた。

　2011 年 8 月にはアルバム『Via』からの先行シングル「Affirmation of Ascension」、そして「Edge of the Earth」を公開し、9 月にアルバムをリリース。このアルバムは iTunes の Rock&Metal Charts で 1 位を獲得。ミュージックビデオ「Wormholes」もヒットした。『Via』のリリースツアーは Counterparts と In Dying Arms を招いて行われ、その後も Oceano がヘッドライナーを務めた The Midwest Meltdown Tour に LEGEND や Thick as Blood らと帯同するなどリリースを挟みながら 1 年中ライブをしていた。

様々なバックグラウンドを持つバンドとツアーに繰り出す

　彼らが様々なタイプのバンドとツアーする事が出来たのは、Volumes サウンドの持つメタルコアシーンにおける多様性がひとつの理由だろう。前述の通り、カオティックハードコアとメタルコア、デスコアがクロスオーバーしていた 2010 年代において、彼らの持つヘヴィでバウンシーな楽曲は見事に評価された。また、プログレッシヴ・メタルコア、Djent として聴いても Diego のリフや Raad のベースラインは斬新だ。彼らの魅力のひとつである叙情的なサビパートは、It Prevails や Counterparts といったハードコアバンドとの繋がりにも影響しただろう。

　2011 年 11 月、Michael が背中の怪我により Winds of Plague がヘッドライナーの Thrash and Burn Tour を離脱。その後はメンバーチェンジが相次ぎ、ドラマー Chris が脱退。直後のライブでは Daniel がドラマーにスイッチしてライ

2013 年頃の Volumes

ブを行い、2012 年に Nick Ursich が加入している。

2012 年には Veil of Maya の European Eclipse Tour に Structures と共に帯同し、初のヨーロッパツアーを行った。このツアーには Vildhjarta や Betraying the Martyrs が参加。ヨーロッパのメタルコア、デスコアシーンにおいてもその才能を見せ、ファンベースを拡大した。アメリカでは少しずつシーンを代表するバンドへと成長し、Chelsea Grin などのデスコア勢、Lionheart などハードコアバンドとも共演 / ツアー帯同する機会に恵まれた。

2013 年には Of Mice & Men のヘッドライナーツアーに Texas in July と Woe, is Me、Capture the Crown と共に参加。このツアーで撮影された映像は「Edge of the Earth」のライブミュージックビデオになっており、Woe, is Me の Hance Alligood がフィーチャーしている。この年には初めて VANS Warped Tour に参加し、GLASSCLOUD を率いて行われたヘッドライナーツアーや、オーストラリア / ニュージーランドツアー、Everytime I Die や Veil of Maya、Terror が出演した The All-Stars Tour 2013 にも参加している。

2013 年の暮れにはレコーディングをスタートし、2014 年 7 月、アルバム『No Sleep』をリリース。Billboard 200 で 40 位、TOP 100 Rock Albums で 12 位にランクイン。その後は Emmure がヘッドライナーを務めた The Mosh Lives Tour や、Crown the Empire がヘッドライナーを務めた Welcome to the Resistance Tour に参加。毎夜数千人規模の会場を沸かせた。

2014 年の夏は VANS Warped Tour 全公演に出演。アッパーな楽曲はメタル・シーンだけでなく、Warped Tour に集まるスタイリッシュな若いファン層に受け入れられていった。10 月には、Fearless Records が企画したコンピレーション『Punk Goes Pop 6』に参加。Drake の「Hold On, We're Going Home」をカバーし、話題となった。

2015 年 10 月、ボーカルを務めてきた Michael が脱退。ツアーや制作が控えており、新ボーカルが決まるまで The Contortionist の Michael Lessard や Born of Osiris の Joe Buras がサポートとしてツアーに参加した。Michael が脱退した理由は音楽性の違いで、2016 年にはソロミュージシャンとして EP『Back Home』をリリースしている。2016 年 6 月、バンドはボーカリスト Myke Terry の加入を発表した。彼は Bury Your Dead で活躍した実績を持つ人物で、再び精力的に動きだすキッカケとなった。このニュースからすぐに Mediaskare Records を離れ、Fearless Records との契約を発表。Terry が加入してから初となるシングル「Feels Good」もリリースした。

自身のレーベル創設、ラッパーフィーチャー

また、バンドは過去にリリースした『Via』『No Sleep』と 2 枚のアルバムを自身が立ち上げたレーベル 91367 Records から再録してリリースすると発表。Mediaskare Records がバンドに対し、十分な支払いを果たしていなかったとして問題となっていた。

2017 年 2 月、バンドはラッパー Pouya をフィーチャーした新曲「On Her Mind」をリリース。その後、アルバム『Different Animals』の制作を発表。Fire from the Gods をサポートに迎え、ヘッドライナーツアーを 4 月に開始している。6 月にはミュージックビデオ「Finite」をリリースすると、Issues の Headspace Tour に参加した。Fearless Records からのデビューにより、そのサウンドとヴィジュアルはブラッシュアップされ、ダークなイメージを払拭した。

Diego の突然の死

2019 年、EP『Coming Clean』をサプライズリリースするなどしたが、その年の 12 月、バンドは Gus が脱退したとアナウンスした。これに対して Gus がバンドを追い出されたとポストし、ロイヤリティの問題は解決しているとしてそのままバンドを去った。その後、Michael がバンドに復帰。この後、大き

な転換期を迎える事になる。

　2020年1月、バンドは新曲「holywater」をリリース。しかしその後、Diego が脱退してしまう。それから1ヶ月後の2月6日、すでにバンドを脱退していた Gus は Diego が急逝したと発表。これに対しバンドも追悼文を掲載した。死因は公開されておらず、Diego の突然の死にシーンは悲しみに包まれた。

　Volumes は現在サポートメンバーを入れ、4人体制で再び動き出そうとしている。

Djent バンド名検索難易度ランキング

　Djent 系のバンドは「Volumes」の様にシンプルな名前が多い。一般用語に複数形の「s」だけを付けたバンド名の嚆矢は Reflections と言われている。こういったシンプルなバンド名はオシャレに見える一方で、インターネットでの検索で他の件名に埋もれてしまい、不便極まりない。バンド側としてはエゴサーチするほど、他人からの評判を気にせず、我が道を貫くという意思表示なのだろうか？

　そこで Google で検索する際に、他にも同じ言葉でヒットしてしまう件数を多い順で洗い出してみた。コラム名は「検索難易度ランキング」とわかりやすくしているが、実際は Monuments などは1ページ目に登場する。なお「名前＋band」や「名前＋国」で検索するとより容易にヒットするし、Facebook の中で検索すれば、バンドの公式アカウントにすぐに辿り着くことができ、多くの方々も元々そうしているのではないだろうか。検索結果は2020年2月19日のもの。

位	名前	ヒット数	登場ページ。0＝非登場	コメント
1	Being	6,180,000,000	20ページまで0でストップ	1件目は日本のレコードレーベル。
2	Stories	3,420,000,000	24ページまで0でストップ	博報堂DY、セガ関連の映像制作がトップ。
3	Bear	1,600,000,000	24ページまで0でストップ	「熊」「産む」など英訳サイトが並ぶ。
4	Seven	1,330,000,000	31ページまで0でストップ	1件目はBTOパソコン通販。セブンイレブン関連。
5	Delta	632,000,000	24ページまで0でストップ	デルタ航空、人材派遣会社などが上位ヒット。
6	Structures	518,000,000	6ページ目	Weblio や英辞郎など辞書関係が上位を独占。
7	Aviations	506,000,000	1ページ目	「もしかして：Aviaion」がトップに表示。
8	Bermuda	482,000,000	23ページまで0でストップ	バーミューダ諸島を解説する Wikipedia。
9	Sessions	462,000,000	23ページまで0でストップ	スノーボードウェアが検索上位をほぼ独占。
10	Mirrors	438,000,000	24ページまで0でストップ	東京のデスコアバンドが1ページ目にヒット。
12	Textures	372,000,000	2ページ目に wikpedia	CG テキスチャ素材サイトが上位独占。
13	Sees	345,000,000	30ページまで0でストップ	1番目はシニアエンジニア向けの求人サイト。
14	Cycles	245,000,000	41ページまで0でストップ	ほぼ全て自転車やトライアスロン、シェアバイク。
15	Circles	230,000,000	4ページ目に公式サイト	名古屋の自転車屋、三菱地所。
16	Orion	195,000,000	26ページまで0でストップ	液晶メーカー、米津玄師の曲、オリオンビール。
17	Entities	179,000,000	19ページまで0でストップ	Weblio や英辞郎など辞書関係が上位を独占。
18	Reflections	171,000,000	2ページ目に公式 Facebook	1ページ目は寺尾聰のアルバム関連。
19	Monuments	150,000,000	1ページ目に Wikipedia	公式 Twitter、公式サイトも1ページ目に。
20	Pathways	133,000,000	25ページまで0でストップ	1ページ目はほぼ英会話教材。

Volumes

The Concept of Dreaming   2010
Mediaskare Records

2009年ロサンジェルスで結成。ツインボーカルの Gus Farias と Michael Barr、ギタリストの Diego Farias と Daniel Braunstein、ベーシスト Raad Soudani、ドラマー Chris Khoury の6人体制で活動をスタートさせた。2010年に Mediaskare Records と契約、デビューEP となる本作は、Volumes のメンバーによってプロデュースが行われ、Daniel が牽引する形でミックスが施され、マスタリングは Zack Ohren が担当した。ミッドテンポを主体としたプログレッシヴ・デスコア/グルーヴメタルをベースに、フックの効いたソリッドなリフと巧みに交差するツインボーカルが印象的で、叙情的なメロディワークも Volumes らしさのひとつだ。オープニングトラックの「Two-One」では粘着質なボーカルが演出するダークな異世界感が漂い、自然とヘッドバンギングしてしまうようなダンサブルなリフが心地良く響き、「Through the Trees」では巧みに転調しながらも、ソリッドなリフが刻まれるヘヴィパートと、胸を締め付けられるようなメロディアスなパートのコントラストが見事に表現されている。

Volumes

Via   2011
Mediaskare Records

デビューEP『The Concept of Dreaming』から1年で完成させたデビューアルバム。Chris が脱退し、ボーカルを務める Michael がドラムを兼任する形でレコーディングが行われ、プロデュースからミックスを Daniel が手掛け、マスタリングは Zack Ohren が務めた。アートワークは前作から引き続き Daniel Wagner によるもの。Volumes がどのようなバンドであるかを印象付けた代表曲「Wormholes」はミュージックビデオにもなっており、ダンサブルなリフが波打つように刻み込まれる叙情メタルコアを披露。Scale the Summit のギタリスト Chris Letchford をフィーチャーした「Serenity」や、Woe, is Me の Hance Alligood が参加した「Edge of the Earth」など、当時のシーンを象徴するゲスト陣によって注目を集め、Billboard Heatseekers Albums では26位にランクイン。また、デビューEP『The Concept of Dreaming』にも収録されていた「Intake」は、アレンジを施し再録されている。

Volumes

３年振りのリリースとなったセカンドアルバム。本作か
らメンバーチェンジがあり、ドラマーが Chris から Nick
Ursich へ交代。またプロデュースも担当してきたギタリ
ストの Daniel Braunstein も脱退している。本作はプロ
デューサーに Periphery の Misha Mansoor を迎え、
Diego と共にコンポーザーとしてアレンジまでを担当、
多くの楽曲で Periphery の Casey Sabol がゲストボー
カルとしてフィーチャーしている。Brandon Paddock
や Wes Hauch によってエンジニアリングが行われ、マ
スタリングは Zack Ohren が手掛けた。ザクザクと刻
み込まれるリフが生み出す、Volumes 独特のうねるグ
ルーヴが、オープニングトラックの「The Mixture」か
ら炸裂。一転、ミッドテンポでクリーンボーカルが映え
る「Erased」は叙情的な魅力を全面に引き出した新たな
Volumes らしさを打ち出す事に成功している。新たな幕
開けとなった本作は Billboard 200 で 40 位にランクイ
ン、Top Hard Rock Albums では 5 位にランクインす
るなど、セールスにおいても成功を収めた。

Volumes

３年振りのリリースとなった３枚目フルレングス。
Mediaskare Records との金銭トラブルがあり、
Fearless Records へ移籍。メンバー・ラインナップ
にも変更があり、2015 年に Michael が方向性の違
いにより脱退。後任には Bury Your Dead で活躍した
Myke Terry が加入。本作のレコーディングは Diego と
Brandon Paddock がタッグを組みプロデュース / エン
ジニアリングが行われ、ミックスは Kyle Black が手掛
け、マスタリングは Chris Athens が担当した。カラフ
ルなアートワークは Florian Mihr によるもの。Myke と
Gus によるボーカルワークが映えるアッパーチューンが
主体となっており、ミュージックビデオになっている「On
Her Mind」ではラッパー Pouya をフィーチャーし、バ
ウンシーなメタルコア / ポストハードコアをプレイ。同じ
くミュージックビデオになっている「Finite」や「Feels
Good」もソウルフルな香りが Volumes サウンドに上手
くフィットしている。Billboard Top Rock Albums で
49 位にランクイン。

Ever Forthright

Ever Forthright 2011
Myriad Records

2008 年ロングアイランドで結成。Periphery の元ボーカル / サックス Chris Barett、ギタリストの Nick Llerandi と Billy Anderson、ベーシスト Jon Llerandi、ドラマー Jerad、キーボード Kevin の 6 人体制で活動をスタート。メンバーの多くがジャズパフォーマンス・スクールを卒業している音楽インテリ集団だ。2011 年に Myriad Records と契約し、本作をレコーディング。Periphery サウンドをベースに似たサウンドであるが、Chris がプレイするサックスがスタイリッシュに鳴り響き、オリジナリティを見せてくれる。

For Giants

Big Sky 2017
Independent

2014 年ニューヨークシティで結成。ベーシスト Eric Lowery とドラマー Earl Lee のユニット体制で活動をスタート。Eric と Earl がギター、そしてミックス / マスタリングを担当している。同年デビュー EP 『Depths』をリリース。本作は、翌年発表したデビューアルバム『You are the Universe』を経て完成させたセカンドアルバム。リードトラック「Kintsugi」は、Silent Planet を彷彿とさせる躍動的なリフワークを主体としたインストで、静かな世界観が印象的だ。

Through Lifeless Eyes

Monsters in Every Man 2014
Independent

2012 年ロチェスターにて、同じマクドナルドで働いていたボーカル Jon Davis とギタリスト Nick Rubin が意気投合し、ギタリスト Benjamin Edlind、ベーシスト Kyle Ledermann、ドラマー Mayson Colon を加えた 5 人体制で活動をスタート。サウンド・プロダクションは荒っぽいものの、Vildhjarta に代表される Thall と呼ばれるスタイルをプレイ。2015 年にシングル『Temptation』、2016 年に『Confusion』をリリースし、現在も決して活発ではないが、マイペースに活動を続けている。

Angel Vivaldi

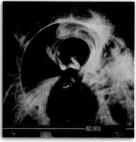

Universal Language 2011
Independent

2003 年に始動した Angel Vivaldi によるソロプロジェクト。With Daggers Drawn などでプレイした経歴を持ち、ギタリスト Jason Tarantino、ベーシスト Jake Skylyr、Mutiny Within のドラマー Bill Fore を迎え、プロジェクトを本格化させた。本作までに 2 枚の EP 『Revelations』『The Speed of Dark』をリリース。本作は 3 枚目の EP にあたる。四季をテーマにしたクラシカルなプログレッシヴ・サウンドに、激しくも美しいリフを組み合わせた哀愁漂うサウンドを味わえる一枚。

Inventure

Parallel || Design
Independent
2015

2013年ブリックで結成。同年デビューEP『Inventure』をリリースした後、2014年にボーカリスト Greg Morga が脱退した為、新しくボーカルに Stephen Nowak を迎え、再録EP『Revision』を発表。本作は Stephen に加え、ギタリストの Dennis Moscara と John Dalton、ベーシスト Alex D'Angelo、ドラマー Dave Rucki の5人体制でレコーディングされた。Erra を彷彿とさせるプログレッシヴ・メタルコア・サウンドで話題を集めた。

Inventure

アメリカ / ニュージャージー

Sociopath
Independent
2018

前作から3年振りのリリースとなったデビューアルバム。ドラマーが Caleb Vermeulen に交代、ゲストボーカルに Lorna Shore や Chelsea Grin に在籍した経歴を持つ Tom Barber が参加、ミックス / マスタリングは Frightbox Studios の Bobby Torres が担当した。メロディアスなフレーズが大幅に増加、巧みなアレンジでグルーヴィでありながらも美しさを全面に押し出したスタイルが印象的だ。ほのかに香るメロディック・ハードコアのセンチメンタルさも Inventure の世界観に上手くフィットしている。

Sentinels

アメリカ / ニュージャージー

Idylls
Independent
2013

2013年サマセットで結成。ボーカル Kyle Fellin、ギタリストの Chris Dombrowski と Thomas Cardone、ベーシスト Danny Cruz JR、ドラマー Kevin Gonzalez の5人体制で活動をスタート。ソリッドなリフが脅威的な整合感を持ってハイスピードで刻み込まれていくオープニングトラック「Alias」は、ニューメタルやインダストリアル・メタルからヒントを得た不安を煽るようなエフェクトを組み込みながら展開。ゲストボーカルに Borderlines の Carmen Gumina が参加している。

Sentinels

アメリカ / ニュージャージー

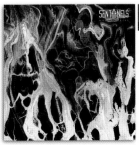

World Divide
Independent
2016

2015年にシングル『Extinct by Instinct』をリリースした後、前作『Idylls』から3年振りにリリースされたセカンドEP。新しくボーカリストとして Rob Petrusky、ドラマー Dave Rucki が加入しレコーディングされた本作は、Car Bomb を彷彿とさせる不規則に動き続けるヘヴィリフからも分かるように、マスコアからの影響を色濃く感じる仕上がりとなっている。ゲストボーカルも豪華で Currents の Brian や Reflections の Jake が参加している。

Aviations

The Light Years 　　　　　　　　　　　　2018
Independent

2011 年ボストンで結成。ボーカル Adam Benjamin、ギタリスト Sam Harchik、ドラマー James Knoerl を中心に活動をスタート。デビュー EP『A Declaration of Sound』発表後に、ピアニスト Richard Blumenthal が加入。ずっしりと重いアグレッシヴなリフによる難解なポリリズムをベースとしたプログレッシヴ・メタルは、ヴィブラフォンなどを用いながら、ドラマティックに展開。多彩なコーラスワークも奥行きのある奥行きを演出してくれる。幅広い年代のプログレッシヴリスナーに受け入れられるポテンシャルを持つ。

Behold Oblivion

Witness 　　　　　　　　　　　　　　　2011
Independent

2010 年ボストンで結成。ボーカル Eric Lee、ギタリストの Jeremy Remington と Pete Cohen、ベーシスト Leo Gallego、ドラマー Dan Laird の 5 人体制で活動をスタート。当初は Tight Rope と名乗っていたが、2011 年に Behold Oblivion へと改名。本作はプログレッシヴ・メタルコアとデスコアを融合させたようなサウンドがベースとなっており、The Black Dahlia Murder が Periphery の楽曲をプレイしたような雰囲気を持つ。2013 年に解散を発表、Pete は Acius に加入し、現在も活動中。

Pathogenic

Cyclopean Imagery 　　　　　　　　　　2011
Independent

2008 年ローウェルで結成。ボーカル Jake Burns、ギタリストの Chris Gardino と Justin Licht、ベーシスト Dan Leahy、ドラマー Anthony Simone、キーボード / ボーカル Pete Rodericks の 6 人体制で活動をスタート。Periphery がデスコアに傾倒したようなハイクオリティかつテクニカルな楽曲は高い完成度を誇る。2014 年にリリースしたカバー EP『Plurals』では、アメリカのコメディアニメ『サウスパーク』のテーマから Mudvanye や Slipknot のカバーまでが収録されており、そちらも注目を集めた。

Currents

Life//Lost 　　　　　　　　　　　　　　2015
Independent

2009 年フェアフィールドで結成。当初は We Came as Plague と名乗っていたが、2011 年に改名。当時のメンバーは、ボーカル Patrizio Arpaia、ギタリスト Mitch Lobuglio、ベーシスト Chris Segovia、ドラマー Jeff Brown の 4 人。2013 年にデビュー EP『Victimized』を発表し、本作を自主制作で完成させた。モダンなメタルコアの要になっているのはザクザクと切れ味の鋭いメロディアスなリフだろう。This or the Apocalypse の Ricky や DVSR の Matthew がゲスト参加している。

Currents

The Place I Feel Safest
SharpTone Records
2017

2016 年に Nuclear Blast の傘下として新設された SharpTone Records と契約。本作は前作『Life//Lost』から 2 年振りにリリースされたセカンドアルバムだ。メンバー・ラインナップも大きく変わり、ボーカル Brian Wille、ギタリストの Chris Wiseman と Ryan Castaldi、ベーシスト Dee Cronkite、ドラマー Jeff Brown の 5 人体制。前作に比べると細やかなリフが増加し、Djent が持つメタルコアにおける可能性を拡大。メロディック・ハードコアの香りも漂う新しい Currents のポテンシャルを見せつけた。

Sees

Three Winters
Rogue Records America
2015

2001 年、コベントリーを拠点にボーカル Bryan Malke のソロプロジェクトとして始動。2007 年からバンド体制となり、ギタリスト Joel Quinn とドラマー Mark Juliano が加入している。2011 年にデビューアルバム『The End』を経て、本作をリリースした。Meshuggah や Vildhjarta 直系のダークなグルーヴが生み出すバイブレーションは、狂熱的でありながらも冷静さも感じる。インダストリアル・メタルリスナーにもオススメしたい。

A Life Once Lost

A Great Artist
Deathwish
2003

1999 年フィラデルフィアにて結成。ボーカリスト Robert Meadows、ギタリストの Douglas Sabolick と Bobby Insaner、ベーシスト Nick Frasca、ドラマー Justin Graves の 5 人体制で活動を本格的にスタートさせた。Eric Rachel がミックスを担当し、Alan Douches がマスタリングを手掛けた本作は、マスコア / メタルコアをベースに、野生的なリフがカオティックに刻み込まれていく。複雑に展開しながらも整合感のあるサウンドは、Djent の誕生を感じさせてくれる。

Andromida

Timeless
Independent
2020

2010 年代中期からピッツバーグを拠点に Ramon Gutierrez によって立ち上げられたソロプロジェクト。2016 年にデビュー EP『Celestial』発表後は絶え間なくリリースを続け、2019 年に発表した EP『More Than Human』は The Artificials の Alan をフィーチャーした楽曲「Malfunction」が収録されており、話題となった。その後数枚のシングルを経てサプライズリリースされた本作は、芳醇なオーケストレーションによって大きなスケールを持つプログレッシヴ・メタルコアをプレイ。歌うように奏でられるギターソロがたまらない。

Delusions of Grandeur

Efficacy
Subliminal Groove Records
2013

2011 年ピッツバーグで結成。ボーカル Brent Vaccaro、ギタリスト Gabe Mangold、ベーシスト Dan Montgomery、ドラマー Doug Nedzesky の 4 人体制で活動をスタート。2012 年にデビューアルバム『Omnipotence』をリリースし、翌年 Subliminal Groove Records と契約してリリースされた。ダンサブルなデスコアをベースにしつつ、プログレッシヴなフレーズをグイグイ組み込んだサウンドは、Born of Osiris スタイルと言えるだろう。600 個のドーナッツを使用した MV「Glazed Donut Zero」も話題になった。

Delusions of Grandeur

Apotheosis
Independent
2018

本作リリース前に解散を発表。メモリアル作品として、自主制作でレコーディングされた。『Efficacy』発表後は、EP『Reclamation』や『Gravis』をドロップ、Pantera の「Domination」のカバーをシングルリリースしたりと多作だった。Gabe と Brent に加え、ドラマー Zack が参加したトリオ編成で録音され、サウンドのダイナミズムさは過去最高レベル。ブルータルなリフワークに注目してしまいがちだが、彼らの魅力である Djent な刻みが Delusions of Grandeur サウンドの重要なスパイスになっている。

Prime Meridian

Dialogues
Independent
2013

2011 年、ミラーズヴィルを拠点に The Eros Blueprints のギタリスト Eric Fletcher とボーカルの Shae Portner のユニット体制で結成。2012 年のデビュー EP『Intersections』、2013 年のセカンド EP『Graveyards』を経て本作を完成させた。アップテンポで目まぐるしく展開し続ける複雑なリフワークが、タフなボーカルと互いに荒れ狂いながらもグルーヴを生み出していく。独特なギターフレーズもトリッキーで面白い。2016 年に解散を発表した。

Stargazer

Genesis
Famined Records
2013

2011 年リーハイバレイで結成。本作はボーカル Matt Copp、トリプルギタリストの Eric Edmonds、Frank Batchelder、Jose Arbelo、ベーシスト Ross Huber、ドラマー John Dooley、キーボード Matt Kehs の 7 人体制で活動をスタート。デビュー EP となる本作は、耳に残るメロディワークが印象的なギターとキーボードの活発なプレイが、ミッドテンポ主体のプログレッシヴ・サウンドを幻想的に演出しながら、ドラマティックに展開。5 曲目の「Consilium」には This or the Apocolypse の Rick が参加している。

Stargazer

Tui La
Famined Records
2017

4年振りのリリースとなったデビューアルバム。Frank が脱退しギター
は2人体制となり、ベーシストが Johnny Hutchison に交代している。
幻想的なオーケストレーションを持ち味とする彼らは、本作でも The
Contortionist を彷彿とさせるクリアで落ち着いた世界観をベースにし
ている。メロディアスなギターと雄大なクリーンボーカル、そしてソリッ
ドなリフワークを劇的に展開させながら Stargazer らしさを表現。アー
トワークは Alec Hank が担当している。

This or the Apocalypse

Monuments
Lifeforce Records
2008

2005年、ペンシルベニア州ランカスターで結成。デビューEP『Drunken
Billionaire Burns Down Home』、デビューアルバム『Sentinels』を
経て、Lifeforce Records と契約。本作はボーカル Ricky Armellino、
ギタリストの Jack Esbenshade と Rodney Phillips、ベーシスト
Sean Hennessey、ドラマー Grant McFarland の5人体制でレコーディ
ングされた。August Burns Red を彷彿とさせるメロディック・メタル
コアをベースにしながら、プログレッシヴにリフを重ね、様々なパートが
入り乱れていく。

This or the Apocalypse

Haunt What's Left
Good Fight Music / Lifeforce Records
2010

2年振りのリリースとなった3枚目フルレングス。Lifeforce Records
に加え、Good Fight Music からも流通され、世界中にその名を拡大。
前作と同じメンバー・ラインナップで制作が行われ、プロデューサーには
Lamb of God のドラマー Chris Adler が起用されている。メロディック・
メタルコアを軸に、変幻自在に転調しながらドラマティックな世界観を演
出。クリーンパートを交え、細やかな刻みによってシャープな音像を見せ
る破壊力抜群のブレイクダウンが聴きどころだ。2012年には4枚目フ
ルレングス『Dead Years』を発表。以降はメンバーそれぞれに音楽活
動を続けている。

What's Left of Her

Perceptions
Independent
2010

2007年、ペンシルベニア州ピッツバーグを拠点にボーカル Brian
Howe、ギタリストの Andrew Cresto と Nelson Brooks、ベーシスト
Samantha Zunich、ドラマー Alex Swisher の5人体制で活動をスター
ト。クラシカルなプログレッシヴ・メタルサウンドをベースにしながら、
シンセサイザーの装飾がエレガントな雰囲気をほんのりと漂わせてくれ
る。2011年に解散を発表するが、主要メンバーは Save Us From the
Archon を結成し、現在も精力的に活動を行っている。

Thallahu Akbar

Djihad   2015
Independent

ナシュア出身のダウンテンポ・デスコア False Images のギタリスト Jeff Key のソロプロジェクト。バンド名の由来はアラビア語で神は偉大なりを意味する「Allah Akbar」に「Thall」を組み合わせたもの。イスラム過激派組織の音声サンプリングや銃声を使用した内容で、賛否両論を巻き起こした問題作。Djent に刻まれるギロチンリフに銃声をコラージュするなど、殺伐とした雰囲気が終始漂う。10 分程度の短い作品であるが、打ち込まれる弾丸サンプリング音の凄まじい数に気が狂う。

オンライン・プラットフォームgot-djent.comの功績

got-djent.com は、2009 年にベルギー出身の Sander Dieleman によって設立された Djent のオンライン・プラットフォームだ。名前のアイデアは Periphery のマーチに採用されていた「got-djent?」というフレーズが引用されていて、Periphery を祖とする多くの Djent バンドのプロモーションに貢献した。

このサイトの始まりは、last.fm の Djent グループの一部ユーザーのアイデアを発端に、2009 年末にフォーラムとしての立ち上げ準備が始まった。オンライン・コミュニティとして立ち上がった got-djent は、ゲント大学の元学生であり、「ベナン (benanne)」という名前で一ユーザーとしてサイトに登場していた Sander Dieleman とその友人によって、2009 年 11 月 18 日にウェブサイトを設立。最初は趣味ではじまったこのサイトも、いつしかシーンにとって不可欠なものに成長。2011 年以降、Euroblast Festival と

got-djent.com のロゴ

協力して、バンドコンテストが開催されるようになり、優勝者はフェスティバルで演奏する事が出来た。

このサイトは、ユーザー登録するとコンテンツを投稿できるシステムで、数人のモデレーターによるレビューの後に公開されていた。アーティストも情報を登録、投稿する事ができ、コメントのやりとりをしながらファンとの交流を行うことが出来た。各アーティストの情報はプロファイルされ、その情報に基づいて「Map of Djent」と呼ばれるものが年に 1 度程度、公開されていた。これによってシーンの進行状況や Djent における細かなスタイルの違いなどをマップで確認することが出来た。

2018 年にはサイトが閉鎖されてしまったが、Facebook と YouTube は残っている。また、got-djent.com 運営とは関係ないが、Spotify には「Got Djent?」というプレイリストがあり、今も更新され続けている。Djent がひとつのジャンルとしてではなく、ヴィジュアルやバンド名や曲名から溢れる Djent らしさによってまとめられるようになったのも、got-djent.com の影響が大きい。

Sander Dieleman

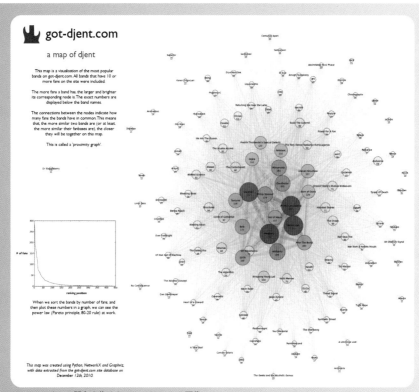

Djent リスナーの関心を集めた Map of Djent の画像

got-djent.com の物販は、多くのミュージシャンがステージで着用した

got-djent.com がサポートするイベントも多かった

Alaya

Thrones
Basick Records
2014

2007 年シカゴで結成。ボーカル / ギターの Evan Graham Dunn、ベーシスト Michael Brandt Rinkenberger、ドラマー David Jacob Robison の 3 ピース体制で活動をスタート。当初は The Alaya Conscious と名乗り、ファースト EP『Seventy One Percent』をリリースしている。Dance Gavin Dance や The Fall of Troy が Periphery の楽曲をカバーしたようなサウンドを鳴らし、幅広いメタルリスナーにリーチ出来るポテンシャルを秘めている。

Delta

Voyage
Independent
2013

2012 年シカゴで結成。The Cyrus や Doomsday Catalyst、Procreator に在籍したメンバーで構成されており。本作はボーカル Holden Zacharias、ギタリスト Scott Smith、ベーシスト Matt Smith、ドラマー Frankie Harchut の 4 人で制作された。多弦ギターによる重厚なリフワークは破壊力抜群で、終始残忍に刻み続けるプログレッシヴ・デスコアをプレイ。スペーシーなオーケストレーションも Delta の世界観の重要なエッセンスで、浮遊感を帯びたマイルドな心地良さも兼ね備えている。

Lee McKinney

Infinite Mind
Sumerian Records
2019

イリノイを拠点に活動する Born of Osiris のギタリスト、Lee McKinney のソロデビューアルバム。これまでバンドの一員として活動をしてきたキャリアを通じ、ソロとしてデビューしてみたいという気持ちを整理。ギター、ベース、そしてドラムプログラミングまで全てを Lee が担当し、バンドサウンドで鳴らす彼のプレイとは一味違った楽曲を聴く事が出来る。オープニングを飾る「A Clock Without a Craftsman」ではサックス奏者 Adrián Terrazas-González をフィーチャーしたムーディなサウンドを鳴らし、話題となった。

Of Glaciers

Heart Museum
Independent
2013

2010 年シカゴで結成。ボーカル Cade Armstrong、ギタリストの Nick と Ryan、ベーシスト Marco、ドラマー Pedro の 5 人体制で活動をスタートし、同年にデビュー EP『Of Mountains & Monuments』を発表。本作はデビューアルバムにあたる。ミックス / マスタリングを Periphery の Adam Getgood が担当した本作は、メロディック・メタルコアに Djent なリフワークを組み込んだ熱狂的な仕上がりを見せてくれる。本作リリース後に解散。Cade は Narrow Hearts に加入したが、こちらも 2016 年に解散してしまった。

Outrun the Sunlight

Terrapin
Rogue Records America
2014

2011 年シカゴで結成。ギタリストでスタジオエンジニアとしても活躍する Austin Peters を中心に、ギタリストの Cody、ベーシスト Connor、ドラマー Pedro の 4 人で本格的に始動。デビューアルバム『The Return of Inertia』以来 3 年振りのリリースとなった本作は、ポストロック的な展開美を持つインスト楽曲で構成されており、水滴のようにこぼれ落ちていくメロディの美しさに息をのむ。複雑なリフもスタイリッシュだ。2017 年には EP『Red Bird』をリリース。2021 年にはライブ盤『Emerge (Live)』を bandcamp で公開している。

Tandjent

No One Will Hear Us
Independent
2005

1999 年シルビスにて結成。ギター、ボーカル、ベース、ドラムのプログラミングまでを担当する Tim Stevenson とギタリスト Sundance Martin によるユニットで、ライブ活動などは行っていない。バンド名に Djent と入っているだけあって、Meshuggah の『Destroy Erase Improve』や『Chaosphere』サウンドそのまま、ポリリズムを用いた無機質なグルーヴを淡々と刻み続けるリフで演出。Meshuggah クローンと呼ばれ注目されたものの、本作以降目立った活動は見られない。

Encryptor

All is Continuous
Independent
2013

2012 年ミルウォーキーで結成。ギタリストの Josh Navone と Tyler Campbell、ドラマー Nick Jacobson のトリオ体制を取り、インストバンドとして活動をスタート。本作は彼らのデビューアルバムにあたる。まるで会話をしているかのように、ツインリードが交差しながら展開するプログレッシヴ・メタルが、シンセサイザーを効果的に使いながら、ドラマティックに展開。アートワークは Whaleskin Illustration の Ryan Carter が担当した。本作後、新しい音源はリリースされていないが、現在も定期的にライブを行っているようだ。

Pangaea

Vespr
Independent
2019

2013 年結成。ボーカリスト Michael Dionne、ギタリストの Evan Webster と Trae Titus、ベーシスト Spencer Fox、ドラマー Michael DeMarco の五人体制で活動をスタート。2014 年に EP『Unified』でデビューすると、翌年セカンド EP『Roots』を発表。4 年の歳月を経て完成させたデビューアルバムとなる本作は、緊張の色が張り詰めるプログレッシヴ・サウンドの上をポリリズムを駆使したハードなリフが刻まれ、ヒロイックなギターソロを交えながら展開していく。

The Fine Constant

アメリカ / ウィスコンシン

Myriad
Independent
2012

2012年マディソンで結成。女性ギタリストSarah Longfieldを中心に、ギタリスト Lucas Bielejewski、ベーシスト Christian Libby、ドラマー Steve Meyer を迎え活動をスタート。ミュージックビデオにもなっているアルバムのリードトラック「Inevitable Disconnect」では、Sarah が操るヘッドレスの 8 弦ギターをテクニカルに弾きこなし、それに呼応するようなインストゥルメンタルのプログレッシヴ・メタルコアをプレイ。『Woven in Light』までに多数のシングルを発表しており、その多作ぶりも The Fine Constant の知名度を上げたひとつのキッカケとなっている。

The Fine Constant

アメリカ / ウィスコンシン

Woven in Light
Independent
2015

3 年振りのリリースとなった 7 曲入り EP。本作のミックスは Steve Meyer が行い、マスタリングは Anthony DiGiacomo が担当している。Sarah の奏でるメロディアスなフレーズは、やわらかなタッピングによってふんわりと心地良い雰囲気を生み出す。2017 年には Marty Friedman と Scale the Summit と共にツアーを行い、2018 年には Sarah のソロプロジェクトとして始動する為、The Fine Constant としての活動は終了となった。

Sarah Longfield

アメリカ / ウィスコンシン

Disparity
Season of Mist
2018

The Fine Constant での活動を終了し、ソロアーティストとしてのキャリアをスタート。2017 年には Season of Mist と契約し、デビューアルバム『Collapse//Expand』を発表。本作は彼女のセカンドアルバムとなる。The Fine Constant と比べると、シンプルになったグルーヴィなバックトラックにエレガントなメロディが優雅に舞う。ミュージックビデオになっている「Cataclysm」では類まれなテクニックを見る事が出来る。

Cloudkicker

アメリカ / オハイオ

The Discovery
Independent
2008

2007 年にコロンバス在住のマルチプレイヤーで、元 Nuns with Guns のベーシストとしても活動していた Ben Sharp のソロプロジェクト。Cloudkicker の名前はディズニー作品『ジャングルブック』のスピンオフ『テイルスピン』の登場キャラクター Kit Cloudkicker が由来となっている。本作は 2008 年にリリースされたファーストフルアルバムで、Meshuggah にアンビエントをミックスさせたかの様な浮遊感のあるインストを展開。ホームレコーディングながらもハイクオリティな音源を無料でリリースし続けるスタンスは、シーンに大きく影響を与えた。

Novallo

アメリカ / オハイオ

Novallo I
Independent
2012

2006 年コロンバスで結成。ボーカル Sam Gitiban、ギタリストの Gino Matheson と Nicholas Riggs、ベーシスト Brandon Johnson、ドラマー Nicholas Salvatore の 5 人体制で活動をスタート。デビュー EP となる本作は、Periphery をお手本としたサウンドにジャズやフュージョンのアレンジを加えたトリッキーなアレンジが面白い。ポップなメロディとフックの効いたフレーズも多く、Djent を聴き始めたばかりのリスナーにオススメの作品と言えるだろう。

Novallo

アメリカ / オハイオ

Novallo II
Independent
2015

2014 年に Nicholas が脱退。前作『Novallo I』でプレイしたジャズ / フュージョンを組み込んだプログレッシヴ・メタルコアからさらにアップデート、本作ではソウルや R&B のテイストをブレンドし、さらにポップなスタイルへと進化している。ミュージックビデオにもなっている「Sideways Bird」は、Dance Gavin Dance がメタルコアをプレイしているかのような楽曲で、自主制作ながら大きな注目を集めた。2020 年には Gino が Falling in Reverse の Michael Levine、A Perfect Circle の Matt McJunkins、Atom Eve の Shaun Snow らと新たに、プログレッシヴ・ロックバンド Solaria を結成し活動を始めた。

Wide Eyes

アメリカ / オハイオ

Volume
Independent
2017

2009 年、アクロン在住のギタリスト Danny Cullman のソロプロジェクトとして始動。2012 年に『Volume』でデビュー。5 年間の間にギタリスト Chris Saniga、ドラム / ギター Chris Vogagis を加えたトリオ体制となり、4 枚のフルアルバムと一枚の EP を制作した。本作はデビュー・アルバム・リリースから 5 周年を記念して再録されたものだ。オリジナルに比べ、サウンド・プロダクションが向上、スケールアップした Danny のギターワークが光る。ドラムと重なり合うようにして刻み込まれるリフも細かくエディットされており、耳馴染みが良い。

Aerodyne Flex

アメリカ / ミズーリ

Transmissions
Independent
2012

2010 年カンザスシティにて結成。ボーカル Skyler Nohrenberg、ギタリストの Anthony Garcia、Daniel Hedrick、Sean Dow、ベーシスト Matt Carlyon、ドラマー Drew Ballard というトリプルギターの 6 人体制で活動をスタート。自主制作で発表した本作は、Between the Buried and Me を彷彿とさせる唐突な展開美を軸に、トリプルギターを生かした浮遊感のあるサウンドが印象的。ところどころに挿入されるアンビエントなエフェクトも面白い。本作後は Intropl へと改名している。

Lost Conduit

アメリカ / ミズーリ

Astral
Independent
2020

2020年カンザスシティで結成。Desolistのボーカル Justin Haskin と楽曲制作を担当する Drew Klugger のユニット形式で活動をスタート。Brand of Sacrifice の Kyle Anderson をフィーチャーしたシングル「Damsel」や And Hell Followed With の Andrew Patterson がボーカルを務めたシングル 「Ember」 などを発表し、高い注目を集めた。デビューアルバムとなる本作は、オリエンタルなメロディを軽やかにプレイするプログレッシヴ・デスコア。

Shapist

アメリカ / ミズーリ

Foundations
Valkyrie Records
2014

2012年セントルイスで結成。ツインボーカルの Sam Bedichek と Rex Carroll、ギタリストの Trevor West と Devan Tyler、ベーシスト Collin Reagan、ドラマー Jake Willman の6人体制で活動をスタート。Erra の Garrison をゲストに迎え制作したシングル「Samsara」で話題となり、高い注目の中でリリースされた本作は、整合感のあるヘヴィメタルコアをベースとし、スポークンワードなどを交えながら展開。プログレッシヴのエッセンスが光るアトモスフェリックなギターワークが華麗。

Substructure

アメリカ / ミズーリ

Monolith
Independent
2011

2011年セントルイスで結成。ボーカル David Bruno、ギタリストの Jordan Sanders と Kevin Danneman、ベーシスト Joey Harrell、ドラマー Joey Nichols の5人体制で活動をスタート。Elititsts や Structures の様なプログレッシヴな転調をチャームポイントとしながら、タフなボーカルと柔和なシンセワークの不思議な対比が個性的な世界観を醸し出している。2013年に解散を発表、その後 David は Summoning the Lich、Joey は Signals From Saturn へ加入し、活動している。

Sirens

アメリカ / インディアナ

Surge
Independent
2015

2011年テレホートで結成。ボーカル Joey Fenogli、ギタリストの Jordan Thralls と Jordan Caylor、ベーシスト Logan Pollaro、ドラマー Zhea Erose の5人体制で活動をスタート。2012年に発表したデビューEP 『Spore』を経て、本作のレコーディングを行った。多彩なアレンジが個性的で、随所にアンビエント成分の高いエレクトロニックなサウンドを散りばめ、波打つように展開するプログレッシヴな楽曲を得意とする。The Contortionist や TesseracT が好きならチェックしておきたい作品。

The Room Colored Charlatan

アメリカ / インディアナ

The Veil That Conceals
Subliminal Groove Records
2016

2009 年インディアナポリスで結成。ボーカル / キーボード Jared
Bush、ギタリストの Justin Seymour と Brent Edelson、ベーシス
ト Michael Miller、ドラマー Adam Dixon の 5 人体制で活動をスター
ト。2 枚の EP と多数のシングルリリースを経て完成させた本作は、
Justin がミックス / マスタリングを手掛けている。スケール感のあるポ
ストハードコアをベースに、プログレッシヴ・エレメンツを散りばめた
スタイルを得意とする。2019 年には The Contortionist の Jonathan
Carpenter がボーカリストとして加入。

Superior

アメリカ / ネブラスカ

(Sad) Earth
Independent
2015

2009 年オマハで結成。ボーカル James Morgan、ギタリストの
Randy Edwards と Matthew McMillin、ドラマー Carlos Monserrate
の 4 人体制で活動をスタート。2010 年にデビュー EP『Moving
Forward』、2011 年に EP『The Abandonment』を経て、デビューア
ルバムとなる本作を完成させた。細かくエディットされたクリスピーなリ
フが絡み合いながら、ダークな世界観を演出するサウンドをシリアスに展
開していく。James の迫力のあるボーカルの存在感は抜群だ。残念なが
ら 2016 年に解散を発表。

The Omega Experiment

アメリカ / ミシガン

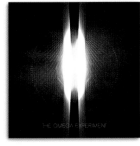

The Omega Experiment
Independent
2012

2007 年、マスキーゴンを拠点に Dan Wieten のソロプロジェクトとし
て始動。2009 年にはキーボーディスト Ryan Aldridge が加わり、活動
を本格化。2011 年に発表したデビュー EP『Karma』を経てデビュー
アルバムとなる本作を完成させた。メインストリームのモダン・プログ
レッシヴ・ロックをベースに、Djent のアイデアを散りばめたサウンドを
プレイ。Ryan のキーボードが醸し出すどこか懐かしい音色が心地良い。
2013 年に Listenable Records より再発された。

Your Memorial

アメリカ / ミネソタ

Your Memorial
Facedown Records
2017

前作『Redirect』から 5 年振りとなる本作は、解散をアナウンスしてリ
リースされた 3 枚目 EP。Your Memorial の集大成とも言える作品で、
ラストを飾る「Steadfast」は、荘厳な Your Memorial サウンドが浮
遊感に包まれながらフィナーレを迎える。ミックス / マスタリングは For
Today や Nothing Left で活躍したギタリスト Ryan Leitru が担当して
いる。2017 年末には In Search of Solace と Earth Groans を携え
ラストツアーを開催、同年 Your Memorial は 11 年の活動に幕を下ろし
た。

Berried Alive

Fuego
Independent 2020

2014 年、セントポール在住で元 Reflections のギタリスト Charles Caswell によって始まったソロプロジェクト。2014 年に Reflections を脱退した後、オンライン上で定期的に楽曲を公開しながら、デビューアルバム『Soul Sucker』を完成させた。本作は Charles のパートナーである Kaylie Caswell がベースを務め、ユニット体制で録音されている。毒々しいカラフルなヴィジュアルイメージもさることながら、Rings of Saturn を彷彿とさせる奇想天外なヘヴィサウンドで、唯一無二の Djent サウンドを作り出した。

By the Thousands

Dead Matter
Stay Sick Recordings 2020

2012 年にミネアポリスで結成。現在は Counter Measure や Roads of Glass で活躍したボーカル Hondo Torres-Pena、ギタリストの Dustin Korth と John Riviere、ベーシスト Adam Sullivan、ドラマー Carlos Monserrate の 5 人体制で活動中。2014 年にセルフタイトルのデビュー EP をドロップ、2015 年にアルバム『Connect』を発表すると、Stay Sick Recordings と契約を果たした。Shokran を彷彿とさせるオリエンタルなメロディを、ツインリードギターがグイグイ引っ張る快作。

Olympus Lenticular

Northflow
Independent 2019

2013 年にミネアポリスを拠点に Ben Clark によって始められたソロプロジェクト。2015 年にデビュー EP『Elucidate』をリリースし、2017 年のセカンド EP『Tamarack』を経て、デビューアルバムとなる本作を作り上げた。冬空に浮かび上がる鮮やかなオーロラが印象的なアートワークをそのまま落とし込んだサウンドは、すっきりとしたシャープなリフがスローテンポ主体の楽曲に刻まれていく。ほんのりと香るブラックメタルのエッセンスも面白い。

Reflections

Exi(s)t
Good Fight Music 2013

2010 年ミネアポリスで結成。ボーカル Jake Wolf、ギタリストの Patrick Somoulay と Charles Caswell、ベーシスト Francis Xayana、ドラム Boris Blood の 5 人体制で活動をスタート。本作は 2012 年に発表したデビューアルバム『The Fantasy Effect』を経て完成させたセカンドアルバム。Structures を思わせるヘヴィネスとセンチメンタルなメロディを融合させたサウンドをベースにしており、ゴリゴリとしたヘヴィリフを強烈な孤独感をまとったサウンドスケープに刻み込んでいく。

Reflections

The Color Clear
Good Fight Music / eOne   2015

2 年振りのリリースとなった 3 枚目フルレングス。Charles と Boris が
脱退し、ドラマー Nick Lona を加えた 4 人体制となったバンドは、プロ
デューサーに Will Putney を迎え本作のレコーディングを行った。灰色
の夢の中をさまよっているかのようなサウンドスケープは、ブラックメタ
ルからの影響を感じざるをえない。それでいてしっかりとプログレッシ
ヴ・メタルコアをベースとしたグルーヴを成している。忙しないドラミン
グとリフに絡みつくようなメロディアスなフレーズが、唯一無二の存在感
を見せつけてくれる。

Reflections

Willow
Independent   2020

5 年振りのリリースとなった 4 枚目フルレングス。本作から新しくギタ
リスト Logan Young が加入。プロデューサーに Jeff Key が参加し、
レコーディングが行なわれた。前作『The Color Clear』で見せたブラッ
ケンドなアプローチは Reflections サウンドの底の方で熱く燃えてい
る。徹底的にソリッドな仕上げたリフがミッドテンポ主体の楽曲に、ハン
マーの如く振り下ろされ続けていく。Jake のボーカルも振り絞るように
咆哮、終始ローに響いている。ミュージックビデオになっている「From
Nothing」では Djent なアプローチも感じられ、古くからのファンには
たまらないだろう。

Your Memorial

Atonement
Facedown Records   2010

2006 年、ツインシティーで結成。ボーカル Blake Suddath、ギタリ
ストの Willy Weigel と Dennis、ベーシスト Joel、ドラマー Tommy
Weigel の 5 人体制で活動をスタート。2008 年にデビューアルバム
『Seasons』発表後、Facedown Record と契約し、本作を制作した。
リリース時には Dennis は脱退しており、ベーシストは Mike Helms に
代わっている。Misery Signals の Karl Schubach がプロデュースを手
掛けた本作は、まるで Misery Signals を Djent にアレンジしたような
エモーショナルでありながら、ヘヴィな一枚。

Your Memorial

Redirect
Facedown Records   2012

2 年振りのリリースとなった 3 枚目フルレングス。前作と同じメンバー・
ラインナップでレコーディングが行なわれ、プロデュースからミックス /
マスタリングまでを Josh Barber が担当している。アートワークは前作
から引き続き Dave Quiggle が手掛けた。Facedown Records に所属
している事からも分かるように、ハードコアをベースにしながら、プログ
レッシヴ・メタルやメロディック・ハードコアのエッセンスをブレンドし
ていくスタイル。胸を締め付けるような感傷的なボーカルが特徴的。

Djentプロデューサー

Acle Kahney
📍イギリス

ミルトンキーンズを拠点にTesseracTのギタリストとして活躍。自身の作品のプロデュース、ミックス、マスタリングまでを担当しており、4D Studiosのエンジニアとしても知られている。主な担当作品はStealing Axionの『Monuments』、Sylosisの『Dormant Heart』などがあり、abstractsの楽曲をマスタリングした経歴も持つ。

Adam Getgood
📍イギリス

1987年7月18日イギリスで生まれた。Peripheryのベーシストとして活躍し、Misha Mansoorと共にPeriphery作品のエンジニアリングに携わってきた。主にミックスを担当し、これまでに手掛けた主な作品はArchitectsの『Holy Hell』、As I Lay Dyingの『Shaped by Fire』、Cynicの『Traced in Air Remixed』、Northlaneの『Alien』など。

Chris "Zeuss" Harris
📍アメリカ

1972年4月1日生まれ。1996年からキャリアをスタートし、HatebreedやAll That Remains、Shadows Fallなどから、Rob Zombie、Crowbarなど幅広いメタルサウンドを縦横無尽に手掛けるメタル・シーンの名プロデューサー。担当した主なDjent作品は、Born of Osirisの『A Higher Place』など。

Daniel Bergstrand
📍スウェーデン

Dugout Productions Studioのオーナーを務めるプロデューサー。グラミー賞を受賞したIn Flamesの作品や、Tomas Haakeのドラムサンプルパックの監修もしている。これまでに手掛けた主な作品は、Meshuggahの『Destroy Erase Improve』『Chaosphere』『Koloss』、Dimmu Borgirの『Abrahadabra』など。

Ermin Hamidovic
📍オーストラリア

メルボルンを拠点にSystematic Productionsでエンジニアとして活動。数々のDjent作品でマスタリングを手掛けている。担当した主な作品はPeripheryの『Juggernaut Alpha / Omega』、Animals as Leadersの『The Madness of Many』、Intervalsの『The Way Forward』など。

John Browne
📍イギリス

2003年にFellsilentのギタリストとして活躍。解散後はMonumentsのメンバーとしてDjentを始め、メタルコアのトップシーンを牽引し続けている。チャンネル登録者数4万人を超える個人のYouTubeチャンネルを持ち、スタジオでの作業の様子や新しい機材のテストプレイなどもアップしている。主にMonumentsの作品を手掛けている。

Michael Keene
◯アメリカ / カリフォルニア

1986 年 8 月 8 日生まれ。The Faceless のギタリストとして活躍し、
『Planetary Duality』や『Autotheism』『In Becoming a Ghost』他、自身の
作品のプロデュースからミックス、マスタリングまでを手掛けている。その
他、Born of Osiris の『The New Reign』、Veil of Maya の『The Common
Man's Collapse』などを担当している。

Misha Mansoor
◯アメリカ / ワシントン D.C.

1984 年メリーランド州ベセスダ生まれ。Periphery のギタリストであり、
プロデューサーでもある彼は、Animals as Leaders のデビューアルバム
からエンジニアとしてのキャリアをスタートさせた。2013 年には Adam
Getwood らと Top Secret Audio というプロダクション会社を設立。その
後 3DOT Recordings も立ち上げている。主な代表作は Veil of Maya の
『Eclipse』、Volumes の『No Sleep』など。

Nick Sampson
◯アメリカ / ミシガン

I am Abomination のギタリストである彼は、2010 年にデビューアルバム『To
Our Forefathers』を発表後、In Fear and Faith や Asking Alexandria を手掛
け、プロデューサーとしてその才能を発揮し始めた。これまでに担当した主
な作品は、Born of Osiris の『Tomorrow We Die Alive』、Polyphia の『Muse』
と『New Levels New Devils』、Erra の『Drift』など。

Taylor Larson
◯アメリカ / メリーランド

1988 年 4 月 28 日メリーランド州ベセスダ生まれ。Sky Eats Airplane や
Everyone Dies in Utah などを手掛け、2012 年に Periphery の『Periphery
II: This Time It's Personal』のプロダクション、ミックスを担当した事で注
目を集める。グラミー賞にノミネートされた経験を持つ。主な担当作品は、
Veil of Maya の『Matriarch』、Capture the Crown の『Reign of Terror』など。

Tue Madsen
◯デンマーク

Grope や Pixie Killers というバンドで活躍した後、97 年から自身のスタジ
オ Antfarm Studios でプロデューサーとしてのキャリアをスタート。これま
でに手掛けた主な作品は、Mnemic の『The Audio Injected Soul』、August
Burns Red の『Messanger』、Meshuggah の『The Violent Sleep of Rea-
son』などがある。

Will Putney
◯アメリカ / ニュージャージー

Lamb of God や Clutch を手掛けた Machine Shop でキャリアをスタート。
Fit for an Autopsy や END でミュージシャンとしても活躍しているが、本
職はプロデューサー。ベイビルという街に Graphic Nature Audio を持ち、
デスコア、メタルコア系を中心にエンジニアリングを行っている。担当した
主な Djent 作品は、After the Burial の『Evergreen』、Structures の『Divided
By』、Northlane の『Singularity』など。

Anup Sastry

Ghost
Independent   2013

Skyharbor や Intervals、Monuments でドラマーとして活動した経歴を持ち、Marty Friedman のソロアルバムにも参加したインド出身メリーランド州フレデリック在住の Anup Sastry が 2012 年に始動させたソロプロジェクト。すべての制作を一人で行っており、ギターやベースはプログラミングしたものを加工して使用している。プログラミングによって鳴らされるリフはインダストリアルな香りを漂わせ、Djent なグルーヴと抜群の相性を見せてくれる。Anup の正確なドラミングが楽曲のうねりの要になっており、劇的な展開におけるバランス感覚を牛耳っている。

Carthage

アメリカ / メリーランド

Salt the Earth
Total Deathcore   2012

2008 年ボルチモアで結成。元々はユニット体制でスタートしたが、ギタリストの Tre Watson と Ian Starks、Noyan Tokgozoglu、ベーシスト Robby Gossweiler、ドラマー Billy Berger の 6 人体制で本作のレコーディングを行った。The Tony Danza Tapdance Extravaganza を彷彿とさせるグルーヴィなプログレッシヴ・メタルコアは 9 弦ギターによる重厚かつクリスピーな音色をキーポイントに展開。チップチューンを組み込んでみたりと、コンポーザーの Tre Watson の挑戦が詰まった一枚。

Drewsif Stalin's Musical Endeavors

アメリカ / メリーランド

Anhedonia
Independent   2017

2007 年にボルチモア在住のギタリスト Andrew Reynolds によってスタートしたソロプロジェクト。2009 年にデビュー EP『End of Days』をリリースすると、ハイスペースで作品を制作。2016 年には The Aurora Borealis Project とのコラボアルバム『The World is a Colder Place Now』を発表している。本作はリフや音の輪郭にプログレッシヴ・メタルコアの香りが漂うものの、基本的には Killswitch Engage をベースにしたクラシックなメタルコアをプレイしている。

I, the Breather

アメリカ / メリーランド

These Are My Sins
Sumerian Records   2010

2009 年ボルチモアで結成。Erison、Dead Set Destroyer でボーカルを務めていた Shawn Spann、ギタリストの Justin Huffman と Jered Youngbar、ベーシスト Armand Jasari、ドラマー Morgan Wright の 5 人体制で活動をスタート。自主制作 EP をキッカケに Sumerian Records と契約。本作はプロデューサーに Durv Viswanathan を起用し、Justin もその作業に参加している。August Burns Red の鳴らすメタルコアをベースとしながら、より細やかなで Djent なリフやドラミングで高い注目を集めた。

I, the Breather

Truth and Purpose
Sumerian Records
2012

2 年振りのリリースとなったセカンドアルバム。Jered が脱退、本作から Chase Kozlowski が加入し、レコーディングが行なわれた。プロデュースは Paul Leavitt が担当し、ミックス / マスタリングまでを手掛けている。切れ味鋭いリフの細やかさと、メランコリックに宙を漂うメロディによって醸し出されるダイナミックなメタルコア・サウンドは、シーンでも頭ひとつ抜きん出たクオリティで鳴らされる。For Today を彷彿とさせる Shawn のボーカルも印象的。収録曲「Mentalist」には、Oh, Sleeper の Micah Kinard がゲスト参加している。

I, the Breather
アメリカ / メリーランド

Life Reaper
Sumerian Records
2014

2 年振りのリリースとなった 3 枚目フルレングス。大胆なメンバーチェンジがあり、Justin が抜けた穴を Kyle Bowman が埋め、ベーシストも Conor Hesse にスウィッチ、ドラマーも Aaron Ovecka がクレジットされている。Grant McFarland と Carson Slovak がエンジニアリングを担当した本作は、荘厳なオーケストレーションや派手な装飾を施したギターフレーズがグルーヴなメタルコアを彩るパワフルな作品。大胆な Djent リフも心地良い。本作リリース後、2015 年に解散を発表。Conor はその後 Erra へ加入した。

An Obscure Signal
アメリカ / ワシントン D.C.

Creations
Independent
2010

2007 年ワシントン D.C. で結成。ボーカル Alex Mola、ギタリストの Brian Kohlhoff と Bryan Silva、ベーシスト Mike Chappell、ドラマー Carlos Rueda の 5 人体制で活動をスタート。2008 年にデモ音源をリリースした後、2009 年に新しくギタリスト Walter Huaman、ベーシスト Chris Arey が加入。本作のレコーディングは、Periphery の Misha Mansoor をプロデューサーに迎え、行なわれた。豪快に刻まれるプログレッシヴなリフと、スターダストのように降り注ぐメロディをまとったクリーンボーカルが味わい深い。

Haunted Shores
アメリカ / ワシントン D.C.

Following Ivy
Independent
2009

2006 年、ワシントン D.C. を拠点に Periphery のギタリスト Mark Holcomb のプロジェクトとして始動。ボーカル Nicholas Dodd、ベーシストには後に Periphery でツアーベーシストを務める Jeff Holcomb、ドラマー Chris Hiebert が参加し、本格的に活動をスタート。2007 年にデビュー EP『Maelstrom』を発表している。メロディック・ハードコアやクラシックなメタルコアがベースとなっているものの、Mark のギターフレーズにはプログレッシヴなアイデアが詰まっている。

Haunted Shores

Haunted Shores
Independent   2011

2 年振りのリリースとなった 3 枚目 EP。2009 年に Mark 以外のメンバーが脱退し、Periphery の Misha Mansoor と Sky Eats Airplane や TesseracT での活動で知られる Elliot Coleman が加入。さらに Periphery のボーカル Spencer Sotelo、Intervals や The HAARP Machine の Mike Semesky がゲストで参加。ぐっと Djent なプログレッシヴ・メタルへとシフト、Final Fantsy 7 のテーマソングのカバーを含むボリューミーな作品に仕上がっている。

Haunted Shores

Viscera
Independent   2015

4 年振りのリリースとなった 4 枚目 EP。Periphery での活動の傍ら、Haunted Shores としての活動も継続。Periphery でプレイするサウンドとは違い、ブルータルなエクスペリメンタル・ブラッケンド・デスコアとでも形容できそうな複雑なスタイルへとシフト。シンフォニックなオーケストレーションも交えながらゴリゴリと展開していく。ゲストに Devin Townsend らが参加するなど、Periphery では出来ない Mark と Misha の伸び伸びとしたプレイが味わえる。

Of Man Not of Machine

Of Man Not of Machine
Independent   2012

2011 年ワシントン D.C. で結成。Sky Eats Airplane や TesseracT で活動していたボーカル / ギタリスト Elliot Coleman、Periphery のギタリスト Misha Mansoor と Mark Holcomb の 3 名を中心に、Periphery のベーシスト Jake とドラマー Matt をライブメンバーに加え、本格始動。本作が唯一の残された彼らの音源で、スタンダードな Periphery サウンドにパワフルな Elliot のボーカルが巧みにフィット。ポストハードコア・リスナーから Periphery ファンまで一度チェックしておきたい作品。

Reflux

The Illusion of Democracy
Independent   2004

2002 年ワシントン D.C. を拠点に、後に Sumerian Records を設立するボーカリスト Ash Avildsen、もうひとりのボーカリスト John Mehoves、Animals as Leaders 始動前のギタリスト Tosin Abasi によって結成される。メンバーチェンジが多く、The Faceless や Animosity で活躍したベーシスト Evan Brewer、ドラマー Vinny Vinh が加入し、レコーディングが行なわれた。本作が彼らが唯一残した作品であり、2000 年代後半に盛り上がりを見せるメタルコアやデスコアシーンを予感させるような内容となっている。

Astraeus

Mirrors 2014
Independent

2012 年チャールストンで結成。前身バンド Towers of Veritas を母体とし、ギタリストの Justin Lesher と Eric Hayne、ベーシスト Nick Dawson、ドラマー Braden Stevens の 4 人体制で活動をスタート。2013 年に発表したデビュー EP『Solipsis』まではインストバンドであったが、Animus Complex のボーカル Matt Turkington が参加し、本作の制作を始動。Periphery サウンドをベースとした正統派 Djent リフが軽やかなグルーヴを生み出す。流麗なボーカルも聴きどころのひとつだ。

Glass Cloud

The Royal Thousand 2012
Basick Records / Equal Vision Records

2011 年ハンプトンで結成。Sky Eats Airplane や Of Mice & Men でボーカルを務めていた Jerry Roush と、当時 The Tony Danza Tapdance Extravaganza のギタリストとして活躍していた Joshua Travis、ベーシスト Phil、ドラマー Joshua の 4 人体制で活動をスタート。激烈なギロチンリフが覆いかぶさるように細かく刻み込まれ、不協和音をスパイスに狂熱的なカオティック / プログレッシヴ・グルーヴを作り出していく。2016 年に Jerry 以外のメンバーが Emmure に加入した事で自然消滅したと思われる。

Jason Richardson

I 2016
Independent

All Shall Perish や Born of Osiris、Chelsea Grin と名高いバンドを渡り歩いてきたギタリスト Jason のソロプロジェクト。本作は The World Alive でドラムを担当していた Luke Holland と Veil of Maya のベーシスト Dan Hause を迎え、レコーディングされた。徹底的にギターを弾き倒すインスト楽曲が中心で、多彩なピッキングにファストなソロパート、ダンサブルにエディットされたリフには、Jason の独創的なアイデアが詰まっている。Periphery の Spencer を始め、豪華ゲスト陣の熱演にも注目。

Mirrors

Lifelike 2016
Independent

2015 年フレデリックスバーグで結成。ボーカル Davin、ギタリスト Anthony、ベーシスト Alfonso、ドラマー Sebastian の 4 人体制で活動をスタートさせ、同年にデビュー EP『The Art of Paradox』を発表。エクスペリメンタル・デスコアをベースに、多彩なアレンジを交えながら刃物のようにソリッドかつ重厚なリフを刻み込み続けていく。「The Light」では、プログレッシヴなフレーズも多く、細部まで作り込まれており、聴きごたえがある。

Sessions

Metacognition
Independent
2012

2011 年フェアファックスで結成。ボーカル Lance Titus 、ギタリストの John Sessions と Sahand Manafi、ベーシスト Harrison Watkins、ドラマー Alex LePelch の 5 人体制でデビュー EP となる本作をレコーディング。Friend for a Foe の Chris がミックス / マスタリングを担当したこの EP は、Volumes を彷彿とさせる強烈なヘヴィネスが渦巻く中繰り広げられる、リフグルーヴの嵐をたっぷりと堪能できる仕上がりとなっている。

Johari

アメリカ / ケンタッキー

Pale Blue
Independent
2015

2010 年ルイビルで結成。ボーカル / キーボード Connor Hill を中心にメンバーが集められ、活動をスタート。当初は Johari Window の名前で活動していたが、Johari に改名。2014 年にデビュー EP を発表。本作がデビューアルバムとなる。存在感のあるギターフレーズは、キリッと透き通ったスケールの大きなサウンドの中を漂う様に鳴らされる。リードトラックの「Pale Blue」には、Destiny Potato のボーカル Aleksandra Djelmas が参加している。

Cardona

アメリカ / ジョージア

Seasons
Independent
2012

2011 年スネルビルで結成。ボーカル Samuel Mirville、ギタリストの Mike Hart と Mike Davis、ベーシスト Kyler Strom、ドラマー / ボーカル Josh Landry の 5 人体制で活動をスタート。同年『Providence』リリース後に、本作のレコーディングを行った。Volumes クローンとも言えるヘヴィなプログレッシヴ・メタルコアをベースとし、アンビエントと Djent を融合させた「Ambidjent」を自称するように、浮遊感のあるメロディを楽曲の要にしている。収録曲「Seasons」には Vildhjarta の Daniel がゲストで参加している。

Seven

アメリカ / ジョージア

Dark Scientific
Independent
2017

2000 年代後半からアトランタを拠点に音楽活動をするソロアーティスト。2007 年にデビューアルバム『Echoes of Old Voices in the Rise of New Machines』を発表し、セカンドアルバム『End of the Circle』を経て完成させた 3 枚目フルレングスとなる本作は、アートワーク以外のすべてを Seven が手掛けた。個性的な楽曲展開とサウンドデザインによって生み出される不気味な世界観に引き込まれていく。「3 Nights with the Devil」や「Skyline Divided」など 8 分を超える長尺の楽曲においても、Djent の持つグルーヴ感を上手く溶け込ませている。

Akeldama

Everything Beautiful
Independent
2013

2010年タンパで結成。ツインボーカルの Andrew と Connor、ギタリストの Eric Owen と Jeremy Knapp、ベーシスト Michael、ドラマー Evan Thibeault の6人体制で活動をスタート。Meshuggah クローンとも言える Djent なリフワークをミッドテンポ主体の楽曲に落とし込み、とろけるようなハイトーンボーカルとローの効いたグロウルを巧みに絡ませながら展開していく浮遊感が魅力。Skyharbor や TesseracT のメンバーらをフィーチャーした楽曲も収録されている。2017年に Love at Last へ改名。

Assimilated Mind Phase

Involuntary Deconstruction
Independent
2010

Soul Cycle、The Global Warming Extravaganza など数多くのプロジェクトを抱えるクリアウォーター在住のギタリスト Mark Hawkins と、Warp Prism に在籍するサラソータ在住のギタリスト Kevin Suter による Djent ユニット。デビュー作となる本作は、プログラミングされたトラックに隙間なく詰め込まれた粘着質なリフが圧倒的な存在感をみせるインスト楽曲で構成されており、Djent 版ギターバトルにも聴こえてくるから面白い。同年11月にシングル「OMEGA」を発表するも、その後は音沙汰なし。

Being

Anthropocene
Independent
2013

2004年オーランドで結成。当初は The Mind of Solaris と名乗っていたが、本作から改名している。ボーカル Casprin Haruna、ギター / シンセサイザー David Furrevig、ベーシスト Will Donnelly、ドラマー Jason Novalis の4人体制で本作のレコーディングを開始。Cosmic Metal を自称するのも頷けるスペーシーな世界観を基調としたプログレッシヴ・スタイルで、流麗なメロディワークが光る楽曲が中心となっている。Periphery のボーカル Spencer Sotelo、ギタリスト Misha Mansoor 等、豪華ゲストが参加。

Ceruleus

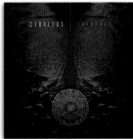

Trenches
Independent
2012

2010年オーランドで結成。ギタリスト Nabeel Tarin を中心に活動がスタート。当初は Ends in Blood という名前で活動していたが、Ceruleus へと改名。本作のラインナップは、ツインボーカルの Hunter と Dylan、ギタリスト Nabeel、ベーシスト Erik Pierce、ドラマー Tyler Kruckmeyer の5人。ドライブ感のあるメタルコアをベースに、Volumes を彷彿とさせるヘヴィネスがベースになっており、収録曲「The Ark」には Volumes のボーカル Gus と Michael がゲストボーカルとして参加している。

Exotype

Exotype 2014
Rise Records

2011 年オーランドで結成。ボーカル Josh Anderson、ギタリスト Matt Browning、ベーシスト Rob Walden、ドラマー Ben Sutton の 4 人体制で活動をスタート。2012 年にデビュー EP 『Emerge』を発表すると、Rise Records と契約を果たした。前作ではスタンダードなメタルコアをベースにしながらも、EDM やダブステップをたっぷりと盛り込み、ソリッドな Djent リフを荒々しく刻み込むスタイルであったが本作はややマイルドになった印象。フランスの The Algorithm などと共に新しいスタイルが注目を集めたものの、2017 年に解散。

Omega Virus

The Weeping Earth 2015
Hollowed Records

タンパ在住で Akeldama のボーカルとしても活動していた Connor Reibling のソロ・インストゥルメンタル・プロジェクト。2011 年に活動を始め、オンラインでの活動を展開。本作は 2015 年に Connor 自身が運営している Hollowed Records からリリースされたデビューアルバム。Fear Factory を彷彿とさせるマシーンリフを複雑に刻み込みながら、ドラスティックな転調を繰り返すシリアスなサウンドが印象的。現在 Connor はレーベル業にフォーカスしており、And Hell Followed With や Darknet のマネジメントを行っている。

Pathways

Harlot 2014
Independent

2012 年フォートローダーデールで結成。ボーカル Nicholas Scott、ギタリストの Jon Rose と Jentzen Flaskerud、ベーシスト Lorence Drewry、ドラマー Leland Metzger の 5 人体制で、同年デビュー EP 『Unconscious Lives』を発表。セカンド EP となる本作は、Elitist の Julian がミックス / マスタリングを務めている。8 弦ギターによる重量感のあるヘヴィリフに Within the Ruins を彷彿とさせるタッピングフレーズが軽やかに駆け巡る。

Pathways

Dies Irae 2016
Tragic Hero Records

2 年振りのリリースとなった 3 枚目 EP。Leland が脱退し、新たに Wil Lanagan が加入している。エインシエントなオーケストレーションと流麗なタッピングフレーズを巧みに弾きこなすギターフレーズが強烈なインパクトを見せるプログレッシヴ・メタルコア / ポストハードコアは、前作を超えるスケールとアイデアで聴きごたえ抜群だ。アートワークはフランスのアーティスト Leoncio Harmr が担当。2017 年には Nicholas と Lorence が脱退。残されたメンバーは現在もシングルリリースなどを続けながらマイペースな活動を展開している。

Soul Cycle

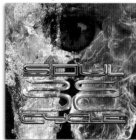

Soul Cycle II
Independent 2012

2009 年、セントピーターズバーグを拠点に Chris Catharsis と Mark Hawkins のユニットとして始動。2010 年にリリースしたデビューアルバム『Soul Cycle』を経て、ハイペースで本作を完成させた。クラシックなメロディック・メタルコアを基調とし、躍動感のあるリフをプログレッシヴに刻むインストゥルメンタルな楽曲が中心。Skyharbor の Keshav や Periphery の Adam、DispersE の Jakub、総勢 24 名の世界中の Djent シーンを代表するアーティストが参加した豪華な作品。

The Advaita Concept

The Ratio
Independent 2012

2010 年クラモントにて結成。Erase the Enemy で活躍したボーカル Steven McCorry、ギタリストの Karlton Tillman と Alec Larson、ベーシスト Rob Sawyer、ドラマー Mark Marshall の 5 人体制で活動をスタート。同年にファースト EP『Ontology』をリリースしている。Erra を彷彿とさせる伸びやかなクリーンボーカルを要としながら、躍動的なリフがダイナミックに刻まれていく。2013 年にはシングル「Time Waits for No One」を発表。

The Reset

Chasing Infinity
Independent 2013

2010 年オーランドで結成。The Advaita Concept のボーカル Steven McCorry、トリプルギタリストの Gabriel Montalvo、Ron Sword、Jeffrey Bobbin、ベーシスト Derik Corl、ドラマー Spencer Franke の 6 人体制で活動をスタート。2012 年にリリースしたデビュー EP『Progenitor』を経て完成させたデビューアルバムは、Akeldama の Connor や Bermuda の Mike などをフィーチャーしながらザクザクとしたクリスピーリフを刻み込む。ウルトラファストなブラストビートにも驚く。

A Plea for Purging

The Life & Death of a Plea for Purging
Facedown Records 2011

2005 年ナッシュビルで結成。ボーカル Justin Lewis、ギタリストの Blake Martin と Lyle Paschal、ベーシスト John Wand、ドラマー Aaron Eckermann の 5 人体制で活動をスタート。元々モッシュコアバンドとして活躍しており、Facedown Records から 3 枚のアルバムを発表。新しく With Blood Comes Beauty で活躍した Andy Atkins がボーカリストとして加入した本作は彼らの 4 枚目となる作品で、これまでのサウンドにプログレッシヴな要素を加え、新たなスタイルを模索。

Ancients

アメリカ / テネシー

Opposite Elite
Independent 2011

2010 年ナッシュビルで結成。The Castle is a Tomb のボーカル Clint Gee、A Promised Threat のギタリストである Corey Quinlan と Michael Chadwick、ドラマー Blaze Blanke の 4 人体制で活動をスタート。本作レコーディング前に 3 人目のギタリスト Brent Terebinski とベーシスト Cody Guthoerl が加わり、6 人となっている。Veil of Maya を彷彿とさせるダンサブルなフレーズに加え、メロディック・ハードコアのエッセンスを落とし込んだエレガントな叙情サウンドが印象的だ。

Ancients

アメリカ / テネシー

The Lyra Particle
We Are Triumphant 2012

前作から 1 年足らずでリリースされたセカンド EP。We Are Triumphant と契約し、発表された。切れ味鋭いリフワークは健在であるが、これまでのヘヴィさはやや影を潜め、トリプルギターを生かした浮遊感のあるメロディアスサウンドへとスタイルチェンジ。Born of Osiris のようなオリエンタルさも Ancients の魅力だろう。本作後に Indulgist へと改名し、大胆にオルタナティヴロックへと変貌を遂げたが、2015 年末に Ancients として再始動、2016 年には 3 枚目の EP『Origin of the Divide』をリリースしている。

Arch Echo

アメリカ / テネシー

Arch Echo
Independent 2017

2016 年ナッシュビルで結成。ギタリストの Adam Rafowitz と Adam Bentley、ベーシスト Joe Calderone、ドラマー Richie Martinez、キーボーディスト Joey Izzo の 5 人体制で活動をスタート。Polyphia を彷彿とさせるジャズを組み込んだインスト Djent は、Joey が奏でるバラエティ豊かなキーボードの音色を軸としながら、確かなテクニックで繰り広げられるお洒落なプログレッシヴ・グルーヴを聴きどころにしている。Periphery や Plini ともツアーのある実力派で、新時代の Djent シーンを牽引する存在として注目を集めている。

Arch Echo

アメリカ / テネシー

You Won't Believe What Happens Next!
Independent / P-Vine Records 2019

2 年振りのリリースとなったセカンドアルバム。前作『Arch Echo』でプログレッシヴメタル・ファンの心をがっちりと掴んだ彼ら。オープニングトラックの「Daybreak」からエレガントなメロディが宙を舞い、多彩なエフェクトを駆使したキーボードとギターがフィギュアスケートのようにダンスする。ダイナミックなリフを組み込んだ「Mukduk」や、クラシックなプログレッシヴ感溢れる「Immediate Results!」などすべての楽曲が個性的な魅力を放っている。ポップなアートワークは Tim Bonvallet によるもの。日本盤にはボーナストラック「Color Wheel」が収録されている。

Stand Alone Complex

Dreamstate
Independent · 2015

2011 年ハンツビルで結成。アニメ『攻殻機動隊』から取ったとされる
アーティスト名を冠し、2011 年にデビュー EP『Dweller Among the
Clouds』、続いて EP『Animate』を発表している。本作は、アップテン
ポなプログレッシヴ・メタルコアをベースに、Sailing Before the Wind
や Erra を彷彿とさせるツインリードを楽曲の肝としながら、目まぐるし
く展開。「The Drifter」はアートワークの世界観をそのままサウンドに
落とし込んだかのような鮮やかなギタープレイを堪能出来る。メンバーの
Josh は現在 Blueshift で活躍中。

The Artificials

The Artificials
Independent · 2015

2007 年、Erra や Broadcast the Nightmare での活躍で知られる
Alan Rigdon と Aaron Surratt によって結成。Erra での活動が本格化
した為に活動休止を余儀なくされたものの、2014 年、Erra での活動を
終え、Alan と彼の妻 Sarah Rigdon が加入し、活動を再開。EP『Moments
of Clarity』を経て、本作を完成させた。Erra を彷彿とさせるゆったりと
空中を漂うようなプログレッシヴ・メタルコアをベースに、Sarah の透
き通ったボーカルと、メロディアスなギターフレーズが爽やか。

The Artificials

Heart
Tragic Hero Records · 2017

2 年振りのリリースとなったデビューアルバム。2017 年に Tragic
Hero Records と 契 約。Aaron が 脱 退 し、ギタリストに Travis
Wilburn、ドラマーには Shelton Summersgill、ベーシストに Brent
Stanley が加入。この頃からライブ活動をスタートさせている。繊細
なメロディワークによってスケールアップ。Alan と同じ時期に Erra で
活動していた Garrison Lee がゲストボーカルとして参加した「In the
Hollow」は、Erra ファンなら必聴だ。

The Artificials

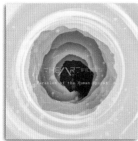

Parables of the Human Spirit
Study Sound Recordings · 2019

2 年振りのリリースとなった 3 枚目 EP。Shelton が脱退し、新たに
Pete Hanbury を加えた 5 人体制で本作のレコーディングを行った。
Rigdon 夫婦のシャウト & クリーンはバランス感覚が絶妙で、ポストロッ
クやエモにも通ずる透き通ったメロディを紡ぎ出す Travis と Alan のコ
ンビネーションも素晴らしい。特に「Fox Follow」はずっしりとしたグルー
ヴの上を跳ねるように踊るメロディに心を奪われる。2020 年には『Final
Fantasy 7』の「One Winged Angel」のカバーを発表するなど、自由
な活動を展開中。

The Tony Danza Tapdance Extravaganza

Danza II: Electric Boogaloo
Black Market Activities
2007

2004年にルイジアナ州モンロー出身で結成。ボーカル Jessie Freeland、ギタリストの Layne Meylain と Brad Thompson、ベーシスト Mike Butler、ドラマー Mason Crooks の5人体制で活動をスタートさせた。結成時、個性的な名前を付けたかった為、俳優の Tony Danza のタップダンスがイケてない事をバンド名にした。過去にはライブに俳優の Tony Danza を観に間違ってきた人がいたと言う。2005年にファーストアルバム『The Tony Danza Tapdance Extravaganza』を発表し、精力的なライブ活動経て本作を完成させた。のっけから複雑怪奇なマスコアをノンストップで展開。「You Gonna Buy the Beers or the Whole Damn Bar」他、ショートチューンを交えながら繰り広げられる残忍なリフワークは、時に Djent な雰囲気を醸し出す瞬間がある。アルバムタイトルは Danzig の作品『Breakin' 2 : Electric Boogaloo』が元となっており、映画の音声もアルバム内にサンプリングされている。以降、デスコアやグルーヴメタルコアと接近しながらも独創的な作品をリリースしている。ギタリストの Josh は Glass Cloud を経て、Emmure へと加入している。

Polyphia

Muse
Independent / Equal Vision Records
2014

2010年、テキサス州プレイノで結成。ギタリストの Timothy Henson と Scott LePage、ドラム / ボーカル Brandon Burkhalter、ボーカリスト Lane Duskin の4人で活動をスタート。当時はボーカリストが在籍し、同年リリースされたデビュー EP『Resurrect』は歌入り。2013年にセカンド『Inspire』をリリースし、本作制作時にはベーシストが Clay Gober にチェンジ、Lane が脱退している。プロデューサーに Nick Sampson を起用し、ミックス / マスタリングまでを担当。アートワークとイラストレーションは Timothy と Yvette Young が手掛けている。ドラマティックに繰り広げられるギターフレーズを軸に、細部まで練り上げられたドラミングとグルーヴィなベースラインが心地良く響く。Intervals の Aaron がフィーチャーした「Sweet Tea」や、Born of Osiris などでの活躍で知られる Jason Richardson が参加した「Aviator」他、多彩なゲストミュージシャンとコラボレーションしながら、優れた美的感覚を持つ Polyphia 流プログレッシヴ・サウンドをシーンに打ち出した。2014年に自主制作盤として発表されたが、Equal Vision Records からワールドワイドな流通がかけられた。

Polyphia

Renaissance
Equal Vision Records
2016

前作『Muse』から2年振りにリリースされたセカンドアルバム。既に世界中から高い注目を集めており、プログレッシヴ・メタル /Djent ファンだけでなく、インディロックやエモシーンにも人気が飛び火していた。本作のプロデュースは Nick Sampson に加え、Scott と Timothy も参加。ミックス / マスタリングは Nick が引き続き手掛けている。オープニングを飾る「Culture Shock」は、荘厳なオーケストレーションから少しずつ Polyphia ワールドへと誘ううきめが細かいギターサウンドが繰り広げられ、続く「Light」からぐっとボルテージを上げていく。閃光のように眩しく輝く Timothy と Scott のギターワークが重なり合うようにプレイされ、それを牽引するベースラインとドラミングもセンスが良い。ミュージックビデオにもなっている「Nightmare」では、ソウルや R&B のエッセンスを注入したエレガントなサウンドスケープの中を、躍動感のあるフレーズがダンスするかのように繰り広げられる。アルバムのエンディングを飾る「Crush」と「Euphoria」では、力強いベースラインに導かれるように紡ぎ出される至極のメロディが味わえる Polyphia を代表する楽曲となっている。

Polyphia

New Levels New Devils
Equal Vision Records
2018

2年振りのリリースとなった3枚目フルレングス。2016年から新しくドラマーに Clay Aeschliman が加入。本作のプロデューサーにはジャズシーンに造詣の深い Lophiile を起用、Eric Palmquist がミックスを務め、Chris Athens がマスタリングを手掛けた。Stole Stojmenov と Timothy が担当したアートワークも印象的だ。オープニングトラック「Nasty」を再生した瞬間から漂う、これまでとは明らかに違った Polyphia サウンド。格段にスケールアップしたサウンド・プロダクションによって何倍にも表情豊かになったギターフレーズが創造する世界観にただただ圧倒される事だろう。ジャキジャキとクリスピーなフレーズが独創的なドラム / パーカッションと共鳴する「O.D.」、ムーディかつロマンティックなメロディがセクシーに響く「Death Note」では、日本のギタリスト Ichika がフィーチャーしている。その他にも数々のミュージシャンが参加しており、「Rich Kids」では Yvette Young、「Drown」では Mateus Asato、「Yas」では Erick Hansel と Mario Camarena、「So Strange」では Cuco がそれぞれに個性的なプレイでリスナーを魅了する。シーンを牽引する存在として確固たる存在感を示した意欲作。

In Search of Sight

entanglement
Independent
2012

2010 年アーリントンで結成。ボーカル Daniel McMullin、ギタリストの Alex Wilshin と Russell Hollar、ベーシスト Drew Nolde、ドラマー Nolan McCormick の 5 人体制で活動をスタート。2011 年に EP 『Animism』『Archaic』と立て続けに発表、本作も勢いそのままにレコーディングが行なわれた。伸びやかなハイトーンが映えるカラフルなサウンドは Periphery や Protest the Hero のようにギターワークをアクセントにしながら展開していく。

Invent, Animate

アメリカ / テキサス

Everchanger
Tragic Hero Records
2014

2011 年ポート・ネチズにて結成。ボーカリスト Ben English、ギタリストの Leaton Goldwire と Logan Forrest、ベーシスト Caleb Sherradan、ドラマー Trey Celaya の 5 人体制で本格的に活動をスタート。自主制作でリリースした EP をきっかけに Tragic Hero Records とサイン。プロデューサーには Being as an Ocean を手掛けた Brian Hood と Erra の Jesse Cash を起用。プログレッシヴ・ポストハードコアとも形容出来そうな柔和なメロディワークがエレガント。

Invent, Animate

アメリカ / テキサス

Stillworld
Tragic Hero Records
2016

2 年振りのリリースとなったセカンドアルバム。前作『Everchanger』発表後は、アメリカ全土をツアーして周り、Kingdom of Giants や Oceano、Betraying the Martyrs らと共演。Logan が脱退し、4 人体制となったが、レコーディングでは Trey がギターパートを務めている。プロデューサーに Randy LeBoeuf と Will Putney を起用、煌びやかなメロディとアトモスフェリックなサウンドスケープはそのままに、刻みの重量感がアップ。Architects と Erra を組み合わせたようなスタイルでワールドワイドな人気を獲得した。

Invent, Animate

アメリカ / テキサス

Greyview
Tragic Hero Records
2020

4 年振りのリリースとなった 3 枚目フルレングス。2018 年に Ben が脱退、新たに Aviana で活動した Marcus Vik が加入し、レコーディングがスタート。本作のプロデュースは Randy LeBoeuf に加え、Erra の Jesse Cash、Ryan Len Johnson が合同で手掛けている。複雑なリフワークを用いながらも独自の美的感覚に磨きをかけており、なめらかなクリーンボーカルと整合感のあるブレイクダウンパートが絢爛華麗な Invent, Animate の世界観を作り上げている。「Shapeshifter」には Silent Planet の Garret Russell がゲストボーカルとして参加。

Nociceptor

Among Insects   2011
Rougue Records America

2005 年ダラスで結成。ボーカル JD、ギタリストには Threat Signal にも所属する Travis と Joey、ベーシスト Scott、ドラマー Michael の 5 人体制で活動をスタート。2008 年にデビューアルバム『Sum of All Scars』を発表後、Rougue Records America と契約を果たした。Friend for a Foe の Chris がミックス / マスタリングを担当したサウンドは、Fear Factory 譲りのマシーンリフは Threat Signal を彷彿とさせるタイトさをブレンドし、迫力満点。

Notions

Stay Away   2019
Stay Sick Recordings

2017 年オースティンにて結成。ボーカリスト Kalan Beal、ギタリスト Nick Hyatt、ベーシスト Koda Pratt、ドラマー Thomas Scheltema の 4 人体制で本格的に始動。本作は Attila の Fronz が運営していた Stay Sick Recordings からリリースされ、Fronz は収録曲「Outer Haven」にゲストボーカルとしてフィーチャリングしている。ラップパートが隙間なく詰め込まれたニューメタルサウンドは、Hacktivist や Volumes を彷彿とさせる。グルーヴを支える Djent なリフもザクザクとしていて心地良い。

Of Legends

Stranded   2011
Season of Mist

エモロックバンド The Secret Handshake のコンポーザーであり、Thirty Called Arson でドラムを担当した Luis Dubuc のソロプロジェクトとして 2010 年に始動。Sky Eats Airplane のギタリスト Zack Ordway、同じく Sky Eats Airplane や Periphery での活動でも知られるドラマー Travis Orbin を加え、活動を本格化。Season of Mist との契約を勝ち取りリリースした本作は、ポリリズムとカオスの絶妙なバランス感覚から鳴らされるヘヴィなメタルコアを披露している。

Seeker

The Antagonist   2012
Independent

2011 年ダラスで結成。ボーカル Tanner Allen、The Handshake Murders のギタリスト Bryce Lucien と Justin Edgerton、ベーシスト Tyler Griffis、ドラマー Dustin Weaver の 5 人体制で活動をスタート。Seth Munson がミックス、Peter Swiatkowski がマスタリングを務めた本作は、The Tony Danza Tapdance Extravaganza にも似たエクスペリメンタル・デスコアを軸に凶悪なリフをザクザクと刻み込んでいく。2013 年にはシングル「Alone」を発表したが、その後目立ったリリースはない。

Dead for Denver

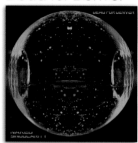

Naked Singularity
Independent 2013

2012 年デンバーで結成。ボーカル Jason Lebaron、ギタリストの Taylor Steele と Jobe Kim、ベーシスト Isaac Archuleta、ドラマー Alex Wiggans、キーボード Tristan Lucerne の 6 人体制で活動をスタート。同年にデビューアルバム『Dead for Denver』をリリースした後、自主制作で本作をレコーディングした。スペーシーなオーケストレーションを要としたプログレッシヴ・メタルコア / デスコアサウンドは、どこかカオティックな展開美も兼ね備えたアーティスティックな雰囲気がある。

Abiogene

Abiogene
Independent 2013

2012 年ソルトレイクシティにて結成。ボーカル Austin Criddle、ギタリストの Zeke Lindgren と Billy Hansen、ベーシスト Kyle Barlow、ドラマー John Kirkpatrick の 5 人体制で活動をスタート。グルーヴィーなプログレッシヴ・メタルコアを軸に、ブラックメタルやゴシックの要素を織り交ぜたデプレッシヴな世界観はインパクト大。ミッドテンポな楽曲が主体となっており、多彩なボーカルワークが重厚なコーラスを織り交ぜながら展開していく。本作以降大きな動きは無かったが、2017 年にはセカンドアルバム『Chrysalis』をリリース。

Gerry Trevino

Great Unknown
Independent 2020

2019 年、ラスベガスを拠点に活動を行う Gerry Trevino のソロプロジェクト。同年デビュー作『Imhotep』をリリースすると、SEGA の人気キャラクター「ソニック・ザ・ヘッジホッグ」をテーマに多数のカバー / シングルを発表。本作もアートワークから感じられるように、アジアの文化をコンセプトに作られたドラマティックなインスト・プログレッシヴ・メタルをプレイしている。本作発表後には『ルイージマンション』のテーマ曲をプログレカバーするなど、マイペースに活動を続けている。

A Sense of Gravity

Travail
Independent 2014

2011 年シアトルで結成。ボーカル C.J. Jenkins、ギタリストの David McDaniel と Brendon Williams、元 Arisen from Nothing のドラマー Peter Breene、キーボード / ギタリスト Brandon Morris の 5 人体制で活動をスタート。2012 年、ベーシストに元 Rowan の Chance Unterseher を迎え、デビュー作となる本作をレコーディング。Dream Theater と Meshuggah をミックスしたような、プログレッシヴな宇宙空間を演出。芳醇なオーケストレーションも魅力のひとつだ。

Friend for a Foe

Source of Isolation
Independent — 2011

2008 年、ギタリスト Chris Purvis のプロジェクトとして始動。本作からボーカリストに Periphery や Monuments で活躍したボーカル Chris Barretto、ギタリスト Tony Marshall、ベーシスト Wayne Courtright、ドラマー Mike Lumer を加えた 5 人体制となっている。Periphery スタイルとも言えるクリーンとシャウトのコンビネーションが美しく、Chris のボーカルを楽曲の重要な軸としながらすっきりとした世界観を演出する。アートワークは Dead Crown Design が担当している。

Stealing Axion

Moments of Clarity
Inside Out Music — 2012

2009 年タコマで結成。Dan Forbrich、Josh DeShazo、Phil Willmarth3 名のギタリストによるプロジェクトとして活動を開始した。2010 年にデビュー EP 『Stealing Axion』をリリース、2012 年に Inside Out Music と契約し、本作のレコーディングを行った。TesseracT や The Contortionist のようなクリアな世界観を展開しながらも、Meshuggah 顔負けの複雑なリフワークを組み込んだ、静と動のコントラストを生かした楽曲が面白い。

Bring Me Solace

The Sightless Inquisition
Independent — 2013

2008 年ポートランドで結成。ボーカル Josh Wing、ギタリストの Cory Smith と Adam Toepfer、ベーシスト Brandon Bezenah、ドラマー Garret Little の 5 人体制で活動をスタート。2011 年に EP 『Nomadic Refuge』でデビューし、2013 年に EP 『The Division of Duality』と共に発表したのが本作。Misery Signals 直系のタフなメタルコアに、Elitists のようなメロディアスなフレーズが目まぐるしく展開されるパワフルなスタイルに胸が踊る。現在 Cory は新しいプロジェクト Among Legends で活動中。

Divitius

Primordial
Independent — 2020

2015 年ポートランドを拠点に本格始動。2017 年にデビューアルバム『The Arcadian Parallel』をリリース。Slipknot の「People=Shit」のカバーなどを経て、女性ボーカル Alicen、ギタリストの Benton と Joe、ベーシスト Xan、ドラマー Brad の 5 人体制となり、Joe Johnson プロデュースの元、本作のレコーディングを行った。Alicen の神秘的な歌声がドラマティックに響くプログレッシヴ・メタルコアは、整合感溢れるハイクオリティな仕上がり。

Increate

Subduction 2020
Independent

2017 年ポートランドで結成。ギタリストの Sean Chiodo と Dustin Behm、ベーシスト Zev Levine、ドラマー Johannes Jans の 4 人体制で活動をスタート。同年、デビュー作となる『VOID』をリリース。3 年の歳月を掛け、デビューアルバムとなる本作を完成させた。長尺の楽曲は、Sean と Dustin のドラマティックなツインリードを要としながら、プログレッシヴに展開。まったりと打ち付けるリフがドラマ性を色濃く彩る。

A Memoria Brooded

アメリカ / カリフォルニア

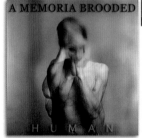

Human 2012
Independent

2009 年パサデナにて結成。ボーカリスト Alex Castillo、ギタリストの Danny Banks と Axl Ochoa、ベーシスト Trevor Michael に加え、Issues でキーボード / ターンテーブルを務めてたドラマー Ty Acord の 5 人体制で活動をスタート。プログレッシヴ・デスコアを軸に、ローなガテラルと Meshuggah を彷彿とさせるダウンチューニングを施したギロチンリフを刻んでいく。「The Liar」では、Issues の Skyler Acord がゲストボーカルで参加している。2015 年に解散を発表したが、2017 年に新曲をサプライズリリースした。

Aristeia

アメリカ / カリフォルニア

Era of the Omnipotent 2011
Independent

2007 年サンフェルナンド・バレーにて結成。当初は Condemned to Exile という名前で活動していたが、2010 年に改名。同年にデビュー EP『Man, The Artistic Destroyer』をリリース。ボーカル Kirby Ibarra、ギタリスト Hugo Vasquez、ベーシスト Hugo Carreon、ドラマー兼ギタリスト Mark Pacheco の 5 人体制で本作のレコーディングが行なわれた。Entities を彷彿とさせるアトモスフェリックなデスコアをベースに、繊細でソフトなリフとヘヴィなリフのコントラストで劇的な世界観を演出。

Aristeia

アメリカ / カリフォルニア

Demoralization of the Luminary 2013
Rite of Passage Records

2 年振りのリリースとなった作品で、彼らのデビュー・フルアルバム。2012 年には Volumes のボーカル Gus Farias とギタリスト Diego Farias をゲストに迎えたシングル「Lethal Devotion」を公開。Mediaskare Records のサブレーベル Rite of Passage Records と契約し、本作のレコーディングが行なわれた。いわゆる Volumes サウンドと呼ばれるヘヴィなデスコアとプログレッシヴ・メタルコアの高次元融合を目指し、スローテンポのアトモスフェリック・デスコアを、様々なタイプのリフが泳ぎ回るように展開していく。

Bermuda

Isolationist(s)
Mediaskare Records　　　　　　　　　　　　　　　　2011

2009 年オックスナードにて結成。ボーカル Corey Bennett、ギタリストの Tyler Lozano と David Valles、ベーシスト Andy Vouweraerts、ドラマー Bigvai Solis の 5 人体制で活動をスタート。2010 年に Mediaskare Records と契約、本作のレコーディングが行なわれた。Volumes を彷彿とさせるローチューンリフが重々しく刻み込まれるプログレッシヴ・デスコアサウンドが、ビートダウンハードコアにも接近しながら展開していく。ゲストボーカルには Volumes から Gus Farias と Michael Barr が参加。

Bermuda

アメリカ / カリフォルニア

The Wandering
Mediaskare Records　　　　　　　　　　　　　　　　2012

前作『Isolationist (s)』から 1 年振りに 2012 年にリリースされたデビューアルバム。ギタリストは David から Michael Fabiano、ドラマーは Bigvai から Miguel Ochoa へとメンバーチェンジが行われている。Djent なリフが大幅に増加、Meshuggah に代表される難解なポリリズムを織り交ぜながら、モッシーなリフをハンマーの如く振り下ろし続ける。叙情的なメロディが浮遊するダークな世界観に血が湧き上がる。ミックス / マスタリングは元 Volumes のギタリスト Daniel Braunstein が手掛けた。

CHON

アメリカ / カリフォルニア

Grow

Sumerian Records　　　　　　　　　　　　　　　　　2015

2008 年サンディエゴで結成。ギタリストの Mario Camarena と Erick Hansel、ベーシスト Esiah Camarena、ドラマー Nathan Camarena で 4 人体制で活動をスタート。その後、Esiah に代わって Drew Pelisek がベーシストとして参加すると、2013 年にデビュー EP 『Newborn Sun』、2014 年にセカンド EP『Woohoo!』を発表。Sumerian Records と契約を交わし、2015 年にデビューアルバムとなる本作『Grow』をリリース。Eric Palmquist によってレコーディングが行なわれ、ミックスは Shaun Lopez、マスタリングは Eric Broyhill が担当した。いわゆる Sumerian Records サウンドとは違い、爽やかなマスロックにプログレッシヴなエッセンスを注入したサウンドで、ほのかに香る Djent なフレーズが他のマス系アーティストには無い CHON らしさと言えるだろう。ミュージックビデオになっている「Story」は、穏やかな自然の中で植物がずっしりと根をはる映像をバックに、幾つものチャプターをチャキチャキとしたプログレッシヴリフと色鮮やかなメロディが演出する。Animals as Leaders のドラマー Matt をフィーチャーした「Book」など、CHON を代表する名曲の数々が収録されている。

159　　　　　　　　　　　　　　　　　　AMERICA

CHON

Honey
Sumerian Records

2017

2年振りのリリースとなったセカンドアルバム。Drew に
代わり、Anthony Crawford がスタジオ・ベーシストと
して参加。彼は Justin Timberlake や Peabo Bryson、
Howard Hewett らとの仕事で知られ、本作でもその
手腕を遺憾なく発揮している。本作はプロデューサーに
Eric Palmquist を迎えミックスまでを担当、マスタリン
グは John Greenham が手掛けた。ムーディなフュージョ
ン / プログレッシヴ / マスロックをベースに、パワフル
なドラミングが絡み合うオープニングトラック「Sleepy
Tea」で幕を開けると、グルーヴィでアップテンポな
「Waterslide」や「No Signal」など、凛としたメロディ
が光る楽曲が続いていく。フィーチャリングしたミュー
ジシャン達も面白く、ローファイ・ポップ系の Go Yama
が参加した「Berry Streets」や、Masego & Lophiile
によってメロウな R&B へと進化した「Nayhoo」や
Giraffage 参加の「Feel This Way」など Djent を通過
したマスロックの、メインストリームにおける可能性を感
じさせる楽曲が多く収録されている。

CHON

Chon
Sumerian Records

2019

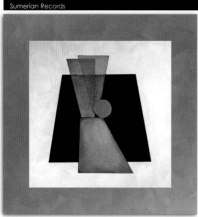

2年振りのリリースとなった3枚目フルレングス。
CHON と共同プロデュースを担当した Javier Reyes が
ミックスを担当し、Howie Weinberg がマスタリング
を手掛けた。ベーシストには前作から引き続き Anthony
Crawford が起用され、ドラムは数々のビッグバンドで
プレイし、俳優でもある Brian Evans が叩いている。
習熟なギターフレーズが隙間なく詰め込まれた、とろけ
るようなマスロックをプレイするオープニングトラック
「Ghost」、続く「Dead End」もラグジュリアスなメ
ロディの煌めきがしっとりと落ち着いたリズムトラック
を包み込む。淀みの無いすっきりとクリアなサウンドに
Sumerian Records のアーティストである事を忘れそう
になるが、ジャズやフュージョン、R&B やエモといった
音楽に見られる高等技術を CHON サウンドのフィルター
を通して鳴らす事で、メタル・シーンにも影響を与えて
いる事は間違いない。Periphery や Polyphia、Dance
Gavin Dance や Circa Survive らとのツアーを経験し、
傑出したスキルでプログレッシヴシーンで注目を集める彼
らに影響を受けた第2世代の活躍も近いだろう。

Corelia

Nostalgia
Independent ／ 2011

2010年サンディエゴで結成。ギタリスト Chris Dower とドラマー Clayton Pratt を中心に活動がスタートし、Periphery のボーカル Spencer が所属していた時期もあるが、ボーカルには Ryan Devlin、ベーシスト Adrian Alperstein、ギタリスト Ryan Borrell が加入して活動を本格化させた。Protest the Hero を彷彿とさせる複雑さの中で華麗なメロディが宙を舞うプログレッシヴ・サウンドをプレイ。楽曲「Treetops」には元ボーカルの Spencer も参加している。

Covenants

World of Augury
Independent ／ 2011

2010年ロサンジェルスで結成。ボーカル Gus Ornelas、ギタリストの Anthony Gamboa と Victor Lara、ベーシスト Dillon Shamma、ドラマー Zakk Perez の5人体制で活動をスタート。本作は彼らのデビュー作となる。Volumes のギタリスト Diego Farias がプロデュースを担当した本作は、Elitist を彷彿とさせる忙しない展開が魅力のプログレッシヴ・メタルコア。ブレイクダウンや、随所に組み込まれている不協和音のアプローチは Veil of Maya にも似ている。2016年に解散を発表した。

Depths

Pizza Party
Independent ／ 2012

2010年ハドソンを拠点に、ギタリスト Chris Thomas のソロプロジェクトとして始動。本作はレコーディング時のメンバーとして、ギタリストに Ben、ドラマーに Eli がクレジットされている。人気ゲーム『DeadSpace』に出てくる惑星採掘艦 USG Ishimura をテーマにした楽曲「USG Ishimura」や、ストリートファイターのダルシムが使用する技「Tiger Uppercut!」がモチーフとなっている楽曲、更には「Aokigahara」という曲も収録されており、日本の文化に興味があるようだ。難解だが涼しさのあるインスト・プログレッシヴ・メタル。

Dissipate

Tectonics
Basick Records ／ 2012

2005年リバモアで結成。ボーカル Josh Foster、ギタリスト Mike Gianelle、ベーシスト JT、ドラマー Jeff Faria の5人体制で活動をスタート。2006年にアルバム『Dissipate』でデビューすると、2009年にはセカンドアルバム『The Realization』を発表。本作から Basick Records と契約を果たしている。ミッド／スローテンポを主体としたローチューニングなプログレッシヴ・メタルコア／デスコアをベースに、Ion Dissonance を彷彿とさせる絶妙な叙情性がアクセントになっている。

Elitist

Caves
Independent   2010

2010 年ロサンジェルスにて結成。Another Day in Vain のボーカル Jacob とギタリスト Julian、The Fortune Teller のギタリスト Sean、ベーシスト Mike、ドラマーには Volumes で活躍していた Daniel Schwart という 5 人体制で活動をスタート。本作までにドラマーは Robert Platz へと交代している。August Burns Red 直系のメタルコアをベースにしながらも、手数の多いドラミングと忙しないリフワークが叙情感のあるサビパートに向かって疾走し続ける、清々しいサウンドが印象的。EP ではあるが華々しいデビューを飾った。

Elitist

Reshape Reason
The Anti Campaign   2012

2012 年 1 月に仕事としているタトゥーアーティストに専念するため、ギタリスト Sean が脱退。ボーカル Chris Balay、ドラマー Ben Kazenoff へとメンバー・ラインナップが大きく代わり、制作されたデビューアルバム。前作までのアグレッシブさは影を薄め、淡々とリフを刻みながら Elitist の世界観を拡大する事に成功。Erra のボーカル Garrison Lee がゲストで参加しているのも面白い。2013 年に 3 枚目となる EP『Between the Balance』、2015 年にはセカンドアルバム『Elitist』をリリースするが、その後解散を発表。

Entheos

The Infinite Nothing
Artery Recordings   2016

2015 年サンタクルーズにて結成。Animals as Leaders でドラムを担当していた Navene Koperweis と Animosity や The Faceless でも活躍したベーシストの Evan Brewe を中心に、女性ボーカリスト Chaney Crabb、ギタリストの Frank Costa と Malcom Pugh が集まり活動をスタート。デビューアルバムとなる本作は、テクニカルデスメタルにプログレッシヴ・デスコアのエレメンツをゴージャスに盛り込み、ダンサブルなリフワークを刻み込み続けていく快作。Zack Ohren によるマスタリングも Entheos サウンドにマッチしている。

Entheos

Dark Future
Spinefarm Records   2017

1 年振りのリリースとなったセカンドアルバム。本作から Spinefarm Records へと移籍。ギタリストの Frank と Malcom が脱退し、Into the Moat や Scale the Summit で活躍した Travis Levrier が加入。エンジニアリングとミックスを Zack Ohren が担当し、マスタリングは John Scrip が務めた。前作よりもテンポダウンし、プログレッシヴ路線を強めている。ミュージックビデオにもなっているリードトラック「The World Without Us」は、細部にまで詰め込まれたテクニカルなフレーズが踊るように展開。不気味なボーカル・エフェクトも面白い。

Entities

Novalis
Independent

2015

2011 年サクラメントで結成。ボーカル Ian Robertson、ギタリスト の Anthony Garrison と Cody Jarvis、Phil Watersno、ドラマー Brandon Damman のベースレス・トリプルギター 5 人体制で活動をスタート。2012 年に EP『Luminosity』でデビュー。The Contortionist を彷彿とさせるスタイリッシュなプログレッシヴ・メタルコア・サウンドが、トリプルギターが織りなす濃厚なギターワークを中心に、スペーシーな雰囲気を持ちながら情熱的なグルーヴを作り出していく。残念ながら本作発表後に解散してしまった。

False Mirrors

Clocks
Independent

2013

2012 年ロサンジェルスを拠点に、Elitist のギタリスト Sean Hall と Julian Rodriguez、Texas in July や Erra でボーカルを務める J.T. Cavey によって始動。本作は 2013 年にリリースされたシングルであるが、シャウトとクリーンが交差するドラマティックなプログレッシヴ・メタルコア・サウンドで注目を集めた。本曲リリースの 6 か月後に突如解散を発表し、幻の一曲となってしまったがシーンに大きなインパクトを与えた。その後リリースされた Sean のソロアルバム『Beneath the Solace』には、「Embers」と名前を変えたインストバージョンが収録されている。

Fear Factory

Demanufacture
Roadrunner Records

1995

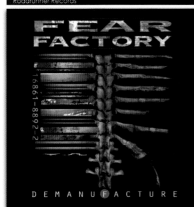

1989 年にカリフォルニア州ロサンジェルスにてボーカル Burton Christopher Bell、ギタリスト Dino Cazares、ベーシスト Christian Olde Wolbers、ドラマー Raymond Herrera を中心に結成。初期には Ulceration/Fear the Factory の名前で活動していたが Fear Factory に改名する。本作は 1992 年にリリースしたデビューアルバム『Soul of a New Machine』を経て完成させたセカンド・フルアルバム。プロデューサーには Colin Richardson を起用し、ミックスは Greg Reely と Rhys Fulber、マスタリングは George Marino が手掛けている。インダストリアルメタルのクラシック的名盤として知られる作品だが、ずっしりと重く切れ味鋭いリフの刻みや、それに呼応するように波打つグルーヴは、後の Djent 誕生に影響をもたらしている。97 年には『Demanufacture』のリミックス・アルバム『Remanufacture (Cloning Technology)』を発表。この作品からはメタルがダンスミュージックである事を感じる事ができ、Fear Factory のチャレンジ精神が伺える。Meshuggah 同様、Djent の歴史を振り返る上でチェックしておきたい作品。

Forever Orion

アメリカ / カリフォルニア

Passion. Love. Harmony
Independent
2011

2011年ロサンジェルスで結成。Elitistのギタリスト Julian Rodriguez とボーカル Chris Balay のプロジェクトとして始動。初期 Elitist を彷彿とさせる幻惑的な技巧が映えるプログレッシヴ・メタルコアをベースとし、当時の Elitist にはなかったクリーンボーカルを組み込み、エレガントなメロディを肝にテンポよく楽曲を展開していく。ボーナストラックには Killswitch Engage の「Fixation on the Darkness」が収録されていてクオリティも高い。本作リリース後は Elitist の活動に専念する為、作品は発表されていない。

Ghost/Aeon

アメリカ / カリフォルニア

Metanoia
Chugcore
2016

2009年にサクラメントで結成した Lifeforms が2015年に改名して立ち上がったのが、この Ghost/Aeon だ。ボーカリスト Howie、ギタリスト Erick、ベーシスト Chad、ドラマー Josh の4人体制でスタートし、Chugcore と契約して本作をリリースした。まるで生き物ののように蠢くリフがソリッドに刻み込まれるアグレッシヴなメタルコアを軸に、Northlane を彷彿とさせるクリーンボーカルがエモーショナルに絡み合っていく。残念ながらこのアルバム以降、目立った活動はしていないが、Howie と Chad は Frontiers というバンドを立ち上げている。

Incipience

アメリカ / カリフォルニア

Vehement
Independent
2019

2017年ロサンジェルスで結成。ギタリストの Brandon Washington とドラマー Jordan McWethy のユニット体制を取り、同年デビュー作『Bloom』を発表。2年振りのリリースとなった本作は、Nicholas Morzov をプロデューサーに迎え、制作された。Periphery クローンとも言えるそのサウンドは、微細にエディットされたクリスピーなリフワークが、淡々と打ち付けられるプログレッシヴ・グルーヴの波をサーフィンするように滑っていく。Animals as Leaders ファンも必聴。

Lifeforms

アメリカ / カリフォルニア

Multidimensional
Lifeforce Records
2013

2009年サクラメントで結成。ボーカル Howie、ギタリストの Arik と Erick、ベーシスト Michael、ドラマー Josh の5人体制で活動をスタート。2011年に『Illusions』『Synthetic』と2枚の EP を発表した後、デビュー作にして唯一のオリジナルアルバムとなる本作を制作した。Bermuda を彷彿とさせるヘヴィなデスコアをベースにしたグルーヴィーサウンドが持ち味。Howie の咆哮も強烈で、極悪なギロチンリフを凌ぐ迫力を持ち合わせている。2015年に改名を行い、現在は Ghost/Aeon 名義で活動中。

Mureau

Rumors and Reputations
Mediaskare Records 2011

2009 年サウザンドオークスで結成。ボーカル Taylor Voeltz、ギタリストの Jonny Harter と Lanny Perelman、ベーシストに John Atkinson、ドラマー Ian Corabi の 5 人体制で活動をスタート。当時、Mediaskare Records の看板バンドだった Volumes や Bermuda に次ぐ期待のニューカマーという触れ込みでデビューした彼らは、メロディアスなサビパートを持つメタルコアと、Djent のピュアなブレンド感を武器に、心地良い Djent グルーヴを鳴らす。

Petroglyphs

アメリカ / カリフォルニア

Ascension
Independent 2018

2012 年サクラメントで結成。ボーカル Spencer Walden、ギタリストの Chris Biermans と Spencer Jenkins、ベーシスト Aaron Espinosa、ドラマー Alex Opdyke の 5 人体制で活動をスタート。2013 年に 2 枚のシングルをリリースした後、2014 年にデビュー EP 『Desolate』を発表している。For the Fallen Dreams を彷彿とさせるメロディアスなギターフレーズが駆け回るサウンドは、胸を締め付けるような哀愁に溢れている。ワイルドなリフとドラミングは地味だが、ヘヴィなブレイクダウンの威力を何倍にも高めている。

Sean Hall

アメリカ / カリフォルニア

Terrestrial
Independent 2012

ロサンジェルス出身で Elitist の結成メンバーであるギタリスト Sean Hall のソロプロジェクト。2012 年 1 月に仕事としているタトゥーアーティストに専念する為、Elitist を脱退した後、制作活動を始めた。Volumes の Diego がミックス / マスタリングを担当した本作は、Elitist を彷彿とさせる浮遊感のあるプログレッシヴ・メタルコアをベースにしており、インストでありながらもまるで歌うように散りばめられたメロディワークが絶妙だ。2017 年には新プロジェクト Ivory Falls も始動させた。

Sean Hall

アメリカ / カリフォルニア

BackBurned
Independent 2019

5 年振りのリリースとなった 4 枚目フルレングス。本作までに 2 枚のアルバムとシングル「Dreamscapes」を発表。2014 年までは精力的な活動を続けたものの、ブランクが空いてしまった。いくつか過去に制作した楽曲のリミックスなどを含む本作は、After the Burial や Periphery を彷彿とさせるダイナミックなリフが縦横無尽に展開するプログレッシヴ・メタルコアで、もやのかかったメロディをブレンドした「Horizon」や「Farewell」など浮遊感のある楽曲にセンスを感じる。

Djent YouTuber

YouTube チャンネルは、今やレーベルのように大きな影響力を持ち、YouTuber 達がシーンを牽引するようになってきている。シーン全体がオンライン上をベースに成り立ってきた Djent は、YouTube の影響が特に強く、現在もシーンを代表する Periphery の Misha も自身の YouTube チャンネルを積極的に運営し、多くの若いミュージシャン達のインスピレーションの源になっている。ここでは、Djent を日々追いかけていく為に登録しておきたい YouTube チャンネルを紹介していく。

Jared Dines
▶ 登録者数 285 万人
https://www.YouTube.com/user/th3ycharg3
2010 年頃から活動するワシントン州出身のメタル YouTuber。ミュージシャンとしてのテクニックも優れており、様々なタイプのメタルボーカリストのシャウトを真似たり、ギター、ドラム、ベースと何でもこなす。「Shred Wars」と題したギターバトル動画では、Trivium の Matt や Jason Richardson とコラボ。Steve T と共に20 弦ギターや 1 弦ギターによる Djent リフバトルも話題になった。

Steve Terreberry
▶ 登録者数 218 万人
https://www.YouTube.com/user/SteveTerreberry/videos

カナダを拠点に活動するメタル系 YouTuber。Djent を面白おかしく解説した動画で人気に火が付き、多弦ギターによる楽曲制作や Jared Dines や Rob Scallonらとのコラボレーションも人気だ。2015 年には Steve T 名義でアルバム『Album of Epicness』を Artery Recordings からリリースしている。

Ichika Nito
▶ 登録者数 66.4 万人
https://www.YouTube.com/channel/UCq3Wpi10SyZkzVeS7vzB5Lw

日本人ギタリスト Ichika Nito によるチャンネル。マスロックや Djent 系のアーティストから絶大な人気を誇り、Yvette Young や Polyphia らとのコラボレーションプロジェクトで活躍。複雑なチューニングを施したギタープレイ動画や、ポケモンやゼルダといったゲーム音楽のプレイスルーは必見。

Pete Cottrell
▶ 登録者数 21.8 万人
https://www.YouTube.com/user/peteplaysmusic

ロンドン在住のメタル YouTuber。自身の楽曲を始め、様々なタイプのギターやエフェクターのデモなどがメインであるが、1 時間で Periphery のような楽曲を制作するというチャレンジや、ひとつのリフで Metallica や Gojira などを表現したりと幅広いアイデアで視聴者を楽しませている。

Tim Henson
▶ チャンネル登録者数 15.9 万人
https://www.YouTube.com/c/TimHensonW6RST/videos
Polyphia のギタリスト Tim の個人チャンネル。自身の楽曲のプレイスルーを始め、自由に演奏しながら浮かんだアイデアを形にしていく制作の模様なども配信している。動画数は少なく、積極的に動くチャンネルではないものの、16 歳の頃の Tim のプレイスルー動画や、スマートフォンで撮影したラフな動画なども見る事が出来る。

Keith Merrow
▸ 登録者数 10.4 万人
https://www.YouTube.com/channel/UC4lm0F24fi3uYrzhuSzOaKg

ポートランド在住のスタジオギタリストで、Schecter のシグネイチャーモデル
も出している Keith Merrow の個人チャンネルでは、自身のギターで様々なプレ
イスタイルに挑戦。バンド Alluvial や Conquering Dystopia のプロモーション
も行いつつ、その技術を惜しみなく披露してくれている。

Misha Mansoor
▸ 登録者数 7.74 万人
https://www.YouTube.com/user/MishaMansoor
Periphery のギタリスト Misha の個人チャンネル。バンドアカウントとは別に、
自身のソロプロジェクト Bulb の楽曲制作の模様をライブ配信したり、機材の解
説やプレイスルーに加え、コラボレーションも行っている。内容は非常にマニ
アックで、多くのギタリストやスタジオエンジニア達にインスピレーションを
与えている。

John Browne
▸ 登録者数 3.78 万人
https://www.YouTube.com/channel/UC1VLey4KHEALRvqD3wSiGUA
Monuments のギタリストとして活躍する John Browne の個人チャンネル。陽
気なキャラクターが人気で、自身のスタジオでの作業風景やアンプやエフェク
ターのデモ映像を数多くアップしている。過去の動画を漁ると、ソロ音源や
Monuments のレコーディング風景も見られる。

Kmac 2021
▸ 登録者数 82.3 万人
https://www.YouTube.com/user/Kmac2021
もともとラフなメタルミームを得意とするスコットランド出身面白メタル
YouTuber として人気となり、ビートルズの不気味なカバービデオでフォロワー
を増やした。ナードな見た目からミュージシャンでないのに大きな影響力を持
つようになり、現在ではソロアルバムなどもリリースしている。UK Tech-Fest
2020 からも出演オファーを受けている。

Nik Nocturnal
▸ 登録者数 31.4 万人
https://www.YouTube.com/channel/UCLhcQ0bBZTLipRJ7D42Riow
オンタリオ州出身。メタルコア、デスコア、Djent 系のリアクション動画で話題
となったが、もともとはギタリストとしてリフのアイデアを投稿したり、ドロッ
プチューニングの限界に挑戦するなどしていた面白メタル YouTuber。

Humanity's Last Breath
▸ 登録者数 1.32 万人
https://www.YouTube.com/channel/UCKsHNVAOadrboThsH5qXKTg
メンバーが管理しているバンドアカウントであるが、楽曲を公開するだけでな
く、興味深いギタープレイスルー動画を数多く発表している。レフティギタリ
ストであるが、レフティ用のギターを使用しない独特のスタイルからは、Thall
を生み出した北欧の鬼才っぷりが伺える。

Ola Englund

▶ 登録者数 60.9 万人
https://www.youtube.com/user/fearedse
The Haunted や Feared のギタリストとして活躍する Ola Englund の個人チャンネル。アンプやエフェクターの試奏動画がメインで、ソリッドなリフの作り方などギター初心者でも分かりやすい解説動画が人気。

Beheading The Traitor

▶ 登録者数 18.8 万人
https://www.youtube.com/c/BeheadingTheTraitor/
2011 年から世界中の D.I.Y. メタルコア、デスコアバンドのミュージックビデオ / リリックビデオを紹介し続けているチャンネル。ほぼ毎日アップされる膨大な楽曲の中には、活動を始めたばかりの Novelists や DVSR のミュージックビデオなどがアーカイヴされている。

Djent Compilations

▶ 登録者数 1.01 万人
https://www.YouTube.com/user/principlvideoteka
Djent 系アーティストのプロモーションチャンネルとして始動し、現在では世界中のバンドのリリックビデオやミュージックビデオを紹介している。Best Djent Riffs と呼ばれる人気ビデオシリーズは現在までに 85 回更新されており、有名どころからマニアックなものまでをまとめた動画からお気に入りをクイックに見つけることが出来る。

Djent Worldwide

▶ 登録者数 3.82 万人
https://www.YouTube.com/user/DjentWorldwideTV
2019 年まで活発に動いていたプロモーション・チャンネル。すでに更新は止まってしまっているものの、2010 年代後期の Djent の歴史を知る為の多くの資料が残されている。Hacktivist や Terraform、Reflections が注目を集めたキッカケにもなったチャンネルと言えるだろう。

Everything is Noise (ex. It Djents)

▶ 登録者数 3.11 万人
https://www.YouTube.com/user/ItDjentsTV
It Djents という名前で立ち上げられたプロモーションチャンネルで、2015 年頃から Novelists や Ghost Iris といった Djent バンドのミュージックビデオをアップし続けている。Everything is Noise へと改名し、レーベルのような役割を持ちながら、アンダーグラウンドなプログレッシヴ・メタルコアシーンに貢献し続けている。

Thall TV

▶ 登録者数 1.14 万人
https://www.YouTube.com/user/th0lltv
Thall 系ミュージシャンにフォーカスしたプロモーション・チャンネル。コンスタントにアップされる楽曲はどれも Thall をルーツに持ち、難解なサブジャンルを理解するにはありがたいチャンネルと言えるだろう。更新頻度は低いが、良質な楽曲を発見することも多く、熱狂的なフォロワーを持っている。

Amongst Heroes

Solstice
Independent
2013

2012 年ケベック州モントリオールで結成。ツインボーカルの Bradley Cooper-Graham と George Godoy、ギタリストの Dave Neuman と Kevin Marriott、ベーシスト Frankie Valela、ドラマー Daniel Kat の 6 人体制で活動をスタート。本作は自主制作で発表したデビュー EP だ。一聴すると、スタンダードなメタルコアにも聴こえるが、メロディアスなツインリードの影に隠れるようにして聴こえてくる煌びやかなリフの刻みがサウンドのグルーヴを司っている。派手な楽曲も多いが、基本的にボーカル主体で聴きごたえ十分。

Ascariasis
カナダ

Ocean of Colour
Subliminal Groove Records
2012

2010 年オンタリオ州バーリントンにて結成。ボーカル Evan Watton、Centuries Apart で活躍を開始し、The Afterimage や The Northern での活動でも知られるギタリスト Michael Leo Valeri、ベーシスト Devin Kendall、ドラマー Mark Poelmann を加えた 5 人体制で活動をスタート。デスメタルの影響を色濃く感じるデスコアをベースに、モダンなプログレッシヴ・フレーズを詰め込んだスタイルは非常に個性的。アートワークは Born of Osiris なども手掛けた Cameron Gray が担当。

AURAS
カナダ

Panacea
Independent
2013

2010 年オンタリオ州ウォータールーで結成。ボーカル Eric Almeida、ギタリストの Josh Ligaya と Aaron Hallman、ドラマー Nathan Bulla の 4 人体制で活動をスタート。デビューアルバムとなる本作は、メランコリックなメロディを主体とした緊張感漂うプログレッシヴ・サウンドをプレイ。「Sciolist」では、The Afterimage のボーカル Kyle Anderson、「Aporia」には Intervals のギタリスト Aaron Marshall がフィーチャーしており、シーンの注目度も高かった。

AURAS
カナダ

Heliospectrum
eOne / Good Fight Music
2016

3 年振りのリリースとなったセカンドアルバム。前作『Panacea』リリース後、2015 年に EP『Crestfallen』を発表。ハイクオリティな楽曲が評価され、eOne/Good Fight Music との契約を果たした。本作はプロデューサーに Abandon All Ships との仕事で知られる Anthony Calabretta を起用、ミックスを含むエンジニアリングを Protest the Hero や Intervals を手掛けた Cameron McLellan が担当している。格段にパワーアップしたダイナミズムによって浮かび上がる、きめ細やかなアレンジには脱帽。

AURAS

Binary Garden
eOne / Good Fight Music

2019

３年振りのリリースとなった３枚目フルレングス。本作も eOne / Good Fight Music によってリリースがなされている。Periphery や Textures を彷彿とさせる正統派プログレッシヴ・メタルコアでありながら、ユニークなオーケストレーションによって引き出される AURAS らしさを本作で確立している。MV にもなっているアルバムのリードトラック「Momenta」では、古き良き R&B の香りを漂わせたシンセサイザーの音色が、ふんわりと AURAS サウンドを包み込んでいる。コアなリスナーから絶大な支持を得る彼らは、着実にワールドワイドな人気を獲得している。

Ellipsis

Ancestral
Independent
2013

2013 年トロントで結成。ボーカル Nick Acosta、ギタリストの Luis Briceno と Luc Chiasson、ベーシスト Peter McQueen、ドラマー Jason Drossis の５人体制でデビュー EP となる本作のレコーディングが行われた。Structures や The Afterimage を教科書に奇天烈な展開を彩る複雑なリフワークは美しく、浮遊感のあるメロディも軽やかにリフの上を泳ぎまわる。音源リリース後は大きな動きは無いが、2015 年には新ボーカル Rafael Acosta、Luc、Jason で新バンド Merkaba を結成。

Every Hour Kills

Fragile Machine
Independent
2018

2015 年頃カルガリーで結成。ボーカリスト Jerrod Maxwell-Lyster、ギター / プログラミング Alan Sacha Laskow、ベーシスト Brent Stutsky のトリオ体制で活動を本格化。2015 年にセルフタイトル EP を発表し、本作は彼らのセカンド EP となる。涙を誘うような Djent バラードとも言えるミッドテンポ主体のプログレッシヴ・メタルコアは、エレクトロニックなアレンジが映える展開美を持つ。2020 年には Dayshell や Bloodshot Dawn のメンバーをフィーチャーした４曲入りの EP を発表。

Fall in Archaea

Gatherings
Independent
2011

2007 年ブリティッシュコロンビアで結成。ボーカル Alex、ギタリストの Josh Richardson と Mike Stringer、ベーシスト Marshal、ドラマー Matt の５人体制で活動をスタート。2009 年にデビュー EP『Fall in Archaea』をリリース、自主制作で本作をレコーディングした。不協和音を駆使したマスコアをベースに、さりげない叙情感をプログレッシヴなサウンドの中に落とし込んでいる。Mike は 2015 年から１年間 Iwrestledabearonce のギタリストとしても活動、現在は Spiritbox で活動を続けている。

Galactic Pegasus

Pariah　　　　　　　　　　　　　　　　　2014
Independent

2011 年、ブリティッシュコロンビア州を拠点にギタリスト Andrew Baena のプロジェクトとして始動。2012 年にファースト EP『Mirages』をリリース。ボーカル Trevor、ギタリスト Cooper、ベーシスト Nicholas、ドラマー Dallas を加え、5 人体制で本作をレコーディング。The Acacia Strain を彷彿とさせるタフなリフが凶悪に刻み込まれるデスコアを展開。収録曲「Abyssal Plain」には Enterprise Earth の Dan Watson が参加している。

Hjärna Waves

Copied City　　　　　　　　　　　　　　2018
Independent

2016 年にオンタリオ出身のギタリスト Ty Snow のプロジェクトとして始動。2 枚の EP を制作しながら、ボーカル Jon Doucet とドラマー Brodie Clark が加入、トリオ体制でデビューアルバムとなる本作をレコーディングした。アルバムタイトルにもその影響が反映されている通り、テレビゲーム『NieR: Automata』に影響を受けた世界観を様々なオーケストレーションなどを用いて表現。Vildhjarta を彷彿とさせる重厚なリフと柔和なアンビエントが霧のように漂う。ゲームのファンをはじめ、ニューメタルやデスコアリスナーにもオススメしたい。

Illvsionia

Vrania　　　　　　　　　　　　　　　　2016
Independent

2016 年トロントで結成。女性ボーカル Lyra Von Rose、ギタリスト Jad Sater、ベーシスト James Lee Parker、ドラマー Josiah Clelland の 4 人体制で活動をスタート。本格派の Lyra のボーカルを要としながら、ハーモニーを全面に押し出したギターフレーズがグイグイと楽曲をリードする神秘的なサウンドが興味深い。2017 年に解散を発表。Lyra はタトゥーの彫師やアクセサリーのデザイナーの仕事を行っている。

Intandem

Intandem　　　　　　　　　　　　　　　2012
Independent

2008 年ハミルトンで結成。Threat Signal の初期メンバーで、2007 年まで活動していたギタリスト Kyle McKnight を中心に、ボーカル Adam Matthews、ギタリスト Mat Reeves が集まり、トリオ体制で活動をスタート。Threat Signal でも感じる事の出来るグルーヴメタル / メタルコアをベースとしながら、反復するソリッドなリフがじわじわと楽曲のボルテージを上げていく。力強いボーカルも、存在感抜群。本作後はアルバムのリリースも告知されていたが、2016 年に解散してしまった。

Intervals

A Voice Within　　　　　　　　　　　　　　2014
Basick Records

2011 年オンタリオ州トロントを拠点に、Speak of the Devil で活動していたギタリスト Aaron Marshall のソロプロジェクトとして始動。2011 年にデビュー EP『The Space Between』、翌年にはセカンド EP『In Time』を発表。これまでインストだったが、本作制作前に The HAARP Machine のボーカル Mike Semesky が加入している。声を振り絞るように歌い上げる Mike のボーカルが、縦横無尽に駆け巡る Periphery を彷彿とさせるサウンドで話題をさらった。

Intervals

The Shape of Colour　　　　　　　　　　　2015
Independent

前作から 2 年振りのリリースとなったセカンドアルバム。2014 年に Mike が脱退し、再びインストバンドとなり、再出発。しかし翌年、Aaron を除くメンバーが脱退。本作は Protest the Hero のベーシスト Cameron McLellan と、Periphery や Sky Eats Airplane で活躍し、当時 Darkest Hour のドラマーだった Travis Orbin をスタジオメンバーとして迎えてレコーディングが行なわれた。Aaron のギタープレイを軸としながら、グルーヴィに展開するプログレッシヴ・サウンドは、多彩なエフェクトによって追求される Djent なフレーズを楽しむ事が出来る。

Intervals

The Way Forward　　　　　　　　　　　　2017
FACTOR / Red Room Project

ソロとなり、勢いを増した Intervals の 2 年振り 3 枚目フルレングス。すべての楽曲制作を Aaron が行い、Owane と共にサウンドデザインを構築。ベーシストには Cameron McLellan、ドラマーには Nathan Bulla が参加する形でレコーディングが行なわれた。アートワークに写るユートピアで鳴らされるムーディなサウンドトラックのように、エレガントなギターワークを軸に重なり合う細やかなメロディの数々が、ダイナミックなグルーヴィ・プログレッシヴ・フレーズの中に散りばめられている。

Intervals

Circadian　　　　　　　　　　　　　　　　2020
Sheet Happens Publishing

3 年振りのリリースとなった 4 枚目フルレングス。本作はベーシストに Jacob Umansky、ドラマーに Nathan Bulla をゲストに迎え、Silverstein などを手掛けた Sam Guaiana と Aaron による共同プロデュースで制作されている。また、サウンドデザイナーを起用したり、アルバムのアートワークなどデザインにおいては Circa Cirvive の Colin Frangicetto が参加するなど、これまでにない Intervals らしさを打ち出す事に挑戦している。「5-HTP」など爽やかなメロディを艶やかなグルーヴに乗せて軽やかにダンスするおしゃれな一枚。

Of Burning Empires

カナダ

Everless
Independent
2014

2011年オタワで結成。ボーカル Jaz Parsons、ギタリストの Billy Melsness と Benjamin V. Cooligan、ベーシスト John Tesla、ドラマー Paolo Pace、キーボード Robin Parsons の6人体制で活動をスタート。デビュー EP となる本作は、We Came as Romans や The Word Alive を彷彿とさせるポストハードコアサウンドに、テクニカルなフレーズを差し込みながらドラマティックに展開。2015年に解散を発表し、数名が新しく Vesuvius を結成した。

Of Temples

カナダ

Dreamers
Independent
2012

2011年ケベック州モントリオールで結成。ボーカル Andrew Arsenault、ギタリストの Alexandre Gravel と Vincent Lafortune、ベーシスト Alex Godard、ドラマー Micheal Rea の5人体制で活動をスタート。Volumes をお手本にキャッチーな刻みに重きを置いたバウンシーなメタルコアをプレイ。2014年にはセカンド EP『The Decline』をリリースするが、2015年に解散。Andrew はその後、Amongst Heroes に加入している。

Pomegranate Tiger

カナダ

Boundless
Independent
2015

2008年、オンタリオ州ウィンザー在住のギタリスト Martin Andres のソロプロジェクトとして始動。当時は Rock-a-saurus Rex と名乗っていたが、2010年に Pomegranate Tiger へ改名。2013年にデビューアルバム『Entities』のリリースを経て完成させたセカンドアルバム。Adam Getgood がミックス／マスタリングを担当した本作は、細部にまでアレンジが施されたハイクオリティなインストゥルメンタル・プログレッシヴ・メタルコア。ソロであるからこそ表現することが出来るヘヴィネスやグルーヴのアイデアが豊富な作品。

Sky Written

カナダ

Thrive
Independent
2013

2013年オンタリオ州キッチナーで結成。ボーカル Nick Acosta、ギタリストには Bound by Origins の Braeden と Cautionary Visionary の Brad、ベーシスト Eric Gonsalves、ドラマー Sean Curry の5人体制で活動をスタート。Elitist や Sailing Before the Wind を彷彿とさせるツインリードを軸としたプログレッシヴ・メタルコアをプレイ。ダイナミックなリフは繊細にエディットされた Nick の咆哮と相まって、熱狂的な世界観を生み出す。

Skynet

カナダ

Skynet 2012
Independent

2010年オンタリオで結成。ボーカルBlake、ギタリスト/ボーカルAdrian、ベーシストPete、ドラマーFraserの4人体制で活動をスタート。当初はIslandsというバンド名で活動していたが、本作リリース前に改名。本作は2012年にIslandsとしてリリースしたEP『Waves』にいくつか新曲とLimp Bizkitの「Break Stuff」のカバーを加えた作品である。OceanaやWe Came as Romansといったポストハードコア系統のクリーンパートが心地良く、Volumes直系のエッジの効いたリフも癖になる。

Solace

カナダ

Call & Response 2012
Independent

2008年、レジャイナを拠点にMisery SignalsのKarl Schubachのソロプロジェクトとして始動。2010年にMyspaceで公開したFear Factoryの「Pisschrist」のカバーが話題となり、Misery Signalsのツアーがオフの期間を利用して制作したデビューアルバム。センチメンタルなメロディック・ハードコアと、プログレッシヴ・メタルコアを融合させた泣きメロと激情的なリフワークが印象的。「Stockholm Syndr(h)ome」や「Judgement Night」などMisery Signalsを彷彿とする楽曲も多く、バンドのファンからも好評価を得た。

Structures

カナダ

Divided By 2011
Sumerian Records

2009年トロントで結成。ボーカルNick Xourafas、ギタリストのSpyros GeorgiouとBrendon Padjasek、ベーシストSpencer MacLean、ドラマーAndrew McEnaneyの5人体制で活動をスタート。当初はCharitysという名前で活動していたが、デモ音源をリリースした後、Structures（Struc/turesとも表記される）に改名。2010年には自主制作EP『All of the Above』を発表。A Textbook TragedyのChristopherがゲスト参加するなどし、デビューから高評価を得た。本作からSumerian Recordsと契約、プロデューサーにはWill Putneyを起用、ミックス/マスタリングまでを担当している。ローチューニングを施した殺傷能力の高いヘヴィリフがパワフルに刻まれるメタルコア・サウンドは、デスコアやカオティックハードコア、ポストハードコアやサザンメタルコアにも接近しながら、目まぐるしく転調する独創性のあるプログレッシヴ・スタイルを披露。ゲストボーカルにはDespised IconのAlexやIon DissonanceのKevin、EmmureのFrankieらが参加しているのも面白い。セールスも良く、Billboard US Heartseekersで12位にランクインした。

Structures

Life Through a Window

Sumerian Records — 2014

３年振りのリリースとなったセカンドアルバム。前作『Divided By』発表後は Parkway Drive や Emmure、Veil of Maya や Vildhjarta と共にヨーロッパツアーを経験。地元カナダでは Texas in July や Intervals らとツアーを行うなど、トップシーンで活躍を果たした。本作レコーディング前にメンバーのラインナップチェンジがあり、Nick と Spence が脱退を表明。正式なベーシストは迎えず、また Brendon はボーカルとギターを兼任する形でトリオ体制となった。プロデュース / エンジニアリングは引き続き Will が担当し、ベースは Will と共にプロデュースに携わった Randy Leboeuf が務めた。暴虐的なカオティックフレーズはやや影を潜め、ソリッドなヘヴィメタルコアへとアップデート。アップテンポかつキャッチーなボーカルが映える「Nothing to Lose」は、細部までエディットされたギターフレーズが驚異的なグルーヴを生み出し、味付け程度に組み込まれた叙情的なメロディも上手く馴染んでいる。新しい Structures サウンドにも最適なゲスト陣が参加しており、Stray From the Path の Drew や Northlane の Adrian がボーカルとしてアルバムに花を添えている。残念ながら 2014 年末に活動停止を発表。現在もシーンに影響を与え続けている。

The Afterimage

カナダ

Eve

Tragic Hero Records — 2018

2011 年、オンタリオ州バリーで結成。ボーカリスト Kyle Anderson、ギタリストの Alex Lappano と Michael Leo Valeri、ベーシスト Dallas Bricker、ドラマーの Nick McCaslin の５人体制で活動をスタート。2006 年から活動していた Centuries Apart（ex. the Memphis West）が母体となっており、前後に在籍していた Kyle、Sam Jacobs、Michael が中心となって制作活動を行い、2012 年に Famined Records からデビュー EP『Formless』をリリース。この作品をキッカケに 2015 年に Tragic Hero Records へ移籍し、セカンド EP『Lumière』を発表。この作品は日本の Garimpeiro Records からもリリースされており、国内外問わず大きな話題となった。デビューアルバムとなる本作からギタリストに Liam Beeson とドラマー Rob Zalischi が加入。プロデューサーに Sam Guiana を起用し、レコーディングが行われた。ハイトーンとシャウトの対比がドラマティックなメタルコアが、バラエティに富んだプログレッシヴなアレンジによってダイナミックに展開。現在は Brand of Sacrifice へと転身し、活動中。

The Healing

Elevate	2016
Subliminal Groove Records	

2013年オンタリオ州ロンドンで結成。ボーカル Kris Garant、ギタリスト Joe Garant、ベーシスト Jason Dykeman、ドラマー Ned Skiffington の4人体制で活動をスタート。2014年にファースト EP 『Transcendence』をキッカケに Subliminal Groove Records と契約を果たした。Erra をお手本に地に足のついたグルーヴを軸に、燦々と輝くクリーンボーカルが印象的。アートワークは同郷のバンド The Burden の Ross Vanosch が担当している。

The Healing
カナダ

Hollow Earth	2018
Independent	

2年振りのリリースとなったセカンドアルバム。本作は Kris がエンジニアリングを務め、ミックス / マスタリングまでを務めている。Northlane を彷彿とさせるポストハードコアとプログレッシヴ・メタルコアを完璧な割合でミックス。シンプルにまとめられたバウンシーなリフと、滑らかなハイトーンヴォイスの対比が心地良い「Phantom Self」は彼らの代表曲。耳に残るグルーヴィなナンバー「Mirror Eyes」も、メランコリックなメロディが他にはない The Healing らしさに溢れている。

The Luminary
カナダ

Collective Unconscious	2015
Independent	

2014年オンタリオ州ロンドンで結成。ボーカル Alex Telfer、ギタリストの Kyle Collins と Jake Stolee、ドラマー Chad Stevens の4人体制で活動をスタート。本作は2015年にリリースしたファーストフルアルバム。The Healing の Kris がミックス / マスタリングを手掛けた本作は、Erra や After the Burial といった Djent トップバンドをお手本に派手なリフワークがメロディアスに刻み込まれ、浮遊感を漂わせてドラマティックに展開する。

The Northern
カナダ

Imperium	2013
Independent	

2013年オンタリオで結成。ボーカル Nick、ギタリストの Michael Leo Valeri と Michael Di Domenico、ベーシスト Evan Watton、ドラマー Sean Curry の5人体制で活動を本格化。デビュー EP となる本作は、ストップ & ゴーを繰り返すトリッキーな展開が癖になるメロディック・プログレッシヴ・メタルコア、ブルータルなブレイクダウンはダウンテンポ・デスコア級だ。シングルリリースを続けながら活動を続けるが、2014年に解散を発表。

The Northern

Solstice 2017
Tragic Hero Records

解散発表からすぐにメンバー・ラインナップを整え、2016 年には Tragic Hero Records との契約を発表。ボーカル Nick、ギタリストの Eric Leblanc と Jordan Gallant、ベーシスト Gordon Campbell、ドラマー Adam Linka の 5 人体制でレコーディングが行われた本作は、強烈なブレイクダウンを搭載したダイナミックなサウンドで話題となった。また、メロディセンスも良く、収録曲「Nauticus」には A Skylit Drive の Michael Labelle がゲスト参加。ポストハードコアシーンからも高い評価を受けた。

The Parallel

カナダ

Embark 2015
Subliminal Groove Records

2013 年にトロントで結成。ボーカル Matt Johnston、トリプルギタリストの Luke Snider、Brett Cox、Brandon Kirwin、ベーシストに Cam Snooks、ドラマー Blake Snider の 6 人体制で本格的に始動。Will Putney がマスタリングを務めた本作は、同郷の Structures を彷彿とさせるヘヴィネスと、センチメンタルなメロディが緊張感を持ちつつ展開。AURAS の Eric がフィーチャーした「Pendulum」は、The Parallel の魅力が存分に詰まった代表曲。現在もコンスタントにシングルリリースを続けている。

Threat Signal

カナダ

Under Reprisal 2006
Nuclear Blast Records

2003 年、オンタリオ州ハミルトンで結成。ボーカル Jon Howard、ギタリストの Kyle McKnight と Rich Howard、ベーシスト Marco Bressette、ドラマー George Parfitt の 5 人体制で本格活動。デモ音源をキッカケに、Nuclear Blast Records と契約。Fear Factory のベーシスト Christian Olde Wolbers をプロデューサーに迎え、レコーディングが行なわれた。Fear Factory を彷彿とさせる無機質なソリッドリフのタイトさを Soilwork に注入したようなハイブリッドサウンドで話題となった。

Threat Signal

カナダ

Vigilance 2009
Nuclear Blast Records

3 年振りのリリースとなったセカンドアルバム。大幅なメンバーチェンジがあり、ギタリストに Adam Weber と Travis Montgomery、ベーシスト Pat Kavanagh、ドラマー Norman Killeen が加入。オリジナルメンバーはすでに Jon だけ。レコーディングでは Jon もギターをプレイしている。ゴリゴリと刻み込むワイルドなリフワークが、メロディック・デスメタルを何倍にもヘヴィに聴かせてくれる。Djent なフレーズをたっぷりと詰め込んだ「United We Stand」は必聴。

Threat Signal

Threat Signal
2011
Nuclear Blast Records

2 年振りのリリースとなった 3 枚目フルレングス。本作から Darkest Hour で活躍したギタリスト Kris Norris、同じくギタリストに Chris Feener、ドラマー Alex Rüdinger が加入している。プロデューサーには Chimaira や Hatebreed、Born of Osiris などを手掛けた Christopher Harris（通称 Zeuss）を起用し、レコーディングが行なわれた。収録曲「Comatose」他、時折 Meshuggah サウンドに接近しながら、ダイナミックなリフを刻み込んでいくメロディック・デスメタルをプレイ。

Threat Signal

Disconnect
2017
Agonia Records

6 年振りのリリースとなった 4 枚目フルレングス。Jon、Travis、Pat 以外のメンバーが脱退。ギタリストに Matt Perrin が加入し、ドラマーはクレジットされておらず、4 人体制となった。Jon と Travis によってプロデュースが行われ、Mark Lewis がミックス / マスタリングを務めている。老練技の光る極上のメロディック・デスメタル / メタルコア・サウンドは底知れぬ味わい深さがあり、オープニングトラックの「Elimination Process」やリリックビデオになっている「Exit the Matrix」など、Threat Signal にしか鳴らせない唯一無二のサウンドに脱帽。

Vesuvius

My Place of Solace And Rest
2016
Tragic Hero Records

Of Burning Empires 解散後、2012 年オタワで結成。シャウトボーカルの Billy Melsness とクリーンボーカルの Ben Cooligan、キーボードとターンテーブルを兼任する Robin Parsons の 3 人を中心に活動がスタートし、2014 年にドラマー Carter Peak、2015 年に Michael Luc Malo が加入し本格的に制作活動が始まった。Tragic Hero Records と契約しリリースされた本作は、ダークなオーケストレーションをふんだんに盛り込んだヘヴィなメタルコアをプレイ。本作以降目立った活動はしていない。

From Alaska

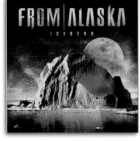

Iceberg
2014
Independent

2009 年シナロアで結成。ツインボーカルの Victor と Jefte、ギタリストの Jose と Nico、ベーシスト Efren、ドラマー Jesus の 6 人体制で活動をスタート。ハイとローのピッチボーカルが交互に入れ乱れ、それに触発されるように跳ねるグルーヴィーなメタルコアをプレイ。みずみずしいシンセサイザーの音色が From Alaska サウンドを個性的に彩る。アートワークはメキシコのデスコア番長 Here Comes the Kraken も手掛けた Heroe Anonimo が担当した。2015 年に EP『Atalaya』をリリースした後、解散してしまった。

Code 3-7

Main Entrance
Independent
2012

2009 年、サンパウロ在住のギタリスト Michel Oliveira のソロプロジェクトとして始動。2011 年にデビュー EP 『Code 3-7』を発表すると、ベーシスト Wallace Ribeiro、ドラマー Rafael Cardoso を加え、活動を本格化させる。Uneven Structure や Vildhjarta に影響を受けたと公言する通り、多弦ギターによる重低音リフとシンコペーションを多用した複雑なリズムが Code3-7 のチャームポイント。インダストリアル成分を注入する事で、緊張感のある近未来的な雰囲気に仕上がっている。

Vitalism

Causa
Subliminal Groove Records
2015

2014 年、リオデジャネイロ在住のギタリスト Ed Garcia のプロジェクトとして始動。ギタリスト Lucas Moscardini、ベーシスト Marcelo Braga、ドラマー Ali Ahmed が参加し、レコーディングが行なわれた。同年にデビューシングル「Gradus」を制作、Subliminal Groove Records と契約し、本作を発表した。ボサノヴァやフラメンコのサウンドを挟みつつ、Structures にも似たヘヴィなグルーヴが心地良く鳴り響く。

reg3n

Flesh Casket
Independent
2019

2015 年アルゼンチンで始動したソロプロジェクト。同年デビュー EP 『Perpetual Bloom』をリリース。本作までに 8 枚もの EP を制作した。強烈な孤独から産み落とされる漆黒のグルーヴメタルサウンドは、Humanity's Last Breath を彷彿とさせる Thall がはらわたに響き渡る。「Schwag Hash」では Meshuggah に対抗する程に、ヘヴィなリフをたっぷりと味わうことが出来る。2021 年 2 月には『Chainsaw Reaction』をリリース。カオティックかつインダストリアルなアレンジを深化させ、reg3n ワールドを極め続けている。

Coprofago

Genesis
Independent
2000

1993 年サンティアゴにて結成。バンド名は "Copro=Shit" をもじったもの。結成からデビューアルバムとなる本作までに 2 枚の EP をリリース。ギター / ボーカルの Sebastián と Pablo、ベーシスト Rodrigo、ドラマー Marcelo の 4 人体制でレコーディングを行った。Meshuggah を彷彿とさせるポリリズムを使用したグルーヴサウンドは、プログレッシヴデスメタルの核として圧倒的な存在感を見せつける。ゴリゴリとしたベースラインが印象的。2005 年にセカンドアルバム『Unorthodox Creative Criteria』発表後は目立った活動が行われていない。

代表的なDjentバンド達、そのサウンドを数値化してみた

代表的な Djent バンドには、それぞれ特徴がある。Djent の定義は非常に曖昧だし、今では Djent 的であれば、それは Djent であるとする流れがある。そこで、大まかに Djent の特徴的な部分をそれぞれ数値化し、類似アーティストを並べてみた。Djent のどの要素が好きなのかを把握しておき、ディスクレビューを読み込むと面白いだろう。なおあくまでも筆者の主観的な感じ方によるもので、厳密に音響機器を用いて音波や周波数を計測したわけではない。● 類似バンド ● 解説

● Omega Diatribe、Barus、Humavoid、Car Bomb、Intensive Square
● プログレッシヴなグルーヴの独創性において、右に出るものはいないだろう。細部までこだわったデザイン・ディレクションも Meshuggah の魅力であり、Djent のみならず多くのメタルサブジャンルの形成に影響をもたらしている。

● Erra、Unprocessed、Modern Day Babylon、Architects
● Djent のスタンダードと言えるサウンドを作り上げた彼らは、各パートの持つタレント性 / カリスマ性が強い為、Periphery クローンと呼ばれるバンドは少ない。Djent を聴き始める人はまず Periphery をチェックし、そこから好みを探してみると良いだろう。

● Periphery、Fellsilent、Ghost Iris
● 現在 Djent と呼ばれるサウンドのスタンダードを作った Periphery と同時期に活躍。ヨーロッパの Djent ムーヴメントのはじまりを支え、ヨーロッパを拠点とする Djent バンドのスタンダード形成に影響をもたらしたバンドと言える。Periphery との違いを聴き比べながら、自分の好きなポイントを探るのも面白いだろう。

● Skyharbor、The Contortionist、Leprous、Uneven Structure
● クラシカルなプログレッシヴの香りは、伸びやかなハイトーンボーカリストを有するバンドで、同系列で語られる The Contortionist と共に Djent の可能性が広がっていく中で誕生したサウンドと言えるだろう。ポストロックやアンビエントとのクロスオーバーも後続に刺激を与えている。

Erra

テクニカル度 / 芸術性 / プログレッシヴ度 / メタル度 / クリーン度合 / スピード感 / グルーヴ感 / おしゃれ度 / ロック度 / アトモスフェリック感 / メロディック感 / 叙情感

- Invent、Animate、Northlane、Novelists FR、Silent Planet、Polaris、The Altruist、The Earth Laid Bare
- Periphery 以降に誕生した現代の Djent スタンダードとも言えるメロディアスなリフとアトモスフェリック感を取り入れたサウンドの代表格。叙情的なメロディーはポストハードコアとの親和性もあると言えるだろう。

Veil of Maya

テクニカル度 / 芸術性 / プログレッシヴ度 / メタル度 / クリーン度合 / スピード感 / グルーヴ感 / おしゃれ度 / ロック度 / アトモスフェリック感 / メロディック感 / 叙情感

- The Faceless、Within the Ruins、Structures、Fallujah、Sentients
- ブルータルデスコアから始まり、プログレッシヴデスコアからプログレッシヴ・メタルコアへと変化してきた。デスメタリックな暴虐性をプログレッシヴに表現するテクニックが評価され、Meshuggah の系譜とは違ったブルータルさは独創的。

Vildhjarta

テクニカル度 / 芸術性 / プログレッシヴ度 / メタル度 / クリーン度合 / スピード感 / グルーヴ感 / おしゃれ度 / ロック度 / アトモスフェリック感 / メロディック感 / 叙情感

- Humanity's Last Breath、Meshuggah、Reflections、Fractalize、Kmac2021
- Thall と呼ばれる Djent から派生したスタイルを鳴らし、Fractalize など多くのフォロワーを生み出した。ブラックメタルやドゥームメタルにも接近する漆黒のサウンドスケープが特徴だ。

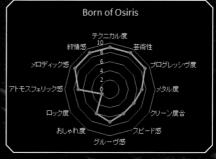

Born of Osiris

テクニカル度 / 芸術性 / プログレッシヴ度 / メタル度 / クリーン度合 / スピード感 / グルーヴ感 / おしゃれ度 / ロック度 / アトモスフェリック感 / メロディック感 / 叙情感

- The Voynich Code、Shokran、The HAARP Machine、Circle of Contempt、Inventure
- シンフォニック・デスコア / メタルコアとして語られることが多いが、プログレッシヴ・メタルコア /Djent としても彼らの残した功績は大きいだろう。オリエンタルなオーケストレーションをバックに、ソリッドな刻みがプログレッシヴに展開していくのが特徴。

Volumes

テクニカル度・芸術性・プログレッシヴ度・メタル度・クリーン度合・スピード感・グルーヴ感・おしゃれ度・ロック度・アトモスフェリック感・メロディック感・叙情感

After the Burial

テクニカル度・芸術性・プログレッシヴ度・メタル度・クリーン度合・スピード感・グルーヴ感・おしゃれ度・ロック度・アトモスフェリック感・メロディック感・叙情感

● Structures、Hacktivist、DVSR、Alpha Wolf、Prompts

🎵 初期の頃から一貫して Volumes らしさとして大切にされているのは、なんといってもグルーヴだ。ハードコアを強いルーツに持ち、ヒップホップにも接近しながら Periphery や After the Burial とは違った Djent 感を作り上げてきた。

● Erra、Breakdown of Sanity、August Burns Red、Crystal Lake、The Ghost Inside

🎵 Djent なリフはシンプルかつキャッチー。メロディックメタルコアをベースとしており、August Burns Red や Texas In July、Fit For a King などが好きなリスナーが Djent を聴き始めるのにぴったりなサウンドと言える。

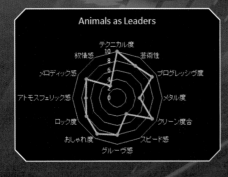

Animals as Leaders

テクニカル度・芸術性・プログレッシヴ度・メタル度・クリーン度合・スピード感・グルーヴ感・おしゃれ度・ロック度・アトモスフェリック感・メロディック感・叙情感

Polyphia

テクニカル度・芸術性・プログレッシヴ度・メタル度・クリーン度合・スピード感・グルーヴ感・おしゃれ度・ロック度・アトモスフェリック感・メロディック感・叙情感

● Between the Buried and Me、The Illusive、Rxyzyxr、Scale the Summit

🎵 フォロワーすら生み出さない独自性を持ち、類まれなテクニックとスタイリッシュなヴィジュアルは目をみはるものがある。ジャズやフュージョンを始め、多彩な音楽のエッセンスをちりばめ体現するセンスは、多くのバンドのインスピレーションの源になっている。

● CHON、Covet、Plini、Sithu Aye

🎵 Animals as Leaders 以降の新たな Djent の潮流として、マスロックとのクロスオーバーが行われた。その代表的なバンドが Polyphia であり、ジャズやフュージョン、Lo-Fi などを組み込みながら新たなシーンを形成している。

黒いコスチュームで身を包むオーストラリアの巨星

Northlane

- 🕐 2009 年
- 🎧 リスナー：142.1K　Scrobble：8.6M
- 🌐 ニューサウスウェールズ州シドニー
- ◎ ① Bloodline ② 4D ③ Quantum Flux

　Northlane は、2009 年にシドニーを拠点に結成された。ボーカリスト Adrian Fitipaldes、ギタリストの Jon Deiley と Josh Smith、ベーシスト Alex Milovic、ドラマーの Brendan Derby の 5 人で活動をスタート。バンド名は Architects の楽曲「North Lane」に由来している。2010 年にリリースしたデビュー EP『Hollow Existence』は高く評価された。ドラマーが Nic Pettersen へと代わり、2011 年には UNFD と契約。11 月にはデビューアルバム『Discoveries』を発表した。このアルバムはオーストラリアの音楽チャート ARIA にもランクイン。Parkway Drive の Sick Summer Tour に帯同アクトとして抜擢されるようになった。

　2013 年にはアルバム『Singularity』をリリース。オーストラリアの人気ラジオ局 Triple J の年間ベストアルバムにもランクインし、オーストラリアのメタルコアシーンのトップへと躍り出た。Bring Me the Horizon のツアーに参加し、その後は Architects と共に 1 ヶ月以上にも及ぶヨーロッパツアーも成功させた。2014 年には Free Your Mind というフェスティバルを主催し、Thy Art is Murder らをサポートに迎え、成功させた。

　2014 年 9 月、ボーカリストの Adrian が健康上の理由により脱退。その後、Marcus Bridge が加入し、2015 年 7 月にアルバム『Node』を発表。オルタナティヴ・メタルサウンドとクロスオーバーし、オリジナリティを確固たるものにした。2016 年には In Hearts Wake とコラボレーション EP『Equinox』を制作。この頃から、Northlane のステージ衣装が大きく変わり、黒いマスク、黒のロングコートなど全身真っ黒になった。このスタイルは 2010 年代後半に登場する Alpha Wolf などの多くのメタルコアバンドにも影響を与えた。

Northlane

Discoveries
UNFD / Distort

2009 年シドニーで結成。ボーカリスト Adrian Fitipaldes、ギタリストの Jon Deiley と Josh Smith、ベーシスト Alex Milovic、ドラマー Brendan Derby の 5 人体制で活動をスタート。バンド名はメタルコアバンド Architects の曲名「North Lane」が由来となっている。2010 年に発表したデビュー EP 『Hollow Existence』を経て、UNFD と契約を果たした。このタイミングでベーシスト Simon Anderson とドラマー Nic Pettersen が加入、プロデューサーに Shane Edwards と Dave Petrovic を起用し、ミックス / マスタリングは Will Putney が担当した。彼らの代表曲とも言えるオープニングトラック「Dispossession」は、クリスピーな Djent リフから静かに幕を開け、もの悲しげなメロディによってじりじりと展開。叙情的な Adrian のボーカルとシリアスなサウンドが胸を締め付けていく。アルバム・タイトルトラックの「Discoveries」では、満天の星空の如く光り輝くメロディを散りばめたインストで、後半にかけて壮大にスケールアップしながら、エモーショナルにリフを刻む隠れた名曲。

Northlane

Singularity
UNFD / Rise Records / Distort

2 年振りのリリースとなったセカンド・フルアルバム。本作からベーシストに Alex Milovic に交代、前作『Discoveries』でミックス / マスタリングを務めた Will Putney がプロデュースからミックス / マスタリングまでを務め、エンジニアリングは Randy Leboeuf が手掛けた。雪崩のように押し寄せるプログレッシヴなリフは、荒々しいドラミングと絶妙に絡み合いながらグルーヴを生み出し、ハイとローを巧みに使い分ける Adrian のボーカルで展開していく。Northlane らしいメランコリックなメロディフレーズも多彩だ。Stray From the Path の Drew York がゲストボーカルとして参加した「Masquerade」は、ダイナミックなブレイクダウンを組み込んだダンサブルな一面も持つ。ミュージックビデオになっている「Quantum Flux」は、当時の Northlane を象徴するサウンドを鳴らし、フォロワーを生み出すほどの影響力を持っていた。リリース前には特設サイト「Singularity2013.com」が立ち上がり、そこには暗号のようなものが表示されるというミステリアスなもので、多くのファンが解読し、トラックリストが何であるかを導き出したという。こうした試みも相まって本作はシーンで爆発的なヒットを記録した。

Northlane

Node
UNFD / Rise Records / Distort

2015

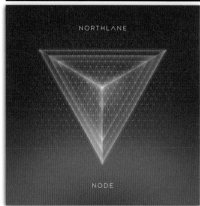

2年振りのリリースとなった3枚目フルレングス。2014年に Adrian が脱退。新たに Marcus Bridge が加入している。プロデューサーはおなじみの Will Putney でミックス／マスタリングまでを担当、エンジニアリングは Randy Leboeuf と Steve Seid が施した。また、Northlane のヴィジュアルイメージを決定付けた印象的なアートワークは、Patrick Galvin が務めている。ミュージックビデオになっているリードトラック「Obelisk」のアトモスフェリックなサウンドは緊張感があり、落ち着いたトーンで淡々と刻み込まれるリフが爽やかな風を吹かす。後にライブを盛り上げるバンドの代表曲になっていく「Impulse」は、ダイナミックなプログレッシヴリフと Marcus のパワフルなスクリームが癖になるバウンシーな仕上がりとなっている。彼らの魅力であるメランコリックな旋律は、増大したアトモスフェリックなアレンジと相まって、これまで以上に叙情的なサウンドを作り出すことに成功。オーストラリアの音楽チャート ARIA では1位を記録、Billboard 200 にも194位にランクインした。2016年には来日が実現。

Northlane

Mesmer
UNFD / Rise Records / Distort / New Damage Records

2017

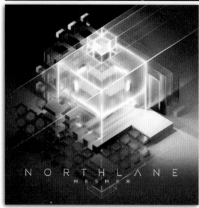

2年振りのリリースとなった4枚目フルレングス。2016年には同郷の In Hearts Wake とスプリット EP『Equinox』を発表。本作は特殊なプロモーションでリリースされており、発売当日まで一切の事前告知をせずに行なわれた。多くのファンが驚いた本作は、これまでプロデュースを務めてきた Will ではなく、70年代から活躍するベテランプロデューサー David Bendeth を起用。Brian Robbins や Mitch Milan がエンジニアリングをサポートし、マスタリングは Ted Jensen が担当した。オープニングトラックであり、本作の Northlane サウンドの典型「Citizen」は、Oceana や Dance Gavin Dance らポストハードコア／プログレッシヴ・ロックの流れを感じさせる滑らかなボーカルワークを軸に、もやのかかったサウンドスケープの中をダンスするように鳴らされるリフグルーヴが印象的だ。ゴリゴリとローの効いたリフがうねるベースラインと波打つように押し寄せる「Intuition」はフロアを盛り上げるキラーチューン、とろけるようにソウルフルな Marcus のボーカルを前面に押し出したスローナンバー「Solar」など、ジャンルを超越した魅力がたっぷり詰まった作品。

Northlane

Analog Future
UNFD
2018

Northlane のキャリア史上初となるライブアルバム。2017 年の 8 月からスタートした「Mesmer World Tour」の模様をレコーディングしたもので、彼らの地元シドニーやメルボルン、ブリズベンでのショウを始め、イギリス、アルゼンチン、フランス、ドイツ、スコットランドといったヨーロッパ諸国からのベストテイクを選曲、Jared Daly がミックスし、Chris Blancato がマスタリングを施した。Marcus が盛り上げるフロアのボルテージの熱量が感じられる作品になっており、500 枚限定でヴァイナルリリースも行なわれた。

Northlane

Alien
UNFD / Rise Records
2019

2 年振りのリリースとなった 5 枚目フルレングス。これまで名だたるプロデューサーと共にレコーディングを行ってきたが、本作はバンドによるセルフプロデュースで、シドニーにある Chris Blancato's Studio で制作が行なわれた。Marcus のボーカルのみ別のスタジオで録音された。ミックスは Adam Getgood が行い、マスタリングは Ermin Hamidovic が手掛けた。これまでの Northlane サウンドのルーツになっていたメタルコアから脱却、よりオルタナティヴに傾倒し、多彩なエレクトロニック・エレメンツを散りばめた実験的な作品になっている。先行シングルとして発表され、ミュージックビデオにもなっている「Bloodline」では、神秘的なオーケストレーションが Northlane サウンドを包み込み、大胆にエレクトロニックに傾倒した「4D」は、Dubstep を組み込んだブレイクダウンが地鳴りのようなヘヴィネスを生み出す。大胆なスタイルチェンジではあったが、斬新なアレンジによって引き出された確かなグルーヴとヘヴィネスを感じることができ、後続のフォロワー達にも数多くのヒントを与えることになった作品と言えるだろう。ARIA チャートでは 3 位を記録、Billboard 200 では 92 位にランクインした。

Northlane

Live At The Roundhouse
UNFD
2020

2018 年にリリースした『Analog Future』以来、2 年振りにリリースされたセカンド・ライブアルバム。前年に発表したアルバム『Alien』のオーストラリアツアーにて、Northlane の地元にある Roundhouse という大規模会場で行われた公演が収められている。オープニングを飾る「Talking Heads」から観客のボルテージは最高潮に達し、その歓声もしっかりと収録。ラストを飾る「Quantum Flux」まで、完璧なパフォーマンスを聴かせてくれる。この公演は、2021 年に映像作品としても発表され、Northlane の YouTube アカウントから視聴する事が可能。

Circles

The Compass 2011
Basick Records

2009 年メルボルンで結成。ボーカル Perry Kakridas、ギタリストの Matty Clarke と Ted Furuhashi、ベーシスト Drew Patton、ドラマー Dave Hunter の 5 人体制で活動をスタート。2010 年にデモ『Prelude』発表後、Basick Records と契約し、本作をレコーディングした。Periphery に代表されるようなクリーンボーカルが楽曲の要となるプログレッシヴ・メタルコアをベースとし、スタイリッシュかつワイルドなグルーヴを織り成すドラミングと刻みが鮮やかだ。現在は Season of Mist へ移籍している。

DVSR

D.V.S.R. 2015
Independent

2013 年シドニーで結成。ラップボーカル Matthew Youkhana、ギタリストの Andrew と Alessandro、ベーシスト Adrian、ドラマー Matthew の 5 人体制で活動をスタート。当初は Devastator という名前でシングルをリリースしていたが、同名バンドがいた事から、2015 年に改名し、本作を制作している。ラップメタルやニューメタルコアと呼ばれるサウンドに Djent のエッセンスを注入したサウンドは、イギリスの Hacktivist に近いだろう。楽曲「Remission」には Novelists の Matt がゲストボーカルとして参加している。

I Built the Sky

The Sky is not the Limit 2016
Independent

2012 年、メルボルン在住のギタリスト Rohan Stevenson のソロプロジェクトとして始動。同年デビューアルバム『I Built the Sky』をリリースし、2014 年に EP『Intortus』を発表。セカンドアルバムとなる本作は、涼やかな雰囲気の中を軽やかに駆け抜けていくインストがベースとなっており、Plini や Sithu Aye とのコラボレーション楽曲も瑞々しいメロディが舞い上がるように展開されていく。アートワークは Plini や Polaris も手掛けた Dead Crown Design の Alex Pryle が担当。

I Built the Sky

The Zenith Rise 2019
Independent

3 年振りのリリースとなった 3 枚目フルレングス。前作『The Sky is not the Limit』発表後はアコースティック楽曲やクリスマスソングをリリース。本作は Rohan に加え、Rob Brens がドラムのプログラミング作業をサポート、ミックスとマスタリングは Forrester Savell が担当している。メタルコアを通過した雄大なプログレッシヴ・ロックは、多彩なギターフレーズが桜吹雪のように散りばめられ、劇的な楽曲を切なげに仕立てる。アートワークは Pat Fox が担当。

Jake Howsam Lowe

オーストラリア

Oh Earth	2019
Independent	

The Helix Nebula のギタリストで Plini のライブメンバーでもある Jake Howsam Lowe のソロプロジェクト。デビュー作となる本作には I Built the Sky や Stephen Taranto、Callum Eggins といった現行プログレッシヴシーンでアクティヴに活躍するミュージシャンが参加しており、多彩なアレンジが楽しめる。アップテンポでフックの効いたサウンドはテクニカルかつエモーショナルな趣がある。2020 年にはシングル「Soliloquy」をリリースしている。

Make Way for Man

オーストラリア

Evolve & Repair	2016
Independent	

2014 年パースで結成。This Other Eden のボーカル John と I, Said the Sparrow のボーカル Sean、Prescient のギタリスト Drew とベーシスト Adam、Saviour のドラマー Jordan とギタリスト Josh が集まり、活動がスタートした。2015 年にシングル「Limitless」でデビュー、翌年本作をリリースした。同郷の Parkway Drive のようなエネルギッシュなメタルコアをベースとし、Born of Osiris や After the Burial のようなメロディアスなギターフレーズが炸裂していく。ツインボーカルの掛け合いも聴きどころのひとつだろう。

Plini

オーストラリア

Handmade Cities	2016
Independent	

2012 年頃からシドニーを拠点に Plini Roessler-Holgate のソロプロジェクトとして始動。bandcamp でシングルリリースを続けながら、YouTube ではギタープレイスルーなどを投稿し、シーンでの認知度を高めていった。『Other Things』などの EP を発表、Sithu Aye とのスプリット作品を経て、7 曲入りではあるが、デビューアルバムとなる本作を完成させた。ドラマーに Troy Wright、ベースに Simon Grove を迎えレコーディングが行なわれた。花びらが舞い散るようなメロディの粒が、華やかにグルーヴの上を踊るプログレッシヴ・サウンドで大きな話題となった。

Stories

オーストラリア

The Youth to Become	2013
UNFD	

2010 年シドニーで結成。ボーカル Morgan Dodson、ギタリストの Nic Dodson と Sean Young、ベーシスト Jackson Lowe、ドラマー Roscoe Frazier の 5 人体制で活動をスタート。2013 年にリリースしたデビュー EP『Void』を経て UNFD と契約。初期 Northlane を彷彿とさせるプログレッシヴ・サウンドにダークでメランコリックなメロディを溶け込ませた楽曲は、Djent 成分は少ないものの、リフグルーヴが心地良いハイクオリティな仕上がりとなっている。大きな期待をされたものの、2016 年に無期限の活動休止を発表。

The Helix Nebula

Meridian	2014
Independent	

2011 年シドニーで結成。Plini で活躍するベーシスト Simon Grove、ギタリストの Jake Howsam Lowe と Stephen Taranto、ドラマー Nic Tresise の 4 人体制で活動をスタート。Polyphia を彷彿とさせるアップテンポのインストをプレイ。ほとんど大きなテンポダウンをせず、綿密に組み込まれるメロディアスなギターフレーズと、タイトなドラミングが楽曲の肝となっている。オープニングを飾る「Sea of Suns」やエンディングの「Crystal Plains」他、Plini をフィーチャーした「Sailing Stone」などアートワークをそのまま音にしたような爽やかなメロディが印象的。楽曲が心地良く響く。

Twelve Foot Ninja

オーストラリア

Outlier	2016
Volkanik Music	

2008 年メルボルンで結成。ボーカル Kin、ギタリストの Steve と Rohan、ベーシスト Damon、ドラマー Shane の 5 人体制で活動をスタート。2 枚の EP を経て、2012 年にデビューアルバム『Silent Machine』を発表。本作は 4 年振りにリリースとなったセカンドアルバムだ。ファンクやジャズへトリッキーに展開しながらも、ベースになっているのはニューメタル。様々ジャンルがミックスされている中に Djent 感のあるグルーヴも確認出来る。バンドロゴには「十二呎忍者」と日本語表記されており、忍者姿でライブも行う。

Whitefall

オーストラリア

Origins	2016
Independent	

2013 年キャンベラで結成。ボーカル Connor Mairs、ギタリストの Chris McLaughlin と Zac Bailey、ベーシスト Ben Harvey、ドラマー James Scott の 5 人体制で活動をスタート。同郷の Northlane の影響も顔を覗かせつつ、ヘヴィなダークサウンドをベースに Whitefall の世界観を作り上げていく。4 曲目の「Causality」では、ゲストに TesseracT の Dan がフィーチャーしている。プロデュース / ミックスは Puzzle Factory Sound Studio の Dax Liniere が担当した。

Heavy Metal Ninjas

ニュージーランド

Interstellar Abduction	2013
Warner Music NZ	

2010 年結成。ギタリスト Richie Allan、元 Blindspott のギタリスト Brandon Reihana、ベーシスト Stu Kora、ドラマー Joe Brownless の 4 人体制を取るインストバンド。2012 年にデビュー EP『Heavy Metal Ninjas』をリリースし、Warner Music NZ と契約。デビューアルバムとなる本作のレコーディングを行った。忍者の格好で行われるライブに持っていかれがちではあるが、ダイナミックなリフをバックにセンチメンタルなメロディを紡ぐギターが、儚げなプログレッシヴ・メタルをプレイ。

Dymbur

The Legend of Thraat
Independent
2019

2010 年代後半、メーガーラヤ州の州都であるシロンにて結成。ボーカリスト Julian Andrew Lyngdoh、ギタリスト Cornelius Kharsyntiew、ベーシスト Mayson Dkhar、ドラマー Achugra B Sangma の 4 人体制で活動をスタート。派手な装飾を削り落としたモダンなメタルコアをベースに、カオティックやプログレッシヴとも言い切れない予測不能な楽曲展開を見せる。本国では Veil of Maya や Psycroptic のツアーサポートを行い、貴重なメタルバンドとして人気を持っている。

Limit Zero

インド

Gravestone Constellations
Independent
2012

2008 年バンガロールで結成。ギタリスト Shreyas のソロプロジェクトとして始動、2009 年にボーカル Sachin が加入し、デビュー EP『Limit Zero』を発表した。2010 年には Eccentric Pendulum のギタリスト Arjun、ベーシスト Shiv、ドラマー Vatsa が加入した事で活動が本格化。本作制作前に Sachin が脱退したが、Bhayanak Maut の Sunneith がゲストボーカルとして迎えられている。プログレッシヴかつカオティックな展開にハンマーリフを打ち付ける冷酷なサウンド。ミックス / マスタリングは Skyharbor の Keshav が担当。

Noiseware

インド

Wake Up and Soar
Independent
2011

2009 年プネーで結成。ボーカル Aman Virdi、ギタリストの Aniket Patni と Adhiraj Singh、ベーシスト Bob Alex、ドラマー Gautam Deb の 5 人体制で活動をスタート。Michael Jackson の「Smooth Criminal」のカバーを含むデビュー EP となる本作は、インド出身である事は調べないと分からない程、ワールドスタンダードなプログレッシヴ・メタルコアをプレイ、しなやかなベースラインが個性的だ。ライブ活動も精力的に行うが、地元を中心とした公演が多く、Gutslit などといったデスメタル系バンドと共演する機会が多い。

Warwan

インド

Chakra
Independent
2019

2013 年、ニューデリーでギタリスト Kushagra Nautiyal を中心に結成。ボーカル Aditya、Define Destiny のギタリスト Karan、ベーシスト Anirudh、Pyramids のドラマー Samarth の 5 人体制で活動をスタート。インド初のヒンドゥー語で歌うメタルバンドを自称しており、2017 年にリリースしたシングルで世界中から注目を集めた。Aditya の伸びやかなハイトーンボーカルを前面に押し出したサウンドは、インドの Periphery 言っても過言ではない。

アメリカ人ボーカル要するインディアンDjentバンド

Skyharbor

🕐 2008 ・・・・・・・・・・・・・・・・・・・・・・・🌐 インド・ニューデリー
💿 リスナー：50.5K　Scrobble：1.6M ・・・・・・◎ ① Evolution ② Allure ③ Sunshine Dust

　Skyharbor は、ギタリスト Keshav Dhar のスタジオ・プロジェクトとして 2008 年に Hydrodjent という名前でスタート。2010 年からは TesseracT のボーカリストである Daniel Tompkins とのコラボレーションをきっかけに Skyharbor として始動した。その後、YouTube に Skyharbor のドラム・プレイスルー動画をアップしていたドラマーの Anup Sastry、ベーシストの Nikhil Rufus Raj が加入し、バンド体制となっている。　Basick Records との契約後、バンドはデビューアルバム『Blinding White Noise: Illusion and Chaos』を 2012 年 4 月にリリースした。いくつかの楽曲はライブでプレイする事を想定せず、スタジオ・プロジェクトとして作り込まれている。プログレッシヴ・メタルコア / メタルをベースに、ドリープポップ的なアプローチを盛り込んだ重厚なオーケストレーションが特徴で、個人で楽曲制作をする多くのミュージシャンに影響を与えるものとなった。

　2012 年 5 月、Lamb of God のワールドツアーのインド公演に出演。ライブのメンバーはその都度流動的であったが、インドを飛び出し、Euroblast Festival をはじめ、ヨーロッパで精力的に公演を行う。2013 年の暮れには Nikhil の脱退するが、後任に Krishna Jhaveri が加入。その後もツアー活動は続き、2014 年には Download Festival をはじめ、小規模ではあったがヘッドライナーツアーも成功させた。

　ヘッドライナーとして出演したインドの人気フェスティバル NH7 Weekender Festival を含む大規模なインドツアーを成功させ、2015 年の 3 月にはおよそ 1 ヶ月に及ぶヨーロッパツアーを行う。Anup、Daniel がスケジュールの都合上フルタイムで活動する事が出来なくなったものの、Aditya Ashok、Eric Emery が加入し、TesseracT の北米ツアーや Deftones のツアーサポートなどワールドワイドな活動を展開。Djent シーンではもちろん、インドを代表するアーティストとして現在も活動を続けている。

Skyharbor

Blinding White Noise: Illusion & Chaos	2012
Basick Records	

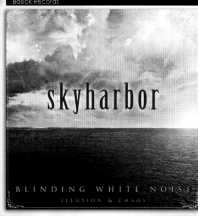

2010 年、ニューデリーを拠点にギタリスト Keshav Dhar のソロプロジェクトとして始動。当初は Hydrodjent という名前だったが、TesseracT のボーカリスト Daniel Tompkins、Intervals のドラマー Anup Sastry がプロジェクトへの参加がアナウンスされたタイミングで Skyharbor へと改名した。2012 年に Basick Records と契約、Keshav がプロデュースからミックス / マスタリングを手掛けている。Hydrodjent 名義でリリースされた楽曲の再録が中心となっており、ポストロックとプログレッシヴ・メタルコアを掛け合わせたスタイルで Post-Djent とも形容されるサウンドをプレイ。元 Megadeth の日本在住ギタリスト Marty Friedman がフィーチャーした「Night」や、Amogh Symphony のマルチプレイヤー Vishal J. Singh が参加した「Celestial」などが収められた Disc 1 と、Zorran Mendonsa をフィーチャーした「Trayus」が収録されている Disc 2 とふたつのチャプターに分かれているのも面白い。

Skyharbor

Guiding Lights	2014
Basick Records	

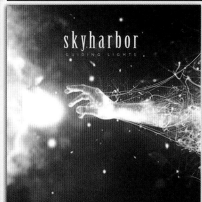

2 年振りのリリースとなったセカンド・フルアルバム。Daniel と Anup が正式加入（Daniel は翌年 2015 年に脱退）、ギタリストに Devesh Dayal、ベーシスト Krishna Jhaveri を加え、5 人体制でレコーディングが行なわれた。Keshav がプロデュースを担当し、Forrester Savell がミックス / マスタリングを手掛けている。彼らの魅力のひとつともいえる鮮やかなビジュアルイメージは Michael Di Lonardo によるもの。ポストロックへ傾倒し、フュージョンの香りも強くなったが、グルーヴィなリフは楽曲の重要な要になっていると言えるだろう。Periphery の Mark をゲストに迎えた「Allure」で幕を開けると、Plini が参加した「The Constant」など豪華な楽曲が収められている。9 曲目の「Kaikoma」では、「一度きりの人生。結果がすべてではなく、行程が大事なのが人生。信頼、裏切り、希望、絶望……」という日本語のナレーションが唐突に入り、日本のファンはドキッとするだろう。Djent 成分は少ないものの、Djent リスナーにとっては重要なアトモスフェリックなアレンジにおいて Skyharbor は卓越しており、一聴の価値がある。

Skyharbor

Sunshine Dust

eOne / Good Fight Music

2018

およそ4年振りのリリースとなった3枚目フルレングス。Keshav を中心に、Periphery の『Juggernaut』でレコーディングエンジニアを務めた経歴を持つボーカリスト Eric Emery と、インドを拠点とする3名のミュージシャン、ベース / シンセサイザー Krishna Jhaveri、ドラマー Aditya Ashok、ギタリスト Devesh Dayal の5人体制でレコーディングが行われた。前作『Guiding Lights』発表からすぐに録音作業が始まり、Forrester Savell がミックス / マスタリングを務めている。先行シングルとしてリリースされた「Out of Time」は、Eric の透き通ったクリーンボーカルが映える浮遊感たっぷりの Djent で、続いて公開された「Blind Side」や「Synthetic Hands」も Skyharbor らしさ溢れる楽曲だ。ミュージックビデオにもなっている「Dim」は、光の粒が宇宙空間を駆け巡る映像ディレクションと相まって、壮大なスケール感を醸し出している。ポストロックやアンビエントといったジャンルとプログレッシヴメタルを融合させる中で、オリジナリティを確立した一枚となった。本作リリース後に Aditya が脱退してしまったが、オリジナルドラマーの Anup が復帰。メンバーはそれぞれにレコーディング業やレッスン講師としても活躍中。

Skyharborインタビュー

質問者：Kazuki Yamamichi
回答者：Keshav Dhar（Guitar）

Q：こんにちは！ Skyharbor は前身 Hydrodjent の時代からチェックしています。ソロプロジェクトとしてスタートしたと思いましたが、何か始動するきっかけなどはありましたか？

A：ははは、ありがとう！ どれくらい前だったか、詳しくは思い出せないんだけど、2000年初頭にはインターネットを介して、Meshuggah、Oceansize、Cloudkicker、Devin Townsend、Jakob、Karnivool といったプログレッシヴでクレイジーな音楽の波に心を掴まれたピュアなキッズだったんだ。Deftones や Alice in Chains、Paw、Swervedriver みたいな音楽にも影響を受けたね。

上記に挙げたようなバンド達から得られるインスピレーションは無限大で、自分の部屋でソングライティングとレコーディングをスタートさせて、インターネット上に楽曲を無料で公開していったんだよ。始めた時、Keshav Dhar Project みたいに自分の名前が知られるプロジェクト名にはしたくはなくて、Hydrodjent という名前を使うようになった。チームでの努力やメンバー全員が強いオーナーシップを同じレベルで感じる事がバンドであると考えているから、先を見据えてのチョイスと言えるね。作りたい音楽の明確なビジョンを持っていたけど（まだ持っているけどね）、それは音楽を一緒に作るバンドメンバー皆が一緒に持ってないといけない。

ある日、Hydro Weed を炙りながら友達と一緒に冗談を言っていたら、"Hydrodjent" というプロジェクトの名前を提案してきたんだ。本当に冗談みたいなひどい名前だと思うけど、Keshav Dhar Project と呼ぶよりもまだ気分が良かったね。

Q：なぜ、名前を変更したのですか？

A：驚くべき事に、このプロジェクトは人々を巻き込み、多くの人に知られる存在になっていったんだ。イ

ンドの現地人だけでなく、Marty Friedman、Dan Tompkins、Anup Sastry といったプログレッシヴ・メタル・シーンのクールな人達は Hydrodjent の音楽を聴いて、俺にメッセージを送ってくれたんだ。そうした想像もしなかった出来事から、本当に改名しないといけない事に気付いたんだ。そうしないと真剣に相手にしてもらう事はないだろうってね。

このプロジェクトはどう呼ばれるか頭を悩ませたんだけど、Oceansize と Cloudkicker の 2 人からインスピレーションを得て、答えを見つけることが出来たんだ。「Sky」は Cloudkicker へのオマージュであり、「Harbor」は Oceansize へのオマージュだよ。どちらのバンドも同じような名前だったけど、2 つの単語が一緒に縫い合わされ、2 番目の単語は大文字にしなかったんだ。

Q：インドには Amogh Symphony や Limit Zero、Noiseware、Warwan といった素晴らしいバンドが多くいる事を知っていますが、Skyharbor をスタートさせてから、インドのシーンは変わったと思いますか？

確かにここ 10 年間でインドのインディーズシーンには大きな変化があった事は確かだね。メタル・シーンにいる人は、シーンは良くなってないと不平を言う人がけっこういるけどね。でも正直、世界中に存在する発展中のシーンと同様にやっていると思うね。特にインドのロックやヘヴィメタル、エレクトロといったニッチな音楽市場では、ほとんどの場合、ほんの少数の爆発的なヒットしかないんだ。

良い音楽と音楽の売り方についてスマートなプランを持っている人達は、時間はかかるかもしれないけど、成功をつかむチャンスに出会う事はできるはず。今のインドにはその可能性があると思うよ。

Q：Skyharbor の楽曲「Kaikoma」で、多くの日本のファンは日本語のナレーションに驚きました。カイコマとはどういう意味ですか？

A：当時のボーカリストである Dan は、友人や生徒達に母国語のスピーチを寄稿してもらい、アルバムのさまざまなところで使ってもらいたいと頼んでいたんだ。

このナレーションは当時のボーカリストである Dan の友人の一人で、Dan のプロジェクト Piano と契約した日本のレーベル Zestone Records の Hayato Taguchi によるものだよ。ナレーションは素晴らしかったし、実際には本当にうまくいった。そのパートは音楽的には驚くべき東アジアの品質を持っていたからね。カイコマというタイトルについては実際のところ歌詞の正確な意味やそのことについては手がかりがないんだ。歌詞の内容はすべて Dan が書いたものだから、彼に尋ねる必要があるね。もしかしたらもう覚えていないかもしれないけど……。

Q：「Catharsis」と「Celestial」では、Marty Friedman のギターソロがありますが、どの様にして Marty Friedman が参加しましたか？

A：本当にラッキーだったんだ。彼は YouTube で私の初期のデモ曲の一つ「Dots」を見つけてくれて、「君の音楽が本当に好きだから新しいアルバムで協力したい」とメッセージをくれたんだ。Marty の楽曲「Tokyo Jukebox 2」と「Inferno」で共演する代わりに、彼は「Catharsis」と「Celestial」のゲストソロを演奏してくれたんだ。最高の経験だね。

Q：2017 年には Deftones とヨーロッパツアーをしていたと思いますが、どうでしたか？

A：信じられないよ。今までにやった中で最も記憶に残るツアーだったと思うね。私たちにとっては金銭的に負担の大きなツアーだった事は間違いないけど、他には無い程、多くの業界とつながる事が出来たと感じているよ。

毎晩とてもスムーズに進行するという点では、最もストレスのないツアーだった。ステージを降りるとまるでロックスターの様な気分になれたんだ。

Q：日本にはファンがたくさんいます。日本について何をイメージしますか？

A：日本は私が本当に訪れてライブをしたいと思う魅力的で美しい文化を持っている国なんだ。新作のツアーで日本を訪れ、ツアーする機会が出来る事を願ってるね。きっと叶うと思うよ！

BABYMETAL とのアメリカツアー

中国・アモイから突如現れたR&B浮遊感漂う新星
Once N for Allインタビュー

質問者：Kazuki Yamamichi
回答者：Andy Zhang（Guitar）

Q：バンドを結成したきっかけは何だったのでしょうか？
A：まず、Once N for All は 2015 年に俺（Andy Zhang/ ギター）と Gary Zhang（ベース）の二人で始めたんだ。最初はネット上でいくつかオリジナルデモ作品を公開して、それがリスナーから支持されて、いろんなイベントに呼ばれるようになった、というのが大まかな流れかな。Bandcamp みたいな作品をシェアできるサイトのおかげで、今のファンと出会う事が出来たんだ。みんなの応援のおかげでここまで続けて来れた気がするよ。

Q：一度、改名していると思いますが、どんな理由があるのでしょうか？
A：このバンドを組んだばっかりの時は、まだお遊びのつもりだったんだよ。バンドの形になったきっかけは、たまたまバンドが足りないイベントに呼ばれたからで、その時は代打のバンドのつもりだった。だから、長く続けられるなんて思いもしてなくて、当時付けたバンド名も本当に適当だったんだ。後々それだと駄目だと思って、Once N for All に変えたんだよ。

Q：どのような音楽に影響を受けましたか？
A：プログレッシヴなところだと、最近は CHON と Polyphia の影響が大きいかな。それ以外にも、いくつかメジャーな音楽の影響も受けているよ、ここでは挙げるのは多すぎてしまうね。

Q：『Illusory』では R&B やエレクトロ等の新しい要素を感じましたが、この試みはいかがでしたか？
A：結構ちゃんと聴いてくれてるんだね、ありがとう！　確かにアルバムは R&B の要素が入っている。個人的には、聴いている音楽は Djent だけじゃなくて、ポップスやデスコアも、色々チェックしているからね。自分の好きないくつかの音楽要素を作品の中で混ぜ合わせるということに喜びを感じているし、このアルバムでそれが実現できてよかったよ。

Q：オープニングトラックの「Akegata」は「明方」を意味していると思いますが、日本語を使った意図

はありますか？
A：バンドのメンバーはみんな日本文化が大好きなんだ。しょっちゅう日本のドラマ見ているし、実生活にも日本人の友達がいる。そうした文化交流の中で、日本には神秘的で奥深い文化があると思っているんだ。「Akegata＝明け方」はたまたま覚えた日本語のひとつなんだけど、この言葉はアルバムのおぼろげなテーマにぴったり合うと思って、イントロの曲名にしたんだ。

Q：中国の音楽シーンはどうですか？　オススメのバンドが居ましたら教えて下さい。
A：中国の音楽シーンは、以前よりもだんだん海外のレベルに近づいてきていると思うよ。そして、より多くのバンドがライブ集客に頼るだけじゃなくて、インターネットを通じて沢山のファンを得られるようになってきた。個人的におすすめのバンドは Die from Sorrow だね。彼らは曲も凄くいいし、ライブパフォーマンスがとても優れている。それから Left Right も大好きだね。彼らのライブはよく観にいくかな。

Q：2016 年には中国を 1 ヵ月回ったツアーを行っていたと思いますが、印象に残っている事はありますか？
A：2016 年のツアーについては、印象的だったのはツアー中に機材（アンプシュミレーター）がフライトの途中で壊れちゃったことかな。でも、周りの友達が助けてくれて、なんとかツアーへの影響を最低限にできた。それ以降も、2017 年にもアルバムのレコ発ツアーを行ったんだ。

Q：2017 年の abstracts とのツアーはどうでしたか？
A：abstracts とのツアーでは本当にたくさんの事を勉強できた。彼らはとても素晴らしいステージングなんだけど、普段はとても謙虚なんだ。このツアーでの経験は忘れられないな。

Q：日本についてどんなイメージを持っていますか？
A：街が清潔、人はみんな友好的、それと、一番大事なのは日本のライブハウスは音響が最高だってこと！日本で観たライブは本当に良かったよ。

Q：最後に日本のファンへのメッセージをお願いします。
A：ハロー！　日本の皆さん！　Once N for All のギタリスト Andy です！　近い将来日本でもライブがしたいよ。もし良かったら俺たちを Bandcamp でチェックしてみてくれ！　いつか会えることを楽しみにしてる！

Once N for All

Do Not Leave the Path　　　　　　　　　　2016
Chaser Records

2015 年、廈門で結成された中国初の Djent バンド。結成当時は OnceForthright と名乗っていたが、Once N for All へ改名。ボーカル Lei Sheng 、ギタリスト Yuxuan Zhang 、ベーシスト Xing Zhang、ドラマー Ge Chen の 4 人体制で、2016 年にデビュー EP『Pure』を発表。本作は、Periphery や Erra といった浮遊感を持つメロディアスなプログレッシヴ・メタルコアをプレイし、世界水準のクオリティに注目が集まった。2016 年末頃まで Weibo でしか情報を発信しておらず、突然の登場に驚いたリスナーも多かった。

Once N for All

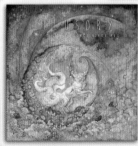

Illusory　　　　　　　　　　　　　　　　2017
Chaser Records

1 年振りのリリースとなったセカンドアルバム。引き続き Chaser Records とタッグを組み、制作が行なわれた。本作では Issues や Siamese を彷彿とさせるソウルや R&B からヒントを得ながら独創的なサウンドを追求。彼ららしさ溢れるパッションに溢れた快心の一枚となった。幻想的なアートワークはデンバー在住のアーティスト She Paints with Blood の Aria Fawn が手掛けている。2017 年初旬には日本の abstracts と中国ツアーを行い、そのツアーの中で Periphery や Animals as Leaders らとも共演を果たしている。

Khalid alMansour

クウェート

Forbidden Chapters
Awesome K
2012

中東の国クウェート在住で、Benevolent のドラマーとしても活躍していたコンポーザー Khalid alMansour のソロプロジェクトとして始動。Khalid は Awesome K という名義でも活動していたが、本作は本名名義でリリースしたデビュー EP。ザクザクとしたクリスピーな質感で刻まれる Djent なリフは、砂漠に吹きすさぶ風のように軽やかに展開し、高評価を得た。本作発表後に公開された Ke$ha の『Tik Tok』カバーも話題となった。2013 年にはシングル『Nostalgic』を出すも、その後動きはないようだ。

Alex Chichikailo

カザフスタン

Forsaken
Independent
2020

2018 年頃からアスタナを拠点にスタートしたソロプロジェクト。2019 年にデビュー EP『Useless』をリリース。元々はニューメタルにオールドスクール・ハードコアを組み合わせたようなバウンシーなサウンドを鳴らしていたが、次第にプログレッシヴに傾倒。同年 8 月に発表した『Objective Reality』では Djent なリフを中心としたサウンドへ変貌を遂げた。アンビエントなトーンによって格段にスケールアップした本作は、Alex のリフアイデアが詰まった充実の一枚。

Windrunner

ベトナム

MAI
Famined Records
2018

ハノイで結成。ベトナムからのプログレッシヴ・メタルコアの出現という事で注目され、2015 年に Coreality Recordings から EP『Vui』をリリース。その後、女性ボーカル Nân、ギタリストの Nam Đào と Trung Tone、ベーシスト Trang Chuối、ドラマー David Hudd というメンバー・ラインナップとなり、本作を制作。しなやかな Nân のボーカルワークを中心としながら、ゆったりと確かなグルーヴがドラマティックに展開。ALAZKA を彷彿とさせるサウンドスケープは、ポストハードコアシーンからも評価された。

Reserate

シンガポール

Infinite Entity
Independent
2020

2018 年に結成。ボーカリスト Linus Sebastian、ギタリストの Jian Liang Wong と Kevyn Chan、ベーシスト Imran Harun、ドラマー Ridwan Johari の 5 人体制で活動をスタートさせた。2018 年にシングル「Subversion」をリリース、2020 年に「Ego Death」を本作からの先行シングルとして発表。Born of Osiris と After the Burial を足して 2 で割ったようなサウンドが力強く、微細にエディットされたリフワークとオーロラのようにきらびやかなオーケストレーションも素晴らしい。

Dunia

Semesta Fana
Independent
2017

2015 年ジャカルタで結成。ギタリスト兼コンポーザーの Yutsi Surya Pratama、ドラマー Joshua Deacon、ギタリスト Redhy Mahendra のトリオ体制を取り、インストが主体。先行シングルとしてリリースされた「The Wanderers」には日本人ギタリストの Soichiro Mizuno が参加しており、流星のようにキラキラとしたギターメロディが印象的だ。淀みなく透き通ったサウンドスケープの中で繰り広げられるひとつひとつのリフからは、Animals as Leaders や Polyphia の影響が感じられる。

Von Citizen

Sentience
Independent
2018

2013 年広州市にて結成。2016 年にシングル「Iris」をリリースすると、翌年には ichika をフィーチャーした「Sanctuary」を発表。結成から 5 年を経て、デビューアルバムとなる本作を完成させた。「Sanctuary」に加え、Monuments の Olly Steele を迎え制作した「Mechanic」、Senjougahara Yousei をフィーチャーした「Area」とゲストも豪華で、自主制作ながら bandcamp を通じ、ワールドワイドな知名度を持っている。上品なインスト Djent で構成されており、フュージョン的なイージーリスニング要素も兼ね備えている。

8:48

Pseudo Artificial
Independent
2020

2010 年代中頃、上海を拠点に活動をスタート。本作は女性ボーカリスト Alan、ギタリストの Chris と Alec、キーボーディスト Kolaa、ドラマー Resolute、そしてプログラミングを担当する Ahba の 6 人体制で制作されている。abstracts を彷彿とさせるプログレッシヴ・メタルコアをベースに、クリーンとスクリームを巧みに交差させる Alan のボーカルワークが光る。やや荒削りなサウンドプロダクションではあるが、きめ細やかなギターメロディが爽やかに駆け抜け、センスを見せてくれる。中国ではバンド名を八点四十八と表記する事が多い。

Parallel Horizons

Amalgamate
Nowed Music Records
2015

2014 年九龍で結成。ボーカル Naseem C. Khan、ギタリストの Sam K. Rodriguez と Jerome Turner、ベーシスト Ross Flores、ドラマー Shaun Apellido の 5 人体制で活動をスタート。デビュー EP となる本作は、潤沢なタッピングフレーズが駆け回るプログレッシヴ・メタルコアをベースに、クリーンとシャウトを巧みに使い分けながらエキゾチックな雰囲気を演出。地元では We Came as Romans や Our Last Night、Protest the Hero らのオープニングアクトを務めた。

Parallel Horizons

Dissonant Echoes
Nowed Music Records 　　　　　　　　　　　2017

前作から２年振りのリリースとなったデビューアルバム。Sam が脱退、ベーシストは Ross から Freddy Tsang に交代し、新体制でレコーディングを行った。前作で完成させた Parallel Horizons サウンドをベースにしながら、Born of Osiris を彷彿とさせるオリエンタルなシンセサイザーの導入や、ラップを取り入れた斬新なアレンジなど、彼らが持つ多彩な魅力が詰まった作品になっている。収録曲「Bloodstains」では、ゲストギタリストに Rings of Saturn の Lucas が参加するなど、国際的な活躍を見越したアプローチも垣間見える。

Qollision

香港

Apocalyptic Majority
Independent 　　　　　　　　　　　　　　　2017

2013 年香港で結成。ボーカル Lee Tsui、ギタリストの Jackel Pun と Jericho Cheng、ベーシスト Mike Chung、ドラマー Wilfred Ho で活動をスタート。2013 年に EP『Qollision』でデビュー、2017 年 2 月に発表した３曲入りシングル『The God of the Gaps』を経て、本作をリリースした。おそらく香港初の Periphery 直系のプログレッシヴ・メタルコアバンドで、そのクオリティは世界水準。2014 年には Periphery 台湾公演、2017 年には香港公演の前座に抜擢され、アジアを代表する Djent バンドとして知られている。

Allen Wes & the Angel Without Wings

台湾

Self Title
Independent 　　　　　　　　　　　　　　　2014

2013 年台北で結成。ボーカリスト Allen Wes を中心に、ギタリストの Heiwa Gregory と Manson Yang、ベーシストの土匪、ドラムの Wen-Shuo Wang の５人体制で活動をスタート。中期 Bring Me the Horizon を彷彿とさせながらも、メロディック・ハードコアの美的感覚を持つ。常時ローの効いたグロウルと儚げなコーラスワークを支えるのは、Volumes 的プログレッシヴリフによるグルーヴだ。Bring Me the Horizon の台湾公演でのオープニングアクトも務めた事があり、本国ではカリスマ的な人気を誇る。

Lyra

台湾

不可思議 Illimitation
Independent 　　　　　　　　　　　　　　　2014

2013 年台北で結成。ボーカル P.T Lee、トリプルギタリストの Shin Chen、Edgy Cheng、Adam Shen、ベーシスト Blake Liu、ドラマー Evan Chen の６人体制で活動をスタート。同年、デビュー EP『Hippocampus』を発表、本作も自主制作でリリースされた。台湾ポップと Djent を融合させたオリジナリティ溢れるサウンドで大きな注目を集め、クリスピーな Djent リフが爽やかに駆け巡る。2015 年に解散を発表、Evan は現在 EnlightEN で活動を行っている。

Eighteen April

韓国

Voices
2019
Watch Out! Records

2011 年ソウルで結成。本作は、ボーカリスト Kim Young-il、ギタリストの Kim Hyun-Soo と Lee Jae-Bok、ベーシスト Park Jino、ドラマー Hong Sung-Bong の 5 人体制で制作された彼らのデビューアルバム。Like Moths to Flames を彷彿とさせるポストハードコアとプログレッシヴ・メタルコアをクロスオーバーさせたようなサウンドで、ダイナミックなスクリームに絡みつくずっしりと重いリフが心地良い。2017 年にリリースされたシングル「Wolfpack Rounds」のアルバムバージョンも収録されている。

Inlayer

韓国

Sequence
2015
Independent

2014 年ソウルで結成。ギタリストの Yang Jin Hyun を中心に活動をスタート。ドラマーに Kim Hyung Ju を迎え、本作のレコーディングを行った。Polyphia を彷彿とさせるテクニカルでオシャレなインストをプレイし、楽曲のセンスは韓国だけではなく、アジアの中でも群を抜いている。特にオープニングを飾るナンバー「Mutated Word」は、複雑ながら美しく展開するリフが味わえる。2016 年には韓国のロックスター Yoon Do-hyun、ラッパー Reddy、G2 と DJ Johnny とのコラボ曲を公開し、話題を集めた。

Scarlet Forest

韓国

Perception
2017
Independent

2015 年ソウルで結成。ボーカリストの PK、ギタリストの Hanwool Kang、ベーシスト A.L. Rev、ドラマー Hyeonjun Yeo の 4 人体制で活動をスタート。ハードコアやメタルコアシーンで End These Days や All I Have、Eighteen April らと共演しながら実力を付け、大阪のレコードショップ礎で無料音源を配布していた事から、日本でもコアなリスナーなら名前を聞いた事があるかもしれない。本作は彼らのデビュー EP で、Volumes を彷彿とさせるバウンシーなグルーヴとローの効いたボーカルが強烈だ。

abstracts

日本

Abstracts
2014
viviX

2014 年東京で結成。Isolutions のギタリスト Lin と Gen のプロジェクトとして活動をスタート。結成してまもなくレーベル契約を行い、デビューアルバムである本作をリリースした。ドラマティックでありながら、落ち着きを保ちつつ繊細なギターフレーズが交差し、グルーヴィーに展開。ゲストギタリストに Periphery の Mark Holcomb が参加している事からも分かるように、プログレッシヴ・メタルコア /Djent としてワールドワイドな注目を浴びた。リリース後は 6 人体制としてライブ活動を始動している。

「「何やってんだこいつ？」と思われてただろうな、と(笑)」
Matsuno (Prompts)インタビュー

質問者：Ryohei Wakita
回答者：Ryuki Matsuno

Q：ハードコアやメタルコアをルーツに誕生した Djent と言えば、やはり Volumes の名前が最初に挙がってくると思います。2010年代に突入する前にはデスコアもシーンに強烈なインパクトを残していましたよね。これら3つのジャンルが交差していく中で Volumes の登場は衝撃だったと思いますが、彼らが登場した頃の事で何か覚えていることはありますか？

A：2007年から2008年辺りから、Born of Osiris、Veil of Maya、After the Burial などの Sumerian Records 系のバンド達、そして、それ以前とは明らかに異なるレベルで複雑な符割のリズムを取り入れたアンダーグラウンドなバンド達が出現してきたのを鮮明に覚えていますね。

Periphery の出現と共に、それらのバンドの多くは Djent という括りにカテゴライズされるようになるわけですが、Volumes がその中でも革新的だった所は、複雑なリズムをメロディック・ハードコア（いわゆる叙情ハードコア）や、モッシュコアといったスタイルの中に取り入れたという所だと思います。

特に Volumes のヘヴィなユニゾンパートは Meshuggah 由来というよりも、当時のアメリカン・アンダーグラウンドシーンで存在感を放っていた Rooks や A Plea for Purging などのバンドのノリを強く感じます。また叙情的なパートは初期の The Contortionist 辺りの影響もあるんじゃないかと踏んでます。

特筆すべき点として、人気ラッパー Pouya がフィーチャリングしたり、Drake の「Hold On, We're Going Home」のカバーをやったりと早い段階からヒップホップと接近をしていて、Nu-Metal リバイバルに繋がるキッカケを作ったバンドの一つでもありますね。辞めてしまった元ボーカルの Gus Farias も Yung Yogi 名義でラッパーとして活動をしています。

Volumes デビュー当時のメタルコアシーンの空気感も、まだ主流だったメロディック・デスメタルから派生したメタルコア、例えば August Burns Red や This or the Apocalypse、Blind Witness、Texas in July などが出てきた辺りで、もう極限まで行ったような感覚で若干辟易していたんですよね。「もうこういうのは良いっしょ！」みたいな（笑）そんな中で Volumes しかり、Structures、Reflections、Northlane、Change of Loyality のような新感覚のバンド達が定期的に現れる2010年代前半はシーンを追いかけていて刺激的な時代でしたね。

Q：2010年代に入ると、Volumes が所属していた Mediaskare Records の存在感は強くなっていきました。当時、リアルタイムでシーンを掘り下げていたと思いますが、Mediaskare Records の特徴はなんだと思いますか？

A：Mediaskare Records と言えばやはり The Ghost Inside が最も売れたバンドになるのですが、自分は King Conquer や Betrayal、Creations 等のヘヴィに振り切ったバンドが好きなので、彼らのようなバンドを中心に聴いていましたね。彼らもまた Mediaskare Records を象徴するサウンドを鳴らしていました。それと忘れちゃいけないのは、同レーベルでも異常に Djent かつヘヴィな叙情デスコアをプレイしていた Bermuda ですね！　今聴いても新鮮な魅力を感じます。

それから Mediaskare Records の傘下レーベルで Rite of Passage というのがあって、そこはアンダーグラウンドな新しい若手と積極的に契約してました。

Mediaskare Records っぽいサウンドを鳴らすバンドは当時けっこういて、今でも影響力のある Adaliah を筆頭に、Float Face Down、Darasuum、Deserters、あとは南アフリカの Truth and its Burden 等がいたと記憶しています。残念ながら多くのバンドがすでに解散、活動停止中ですが、Float Face

Down のベーシストは現在 Bodysnatcher で活動していたり、Adaliah のドラマーとギタリストは Prison を結成するなど、シーンで活動し続けています。

ちなみに Betrayal のベーシストは、現在 Shakewell という人気ラッパーに転身していて、ミュージックビデオが数千万回再生を超えています（笑）

Q：ギタリスト目線で、2010 年代初頭の Djent、デスコア、ハードコアにおいて、リフが優れていると思う楽曲を 5 つ挙げて下さい。

A：Born of Osiris - The New Reign

Veil of Maya - It's Not Safe to Swim Today

Structures - Departure

Northlane - Quantum Flux

Circle of Contempt - Nothing Imminent

Q：これも同じように、ギタリスト目線で、2010 年代に影響を受けたギタリストはいますか？　彼らが使っていた機材やプレイスタイルの特徴などあれば、教えて下さい。

A：難しい質問ですね（笑）2000 年代後半に For the Fallen Dreams、The Plot in You、Emmure、The Acacia Strain 辺りのバンドが生み出したスタイル / フレーズをベースにオリジナリティを追求したのが 2010 年代で、その辺りで発展していったものが自身のギタープレイに影響を与えてくれました。

Djent で言うと、フィンランド出身で当時 Sumerian Records に所属していた Circle of Contempt のギターサウンド / フレージングにはかなり影響を受けましたね。彼らが素晴らしいのは、良くも悪くも現在のある意味テンプレート化された曲構成を完全に無視している所ですよね、曲中同じフレーズが一個も出てこないとか、そんな楽曲が多いです。

機材面でいうと、自分も後追いではあるんですが、Axe-Fx や Kemper、Line6 Helix 等の登場でアンプ実機を使う機会がかなり減りました。昔は厳格に自分が出演するライブがある度にアンプのヘッドを持ち込んでいたんですが、ある時 6 バンドくらい出てるのに、それを実践しているのが自分 1 人しかいなかったことがあって「あ、今もうこういう時代じゃないのかな」と（笑）気が付いたらその日のうちにプロセッサーをポチっていましたね（笑）それもひとつ影響を受けた事ですかね。

Q：Prompts も 2013 年に EP『Self-Titled』でデビューし、14 年には『Solstice』を発表しましたよね。これらの作品は Volumes や Structures を始め、Adaliah や For the Fallen Dreams の影響も感じます。当時のソングライティングを振り返って、影響を受けたバンドはいましたか？

A：その通り、Structures の影響が一番大きいですね。当時彼らはまだ Sumerian Records とも契約前で『All of the Above』という EP しか出していなかった時期で、MySpace でそのサウンドを聴いてとてつもない衝撃を受けました。2020 年だからこそ Djent という括りに入ってるバンドだと思いますが、当時はプログレッシヴな叙情メタルコアという風に捉えられていたんじゃないでしょうか。他にもバンドを挙げるとすると、Born of Osiris、Walking with Strangers、初期 Sworn In、Barrier、The Last Ten Seconds of Life、Bermuda らヘヴィ系に加え、The Plot in You、For the Fallen Dreams、After Me the Flood、Counterparts ら叙情的なメロディワークを得意とするバンドですね。それらをミックスしたらヤバイかもと想像しながら曲を作ってました。

Structures に最も衝撃、そして影響を受けた理由は、その斬新なチューニングでした。ギタリストが二人とも 7 弦ギターを使用していて、変則チューニングを施しています。7 弦が G なのに対し、6 弦から順番にドロップ A#, F A#, D#, G, C。

これはどういうことかというと、曲の基本的なリフは A# のチューニングで組み立てており、ブレイクダウンやリフのつなぎ目など、ここぞという所でその 7 弦の超低音を入れてくる、という訳です。今でこそ Crystal Lake 等のバンドが近いチューニングで同様のことをやっていて一般的になってきている手法ですが、2011 年当時はこんなことを考えるバンドはいませんでした。衝撃でしたね。

このチューニングについて調べてみたところ、恐らくですが Architects の『Hollow Crown』からヒントを得ているのではないかと推測出来ます。彼らも当時は 6 弦で、最低音が G#、5 弦から本来 C# になるはずの音階でチューニングして曲を作ったりしてるんですよ。一緒にツアーをやったりしているのを見て少なからず影響を受けていたんだろうなと思います。

Prompts でもばっちり変則チューニングを取り入れて、G まで落として曲を書いていたので、ライブハ

ウスで共演するバンドからは「なにやってんだこいつ？」という風に思われていたかもしれません、「そんな面倒臭いことしてなんか意味あるの？（笑）」みたいな。このスタイルをよく理解してくれていた当時のPrompts のレコーディングエンジニア、Sohei（Translations）の存在もあり、Prompts として目指したサウンドを『Solstice』で作る事が出来ました。彼は当時リリースされた Attack Attack! のセルフタイトルアルバムに心酔していて、Like Moths to Flames や The Plot in You の音作りも相当研究していた事もあり、一緒に作業していて共感したりアイデアを出し合ってケミストリーが生まれる瞬間がありましたね。

Q：2010 年代初頭からディープにヘヴィシーンを追いかけてこられましたが、ギターの技術を習得するのに利用したサイトなどありますか？

A：ギターやベースの TAB 譜を制作する Guitar Pro というソフトはメインで使用していますね。Ultimate Guitars というサイトには、有志もしくはアーティスト本人が採譜した TAB がアップされているので、気になった曲はまずそれを見てどんな弾き方をしてるのか確認しています。それで分からなかったら YouTube でいろんなギタリストのプレイスルー動画を見て研究するというパターンが基本です。

Guitar Pro はちょっとしたフレーズを直したりするのに便利なので、作曲にもかなり使用しています。メタルコア /Djent シーンの有名なバンドも Guitar Pro で制作してそこからアレンジという流れで楽曲の完成形を練り上げていくというスタイルを持つギタリストは多いですね、テクニカル系は特にそのパターンでしょう。

Q：2010 年代も中頃に入ってくると、日本でも Djent なサウンドを鳴らすバンドが登場します。ハードコアシーンもぐっとダウンチューニングを施したサウンドが話題になっていきましたよね。Prompts での活動を通じて、当時の国内シーンで注目していたバンドなどいれば教えて下さい。

A：Prompts が活動開始した 2012 年頃は、北海道の Hammerhead Shark や、沖縄の Leave All Behind のようなハイレベルなバンドが活動していましたが、東京に同じような音楽性のバンドはほとんどいませんでした。プロジェクトとして Djent っぽい事をやってる人だったり、1、2 回のライブで消滅してしまったバンドはいましたが、コンスタントに活動していたバンドで言えば僕ら Prompts と Sailing Before the Wind、あとは Yo Onityan と Mirrors のリョウヘイ達がやっていた Ateranosis くらいだったような記憶があります。

Sailing Before the Wind の方が数か月始動が早かったのですが、ほぼ同時期に活動開始したこともあり共演する機会が多かったですね。当時の Sailing Before the Wind でギターを弾いていたタカヤ（現 Slothreat）には、サポートギタリストとして Prompts で弾いてもらっていた時期もありました。

Ateranosis も 2、3 回一緒にライブをやった記憶がありますね。後に Victim of Deception を結成する Daichi Shimoyama がサポートボーカルをやっていて、そこで彼とも仲良くなりました。音楽性も After the Burial を彷彿とさせるメタリックかつ硬質なプログレッシヴ・サウンドで、ギターが異常に上手すぎて初めて観た時は驚きました。

2013 年から 2014 年くらいでこいつらすげえなあと思ったのは、abstracts 結成前の LYNN とミキ、Kento Sugisaki らが在籍していた Isolutions ですね。ヴィジュアル系のシーンで活動していた CodeRebirth も凄かった。SLOTHREAT のカツヤがやっていたバンドなんですが、Volumes と Woe, is Me をミックスさせたような凄まじい曲をやっていましたね。

Crystal Lake も 2014 年の『CUBES』から現在に繋がる 7 弦 G の変則チューニングを使い出していましたね。シーンのトップで活躍していたバンドが変則チューニングを取り入れる事で、極端な G 以下のダウンチューニングがある程度一般的になるキッカケになったと思います。

印象的なライブとして覚えているのが、RNR TOURS の企画で Stomping Fest という国内プログレッシヴ・メタルコア /Djent が総出演＋イタリアのパンクバンドという狂った企画。Djent に的を絞ったブッキングのイベントが皆無だったので、そういったライブが開催されることが有り難かったですね。他にも The Birthmark、Obelisks、Life as a House 等が活動していましたが、短命なバンドが多かったですね。

2015 年から 2016 年頃になると、『Winterfell』をリリースした Earthists. や、『Savior』を発表した頃の Paledusk、Alive Like the Flame（現 Fill the Void）等、現在も精力的に活躍するバンド達が出現してきました。どのバンドも個性的だし、最初からクオリティバカ高いしで改めて凄い時代だなと思います

ね。現在は残念ながら活動していませんが仙台の
『Story of Hope』も凄かった！
名古屋の Besides a Burning Ocean とかも硬
派な Djent メタルコアで好きだったし、東京の
Dayfalls. というバンドもダウンテンポ要素を取り
入れた音楽性でカッコ良かったです。また気が向
いたら活動して欲しいなぁと思いますね。
それから当時の伝説的なコンテンツとして
Caboose Recordings という存在も上げておき
たいですね。最後の方には色々と問題を抱えたま
まフェードアウトしてしまい残念な印象が強いで
すが、何気に 2015 年のかなり早い段階で Silent
Planet を日本に招集したり、Within the Ruins

Prompts。一番右が松野氏

と Erra のカップリングツアーを企画したりと目の付け所は良くて、プログレッシヴ・メタルコアの発展に
与えた影響は小さくないと思います。

**Q：2019 年には EP『Magenta Smile』を発表し、Prompts のサウンドも大きく変化しました。リ
フのソリッドさはそのままに、ニューメタルコアなど様々な影響が感じられますが、EP『Solstice』以
降の Prompts サウンドの変化にはどのようなきっかけがありましたか？**

A：大幅なメンバーチェンジが自然とサウンドに変化をもたらしていると思います。現ボーカルの PK とベー
シスト Piguri は韓国の出身で、個人的に親交があった韓国のメタルコアバンド End These Days の後輩
でずっと知り合いだったのですが、PK が日本で音楽活動をしたがっているという話を聞き、本当に来日す
るのか当初は半信半疑でしたが、Piguri と共に正式加入してくれました。Piguri は Eighteen April とい
うバンドで活躍していた事もあり、演奏面でも期待が出来ましたね。ドラマーの Heaven はメンバー募集
に応募してきてくれて、以前 Prompts が Structures のカバーをやっていた事が応募動機だった事もあり
加入に至りました。Heaven はみんなのこどもちゃんというアイドルのバックバンドでもドラムを叩いて
いて、Prompts では 1 番テック志向。Oceans Ate Alaska とかがかなり好きみたいです。
Prompts のサウンドにも幅広い面白さが出てきて、モッシーなリフが主体のニューメタル・リバイバルっ
ぽいサウンドにオリジナリティが持てている気がしています。Piguri がクリーンを歌えるのも大きいです
ね。
ついでに韓国のメタルコアシーンについても話しておくと、バンドの数はそこまで多くないですが、ク
オリティはかなり高いです。End These Days や新ベーシストを加えた Eighteen April を筆頭に、来
日も果たしている Remnants of the Fallen、レーベル Watch Out! を運営するカント率いる Day of
Mourning など個性的で面白いバンドがいます。

**Q：Periphery 登場以降の Djent シーンはデスメタリックなヘヴィさとは対極に、TesseracT や
Animals as Leaders など浮遊感のあるプログレッシヴなものを武器とするサウンドが主流となってい
きましたが、ヘヴィなサウンドもアンダーグラウンドシーンで発展してきました。現在注目しているバンド
はいますか？**

A：その辺りのバンドと違ったテクニカルさ、ヘヴィさを押し出すバンドとして、Kaonashi というバンド
は、2000 年代前半のカオティックハードコアな香りがあって面白いバンドだと思います。
ニューメタルやモッシュコアの曲調とオルタナっぽいメロディを融合させるバンドがここ最近では盛り
上がりを見せていて、Kaonashi とスプリットもリリースしている Sabella に Loser、復活を果たした
Extortionist などなど。それから 156/Silence とか Code Orange のツアードラマーが在籍している
Thirty Nights of Violence も独自性の高い音楽をやっていて興味深いですね。
あとは Stay Sick Recordings から名前を変えた Modern Empire Music に所属するバンドは、
Volumes を筆頭に Djent/ プログレッシヴ・メタルコアを通過したサウンドが好きならチェックしておく
べきですね。Bodysnatcher、Spite、Born a New、Distinguisher は 2020 年の 2 月にアメリカでラ
イブを観ましたが、ヤバすぎました。現地のローカルシーンも体感して、途中から YouTube の向こう側
に来たような感覚になって頭おかしくなりましたね。

リフにフォーカスしていくと、Strangled や Paleface、Deathsquad や Shivers などスラムを組み込んだビートダウンや Left to Suffer、Filth、Darko US、Cabal などのダウンチューン系デスコアも注目を集めていると思います。

Q：貴重なお話を聞かせていただき、ありがとうございました！　最後に、これからの Djent についてお聞きしたいのですが、例えば Polyphia がマスロックとクロスオーバーしたように、Djent/ プログレッシヴ・メタルコアが取り入れたら面白いと思うジャンルって何だと思いますか？　何か新しい変化が起こるとしたら、どんな可能性がある音楽だと思いますか？

A：既に世界中に膨大なバンドがいるので、まだ自分が巡り合っていないだけなのかもしれませんが、最近の潮流的に Glassjaw や Finch、Thrice 等のいわゆる初期スクリーモや、Hum、Nothing、Narrow Head のようなドリーミーでシューゲイズなオルタナと混ざったら面白いんじゃないかなぁとかちょっと思ったりもしますね。もちろん個人的にその辺りのバンドが好きなのもあるんですが（笑）

Loathe とかをプログレの括りに入れて良いのかわかりませんが、それに近しいことをやってるなぁ、と。最近の My Ticket Home とか Varials 等とかもオルタナ～ Deftones 的な要素を取り入れてる印象です。数年前まではメタルコアとオルタナを MIX させるって「かなり意味不明で Wack だ」と大半が感じていたと思いますが、今では逆にそれをやることが新鮮で面白いと思われていますよね。

なんか 20 年周期で流行が繰り返すという説もありますよね。2020 年は Nu-Metal から Hip-Hop、インダストリアル等と Djent サウンドを MIX させるのがトレンドになっているという点を踏まえると、来年くらいにはそういうバンドもメインストリームに出てくるんじゃないかなぁと推測しています。

Prompts

Solstice
Independent
2014

2012 年に東京を拠点にギタリスト Ryuki Matsuno を中心に結成。2 曲入りのデモ EP を経てリリースした本作は、ボーカル Yuta Yoritsune、ギタリストの Ryuki Matsuno と Tsubasa Kawabata、ベーシスト Keisuke Sakamoto、サポートドラマー Tomohiro Sekino の 5 人体制体制で完成させた。Volumes や Structures を彷彿とさせる変則チューニングから繰り広げられるソリッドなリフが、叙情的なメロディを交えながらバウンシーに展開していく。

Prompts

Magenta Smile
Outerscape Records
2019

大幅なメンバーチェンジを経て完成させたセカンド EP。韓国出身のボーカリスト PK とベース / ボーカルの Piguri、ドラマー Heaven が加わり、Ryuki を中心とした 4 ピース体制となっている。アンダーグラウンドなアメリカン・メタルコア / デスコアを彷彿とさせるモッシーなリフを主体としながら、ニューメタル的なアレンジとエモーショナルなクリーンパートを組み込んだ独創的なスタイルを生み出し、新境地へ突入した Prompts のポテンシャルの高さを感じさせてくれる。ミュージックビデオになっている「Tunnel Effect」はニューメタルとしての完成度も優れている。

「聴きたい音楽を作る」「ステージングを揃える」
Bitoku (Sailing Before the Wind)インタビュー

質問者：Ryohei Wakita
回答者：Bitoku

Q：2012年にリリースした『Judgement』は、当時の日本におけるメタルコアシーンに大きな衝撃をもたらしました。ステージパフォーマンスはもちろん、バウンシーなリフワークとツインリードが交差するサウンドはとても新鮮でした。『Judgement』の制作を振り返ってみて、2010年代初頭のメタルコアシーンのトレンドからの影響や、それを受けて Sailing Before the Wind で目指していたことは何でしたか？

A：作曲のコンセプトは「聴きたい音楽を作る」でした。メタルコアのブレイクダウンも好きだし、ハードロックのギターメロディも好き。ならば2つを融合してみよう、そう思って制作に取り掛かった覚えがあります。とにかく「こんな曲があったら聴いてみたいな」という、自分の理想をひたすら詰め込んだ結果が『Judgement』です。

作品の耐久性としては「2030年になっても聴ける作品」を目指していたので、まだ結果を待っている部分もあります。制作時にハマっていた Djent の要素をあえてたくさん盛り込まなかったのも、それが理由です。当時の国内シーンでは Djent そのものがまだ浸透していませんでしたが、いずれ浸透すると思ったので、勝手な造語ですが「アフター Djent」を自分なりに想定して、作品を仕上げました。 つまり、「流行りの音」として扱われると賞味期限が短くなってしまう。それを避けるため、「新しい音だ」というスタンスで世に放ったつもりです（微妙なニュアンスの差ですが）。

制作環境に関しては、当時海外メタルコアシーンを席巻していた Joey Sturgis から多大な影響を受けました。彼は高級なオーディオ機材を使わず、DTM だけ（いわばパソコンだけ）で音源を完成させていたんです。それを知って、「じゃあ自分もできるかも」と思えた。駆け出しゆえに視野が狭かったのが、プラスに働きました。

いわゆる「国内シーン」の知り合いも全然いなかったので、他のバンドや他人がどうしてるとか、そもそも発想に浮かばず。数少ない友達の一人だった Sohei 君（Translations）も自力でやっていたので、むしろ DIY の方が普通だと思っていたくらいです。今考えると、身の程知らずでした。でも、自力でやるしかなかったですね。「こんな感じの音にしたい」の「こんな感じ」が、自分の頭の中にしかなかったので。

Q：2010年代初頭は Djent が大きく盛り上がった時期でした。Bitoku さんはずっとメタル・シーンを追いかけてきたと思いますが、Djent がメタルコア（又はメタル）に変化をもたらしたと思えるような出来事はありますか？

Periphery の Icarus Lives!

A：やはり Periphery の登場、特に「Icarus Lives!」の PV は鮮烈でした。当時の Sumerian Records といえば、時代の最先端アーティストを次々と輩出する場所。Born of Osiris、Veil of Maya、After the Burial、そしてとどめを刺すかのように Circle of Contempt が加入。そんな流れの中アップされた、水滴越しの PV。ぱっと聴いたときは声色のせいか「次世代型の Linkin Park かな？」と思いました。とても聴きやすい、でも独特のグルーヴは聴いたことのない質感。近未来感漂う世界観ふくめ、明らかに「異次元」で

インパクトはありました。

振り返るに、「Icarus Lives!」は曲が「引き」のアプローチだったのも新鮮に感じた要因ですね。それまでの Sumerian バンドは、テクニカルなフレーズや速いブレイクダウンで構成された複雑な曲構成が目立ち、比較的「押し」の印象がありました。

Perihery は制作スタイルに関しても、メタルコアシーンに少なからず影響を及ぼしたと思います。バンドメンバー自身が音源を制作して良いんだ、という。Joey Sturgis はパソコンでの音源制作で革命を起こしましたが、彼のポジションはあくまでもエンジニア。バンドメンバーではなかったですし。

あとは Sithu Aye や Plini のような、いわゆるベッドルームギタリストが市民権を得たのも、Djent カルチャー由来の部分が大きいかと。「バンド」じゃなくても活動して良い。

新しいジャンルゆえに、「○○しなければならない」みたいな既成概念が無かったのが良かったですね。バンドを組んでも良いし、ソロでやっても良い。レコーディングスタジオに行っても良いし、自分で仕上げても良い。

そういえば Sailing Before the Wind も当初はメンバー 3 人だけで、実質プロジェクト状態でした。それでも「始めてみよう」と思えたのは、Djent シーンから感じた、自由度の高さと敷居の低さによるものが大きいです。

Q：初期 Sailing Before the Wind のステージングについてお伺いします。初期の Sailing Before the Wind と言えば、ドラムを除くメンバーの動きをきっちりと揃えたパフォーマンスが話題となり、後続のメタルコア勢に強い影響を与えました。パフォーマンスにおいて影響を受けたバンドはいますか？　また、その動画などありましたら教えてください。

A：2012 年頃の Memphis May Fire は、脳内で映像を再現できるくらい何度も見ました。

あとはオリジナルラインナップ時の The Air I Breathe や、Like Moths to Flames（Aaron がベースに転向する前）のライブ映像から影響を受けています。

SBTW がステージングを導入した理由は、主に 2 つ。

1 つ目がストイックさ。ステージングって、事前に打ち合わせしないと絶対に揃わないんですよね。もちろん慣れてきたら打ち合わせ無しでもまとまりはしますが、慣れるまでは積み重ねが必要

Memphis May Fire (2012)

なわけで。それこそ The Air I Breathe なんて演奏するだけでも大変な曲なのに、動きもカッチリ揃えているという。その内面的なストイックさ、精神性への憧れもありました。

2 つ目が弱点のカバー。Sailing Before the Wind がライブ活動を始めるにあたって、既に活動していた他のバンドと競っても、勝てないと思いました。曲やメンバー個々のスキルはともかく、ライブ運びやトータルの演奏力で差が見えてしまう。

Fit For a King

なので、新しい要素を持ち込んで弱みを補うことに。そこで注目したのがステージングです。誰も走っていないレーンを走れば、絶対に一番になれる。ステージングは、まさにその無人レーンでした。あのとき誰も走っていなかったのは、本当に幸運だったと思います。

ちなみにライブパフォーマンスって、「自由にやること」がデフォルトだと思われがちですが、僕らは逆です。むしろ基準位置が「ステージングを揃える方」にあります。

まず基準となる型を作って、そこからどうやって

崩していくか。守破離ですね。いきなり「離」には到達できない。 そう考えれば、2012年頃はパフォーマンスを揃えていたバンドが、最近どんどん「自由」になっているのも理解できます。例えばFit for a Kingも、昔は動きだけでなく衣装まで統一していましたよね。あれがいわば「守」で、今は「破」〜「離」に進んだのかなと。

むろん海外のバンドが「守破離」を意識しているのかは分かりません。ただ自分は一表現者として、自由なパフォーマンスを追求するために、あえてステージングにこだわっています。

Q：当時はChugという言葉も注目を集め、Capture the CrownなどはChugcoreと形容されるなどしました。思い返せばこの言葉について当時、インタビューを行いましたよね。改めて、ChugとDjentの違いとは何か、Chugを思い返したときに、このバンドが良かったなどあれば、教えてください。

A：Chugとは、0（同一音階）の刻みです。Djentはサウンド、Chugは曲中のパート（ブレイクダウン的な刻み）を言うもの、と考えれば分かりやすいかもしれません。

良かった作品はA Pyrrhic Victoryの『The Preceptor』。リリースから9年経った今でも、色あせな

A Pyrrhic Victory

いですね。言ってしまうと『Dreamer』期のHaste the Dayフォロワーですが、ただのフォロワーとして片づけてしまうには、なんだかブレイクダウンが多いなと。本家が持っていた実験要素は排除して、代わりにChugパートを敷き詰めたような印象。

そして音を歯切れよく切るパートが多いにも関わらず、Djentの流れとは別でこのサウンドにたどり着いているのも興味深かった。その証拠に、Djentで多用されている6弦1フレットのベンドが登場しません。

同年代で細かいブレイクダウンを導入していた他のバンドは、概ね6弦1フレットのベンドを積極的に取り入れています。例えばErraの『Impulse』（2011年）やElitistの『Caves』（2010年）など。

このまま進化したらどうなるのか？ と思っていましたが、残念ながらA Pyrrhic Victoryはアルバムリリースからしばらくして活動をストップ。余談ですがギターのKevin Rogersはその後Enterprise Earthの初期メンバーとして活動。また後期ベーシストのRiker Morrowは、その後Extortionistに在籍していました。

他にオススメとして挙げるならば、They Came Bearing Armsの『The Return』やDarkness Dividedの『Written in Blood』。あとはかなりマニア向けですが、PathogenのChristian OrlandoがやっていたThe Second PhaseのセルフタイトルEP。

これらの作品は、ギターリフや歌メロもしっかり保ちつつ、それでいてソリッドなChugをたくさん楽しめるのが魅力ですね。

Q：メンバーチェンジを経て完成させた『Sanctuary』も新しいSailing Before the Windらしさを感じました。メロディックでありながら、「Eclipse」などで見られる無音パートの面白さや、多種多様なジャンルからの影響を感じるリワークは、Djentのファンからも興味深いものだったと思います。2010年代中期のメタルコアシーンについてのイメージや、当時影響を受けたバンド、レーベルなどあれば教えてください。

A：メタルコアシーンは、2014年あたりでいったんゲームセットした印象があります。バンド自体の誕生はもちろん、代表作や名盤と呼ばれる作品も出そろって、ピークに到達。ちょうど中期となる2015年を境に、既存のメタルコアフォーマットから脱却するバンドが増えたかなと。Bring Me the Horizonの『That's the Spirit』がリリースされた年、と表現すればイメージしやすいかもしれません。

2015-2016年頃は解散してしまったバンドも多かったですね。For TodayやTexas in July、Elitistなど。入れ替わるかのようにダウンテンポ勢（BodysnatcherやTraitorsなど）が出てきたこともあり、2010年代中期はまさに転換期としてとらえています。

『Sanctuary』のソングライティング自体は、2014 年頃終わっていたので、2016 年（リリース年）付近の音源からは影響を受けていません。むしろそれより前の 2010-2012 年頃に聴いていた音楽を、Sanctuary でようやく消化し終わった感覚です。それこそ「Eclipse」のイントロはもろに北欧メロデスへのオマージュですし。

ただ例外はありまして、2014 年というと Traitors が「Malignant」を出した時期。なので、あの曲からはかなり影響を受けました。Eclipse に盛り込んだ無音パートへ反映されています。

Sailing Before the Wind はメタルコアを標榜していますが、だからといって他のジャンルに関心がないわけではなくて。元々 Molotov Solution や Beware the Neverending などを好きで聴いていたので、モッシュコアの発展〜ダウンテンポの隆盛も自然にチェックしていました。

なお 2010 年代中期は、新興トレンドとしての Djent がいったん終了した時期でもあると思います。（Djent 以前に存在していた）プログレッシヴ・メタル側との境界線も、もはや引けなくなった。Djent を踏まえた上で、どういうアプローチをとっていくかが問われるようになった印象です。Outrun the Sunlight のように、（メタルコア側ではなく）プログレ側へ接近していくバンドが増えたのも、それを裏づけていると思います。

Q：Bitoku さんは Sailing Before the Wind だけでなく、様々なバンドでのサポート活動や、ベースプレイヤーとしてそのアイデアをアウトプットしていきました。メタルコア、特に Djent と呼ばれるサウンドはギタリストに注目が集まりがちですが、このシーンにおいて才能を感じるベースプレイヤーがいましたら、教えてください。

A：実際にライブを見た中では、Gideon のベーシストがずば抜けていましたね。Crystal Lake のサポートをしていたとき、来日ツアーを 2 回（2017 年、2018 年）一緒に周って、毎晩見ました。毎回違うベー

Gideon

シストでの来日でしたが、両者とも圧巻。で、何がポイントか自分なりに分析した結論は「ギターのニュアンスを理解していること」。

メタルコアのベースラインは、基本的にギターリフにユニゾンします。音域は違えど、ギターとベースは同じフレーズを弾くわけです。したがって、ギターでの弾き方を把握していれば、演奏（細かいニュアンス）がピッタリ揃いやすくなる。例えばギターがダウンピッキングだけで弾くフレーズなら、ベースもなるべくダウンだけで弾く。そこが合わさるだけで、バンドサウンドがよりタイトになります。

2018 年来日時（現在）のベース Caleb DeRusha は、元 Those Who Fear のギターです。2017 年来日時にベースを弾いていたメンバーも、本国のツアーではギターを弾いていました。

もちろん彼らがベーシストとしても優れたプレイヤーであることは間違いないですが、それを裏打ちしているのはギターフレーズの理解だと感じました。Gideon の例のように、才能を感じるプレイヤーにはマルチプレイヤーが多いです。

Q：メタルコア、特にリフの刻みやブレイクダウンというものを軸とするサウンドを鳴らすバンドサウンドにおいて、ベースというのはどういうパートであると考えますか？

A：攻撃と守備を同時にできるパート。

Q：2019 年には『Revised Standards』『Revised Standards Ⅱ』とそれぞれ 2 曲入りの作品をリリースしましたよね。A Scent Like Wolves の Al Boltz や、Sienna Skies の Thomas Pirozzi がボーカリストとしてフィーチャーしていたり、Carousel Kings などで活躍した Clinton Tustin などが参加し、これまでにはないアプローチが垣間見える新しい Sailing Before the Wind サウンドで聴きごたえがありました。この作品の制作で、意識していたこと、目指していたことはありますか？

A：メタルコアには、まだ未開拓の領域があることを示したくて作りました。メロハー（メロディアスハードロック）との融合は、知る限りどこも成し遂げていなかったので。特に Thomas が参加してくれた「Southern Cross」で、メロハーとの融合を目指しました。

新しいサウンドスタイルは「メタルコア＋○○」の図式から生まれる、という仮説を持っていまして。例えばデスコア（メタルコア＋デスメタル）やイージーコア（メタルコア＋ポップパンク）みたいな。Djent はメタルコア＋プログレですね。

その図式を意識しつつ、軸であるメタルコア要素も失わないよう心掛けました。曲でいうと「Northern Wings」と「Eastern Dividers」がその役割（メタルコア成分）を担っています。

その他「（自分が）聴きたい音楽を作る」という作曲コンセプトに変わりはないですが、あとは自然な流れに任せました。ゲストの人選も、ツアーでつながったからこそのアイデア。肩の力を抜いて曲作りできた感覚はあるので、それも伝わっていたら嬉しいですね。

Q：Bitoku さんにとって、いわゆる Djent と呼ばれるサウンドを鳴らすバンドの作品を 5 つ選ぶとしたらどんなものが挙げられますか？

A：

Reflections - The Fantasy Effect

自主制作ゆえに癖の強すぎるサウンド・プロダクション。そしてバンド自身が制御しきれていない空気すら漂う、とてつもないエネルギー量。 音だけでなく制作環境やブームとなった○○ s というバンド名もふくめ、Djent カルチャーが詰まった一枚。今は Berried Alive で活躍中の、Charles Caswell の歴史としても外せない作品。 中でも『...And Found』を聴いたときは、衝撃が走りました。特に後半のクリーンギターによる世界観構築からの、容赦ない刻み。 思い返してみると、当時の Djent 音源漁りは、「一か八か」みたいな博打感も魅力でした。まさにこのときの Reflections のような、荒削りな音源が次から次へとリリースされていましたし。玉石混淆だからこそ、Got-Djent や Bandcamp へ深く潜りこんでいった方も多いのでは。

Sithu Aye - Isles

Sithu Aye はじめ一連のギターインスト勢は、Djent と他ジャンルとの境界線位置を変えたと思います。

インストですが常にギターソロのようなリードギターが存在しているわけではなく、むしろリフで引っ張る手法にフレッシュさを感じました。アルペジオやコードなど、音数の多いアプローチが目立つのもポイント。 非凡なメロディセンスは、後のリリース『Senpai EP II: the Noticing』でさらに炸裂しています。「Sithu Aye 節」としか言いようがない、独特の清涼感も好きです。

Akeldama - Akeldama

神秘的な上物と、無機質に刻まれるリズム重視のバッキングギター。これぞDjent。Born of Osirisに代表される「エジプト感」もしっかりあります（BoOほどテクニカルではないですが）。スクリーモ/エモ系ともいえる中性的なクリーンボーカルも秀逸。バンドはその後アルバムをリリースしてからLove at Lastに改名。一体どうなったのかと思いきや、AndrewとConnorはBrojobで活動していました（なんと！）。

The Ralph - Fragments EP

当時got-djent.comを漁っていたときに発見したEP。ジャケにはピンと来なかったんですが、フリーダウンロードだったので試しに聴いてみたらハマっちゃいました。クリーントーンで広がるアルペジオと、淡々と刻まれるバッキング。Djentというと多弦ギターのようなヘヴィな側面が注目されがちですが、こうしたクリーントーンの重要度も高いかと。所々ボーカルも入っていますが控えめな配置になっており、もはや楽器的に機能しているのも面白い。「プログレメタル側からDjentに接近するとこうなるのか〜！」と頷いた一枚です。後日クロアチアのバンドと知って、驚いたのも懐かしい。

AURAS - Chimerical (Demo)

2013年にリリースされた『Panacea』収録されている曲ですが、2012年に先行公開されたデモバージョンの方を。「作品」と言っていいのかは分かりませんが、当時狂ったように聴きこんだのは事実なので。アルバムバージョンとはドラムの音や同期（シンセ）の音色が異なります。曲展開もデモの方が少しだけコンパクト。
ギターの細かいパン振りや、ストップ＆ゴーを繰り返すブレイクダウンには、とても影響を受けました。
休符が多くて風通しの良いリズムワークは、おそらくTesseracTからの影響でしょうが、間違いなくDjentならではのグルーヴ。その後のEPから2019年のアルバムに至るまで、ブレることなくDjent路線を追求しており、もはやシーンの良心的存在といっても良いのではないでしょうか。

「造語であって定義や固定観念に縛られる必要はない」
Daisuke (Sailing Before the Wind) インタビュー

質問者：Ryohei Wakita
回答者：Daisuke

Q：Sailing Before the Wind に加入してけっこう経ちましたよね。当初から Sailing Before the Wind の肝とも言えるソリッドなリフワーク、そして華麗なリードパートを完璧にプレイし、後続のメタルコアバンド達に影響を及ぼしてきました。自己紹介も兼ねて、Sailing Before the Wind 加入までの経歴について教えていただけますか？

A：はじめまして、Sailing Before the Wind ギターの Daisuke です。ご存知の方はいつもありがとうございます。まずは経歴ですが、Sailing Before the Wind 加入以前は Dayfalls. というバンドで 1 年半ほど活動していました。高校時代の友人が核となったメンバーで、楽曲のジャンル的にはメタルコア / ポストハードコア辺りを意識していました。当時はまだまだ自分たちのスタイル、やりたい事が確立していなかったので実験的にいろんなことをやってました。例えば海外バンドのステージングを取り入れたり、ブレイクダウンの一部でピッチシフターを使ってチューニングを落としてみたり、あとブレイクダウン中に極端に音の間隔を空ける無音ブレイクダウンという造語の元ネタは Dayfalls. だと勝手に思っています（笑）とにかく周りで誰もやっていないような事をライブに取り入れるのが楽しくて色々やってました。

当時 RNR TOURS のイベントに出演する機会があり、Sailing Before the Wind と対バンもしました。バンドのリーダーである Bitoku ともそういったところでの親交があり、Dayfalls. 解散の際に縁あってライブメンバーとして加入しました。

Q：Sailing Before the Wind もうひとりのギタリスト Kosuke のプレイスタイルの特徴はなんだと思いますか？

A：もう一人のギタリスト Kosuke は自分とは対照的なギタリストで、一言でいうと「超絶技巧派」ですね。譜面通り正確なプレイはもちろんのこと、アグレッシブなリフを弾く際の右手のタフさだったりメロディを

弾く際は浮遊感が出るようなニュアンスを付けたり出来る万能ギタリストです。例えば拍の取り方一つとっても感覚的にプレイしがちな自分とは違い、頭の中で正確なカウントが鳴っているようなタイプです。

Q：リフについてお伺いします。Sailing Before the Wind のリフは、Djent にも通ずるタイトでシャープな音像が印象的です。バンドの楽曲においても重要なパートだと思いますが、他のパートと意識的に区別しているポイントなどはありますか？

A：一番意識していることはミュートです。リフの繋ぎやブレイクダウンパートなど様々なところでギターの音を切る部分がありますが、その空白部分も一音と考えています。ミュートがしっかりできているとフレーズの頭と終わりで楽器の音が揃います。それがバンドのアンサンブルの迫力であったり、気持ちよさに繋がるので、サウンドメイクに頼る前にまずはミュートをしっかり行って、足りない部分はサウンドメイクで足していくというイメージです。

Q：リフの音作りについてお伺いします。お二人の使用機材とペダルなどについて、ご紹介お願い致します。また、Sailing Before the Wind サウンドを生み出す為に要になっているものなどあれば、教えて下さい。

A：使用機材は Kosuke と同じく Axe-Fx Ⅱ でメインの音はほとんど共通です。唯一相違点を挙げるとすると、自分は Kosuke ほど曲間やフレーズによってサウンドの変化がないので、より操作性が確実なフットスイッチ（HOTONE：Cybery）を使用しています。iPhone アプリと Bluetooth 接続してプリセットを変更できるのでライブ向きで便利なフットスイッチです。

Q：バンドのグルーヴを司るパートを務めながら、Sailing Before the Wind らしさとも言えるツインリードなども弾きこなされていますが、楽曲のメロディを映えさせる為に、リフはどのような存在であるべきだと思いますか？ 例えば、Kosuke さんのリードパートが前面に押し出されるようなパートの時と、グルーヴィな刻みが前面に押し出されるようなパートで、刻み方を微妙に変えるなど、工夫があれば教えて下さい。

A：Sailing Before the Wind の楽曲はメロディが命と考えているので、リフはメロディパートに到達するための助走区間というか最高到達点に向かって加速していくイメージです。特にリードパートやメロディが際立つ部分では音の角が立たないようなイメージで柔らかく弾いています。具体的にはよりネック側の位置でピッキングすることでエッジの少ない音を出すようにしています。

Q：使用されているギターについてお伺いします。Ibanez を使用していますが、例えば Djent シーンでは Abasi Guitars や Kiesel Guitars を使用するギタリストもいますよね。Ibanez のギターを使用している理由などあれば、教えて下さい。

A：過去に自分は Schecter や LTD のギターも使用しましたが、Ibanez が一番音源に近い音をライブで出せるかなというのが大きな理由です。また激しいライブアクションだったり、ツアーによる連続使用などの楽器にとって過酷な状況下でも安定したプレイが出来るのが魅力です。現に Ibanez を使用し始めてからはライブ中のチューニングトラブルもほとんどありません。

他メーカーの使用感についてはあまり経験豊富ではありませんが、Mayones を試した時は別格だなと感じたのを覚えています。特にネックの剛性感が高く、Djent シーンで多用されるローチューニングでも音像がはっきりしていて弾き心地が良かった印象です。

Q：ギターのテクニックや機材のノウハウを習得する為に役立った書籍やサイト、動画などあれば教えて下さい。

A：ノウハウとは少しずれていますが機材導入の参考にした一例です。

①パワーアンプ※現在使用は PowerStage

https://www.YouTube.com/watch?v=aCY9-O8Pz4o

②ピックアップ　現在使用は Ibanez　FRIX6FEAH

N：EMG61
B：EMG81
S5221BWE
N&B：Bare
Knuckle
Brute Force

https://www.YouTube.com/watch?v=iNa_fCNeV_I

サウンド面に関して参考にしたのは abstracts のブレイスルーですね
共演の機会も多かった仲間ですが、ギターの音作りに関して勉強になる部分が多かったです。

https://youtu.be/O0oSSsgbEyA

Q：ギタリストとして、この人はすごい！というようなギタリストがいましたら、教えて下さい。

A：ジャンルが Djent とかけ離れていますが（笑）自分が一番リスペクトしているのは THEE MICHELLE GUN ELEPHANT のアベフトシさんです。彼の鬼気迫るプレイやステージングに大きく影響を受けていて、ギタリストとして尊敬しています。一押しのアルバムは『ロデオ・タンデム・ビート・スペクター』です。このアルバムのみ SUNN model T というアンプでレコーディングされていて、THEE MICHELLE GUN ELEPHANT の楽曲の中でも群を抜いてソリッドなギターサウンドが楽しめます。

Q：最後に、これから Djent と呼ばれるようなスタイルのバンドで、ギタリストとして活躍したいと考えている人に、何かアドバイスできることはありますか？

とにかく周囲の評価などは気にせず、好きなことやりたいことを貫いて欲しいなと思います。マイナーなジャンルである以上、思った通りに活動が軌道に乗らないこともあるかもしれませんが、自分がかっこいいなと思う楽曲を夢中でプレイしていつのまにか誰かの心に刺さっているような……。また Djent というのはあくまで擬音語からなる造語であって、定義や固定観念に縛られる必要はないと考えています。「他人が何と言おうと俺の曲は Djent だ！」というぐらいの意気込みで、自身のスタイルや楽曲を確立していって欲しいです。

Sailing Before the Wind

Judgement
Independent
2012

2011年、東京を拠点にベーシストBitokuによって結成。同年に『Horizon EP』、2012 年にペンシルベニア州のメタルコアバンド Goodbye Nevaeh と共にスプリット EP『A Ray of Light』をリリース。高い注目が集まる中、本作を発表した。ツインリードをふんだんに盛り込んだメタルコア・サウンドは、ソリッドな刻みが強靭なグルーヴを生み出しながらドラマティックに展開していく。メロディック・デスメタルやメロディアス・ハードからの影響も色濃く、また洗練されたステージ・パフォーマンスも相まって、唯一無二の世界観でシーンに風穴を開けた一枚。

Sailing Before the Wind

Sanctuary
Independent
2016

シングルを除けば 4 年振りのリリースとなった本作は、Bitoku 自身がソングライティングからレコーディング、ミックス / マスタリングを務めており、細部まで綿密に構築された Sailing Before the Wind ワールドを体感する事が出来る一枚だ。日々の精力的なライブ活動で築いたバウンシーなグルーヴ、独創的なメロディライン、メタルコアや Djent といったジャンルの枠を超え、後続に与えた影響は大きい。2019 年には『Revised Standards』『Revised Standards II』と 2 つの作品を発表している。

abstracts

Hologram
Redfield Records 2016

2年振りのリリースとなったセカンドアルバム。数度のメンバーチェンジを繰り返しながら、ボーカリスト Kaz、ギタリスト Lin、ベーシスト MIKI に加え、Calling From the Reach のギタリスト Kyosuke とドラマー Hikari が加入し、5人体制に落ち着いた。TesseracT の Acle がマスタリングを務めた本作は、ぐっと引き締まったハリのあるプログレッシヴ・メタルコアへと進化。ミュージックビデオにもなっている「Hologram」は、当時の abstracts を象徴する一曲。その後、新たにボーカリスト SATOKEN が加わり、シングル「City Lights」を発表した。

Delusionist

日本

Isolation
Independent 2020

2019年東京を拠点に活動をスタート。Vildhjarta や Reflections を彷彿とさせる Thall 系のヘヴィ・メタルコアをベースに Invent, Animate や Aviana といったアトモスフェリックなサウンドを持つプログレッシヴ・エレメンツを散りばめたサウンドデザインを得意とし、本作でもそうした Delusionist の魅力がたっぷりと味わう事が出来る。シングルとしても発表されている「White Night」は重厚なリフワークとセンチメンタルなメロディが舞う Delusionist らしい一曲。同年9月には早くもニューシングル「Hollow Mind」を発表した。

Earthists.

日本

DREAMSCAPE
Tragic Hero Records / Go with Me Records 2017

2015年に東京を拠点に活動をスタート。同年、The Afterimage のギタリスト Sam Jacobs をゲストに迎えたシングル「FLUX」で注目を集め、Erra や Within the Ruins、Destrage らとも共演を果たしている。本作は Tragic Hero Records と契約し、リリースしたデビューアルバムで、大々的にピアノをフィーチャーした「Winterfell」や Ichika をフィーチャーし話題となった「Resonating Light」など、多彩なアレンジを施した独創性溢れるプログレッシヴ・サウンドを堪能出来る。

Earthists.

日本

LIFEBINDER
FLUX Productions 2018

精力的なライブ活動で国内のみならず、世界にその名を拡大した彼らのセカンドアルバム。前作『Dreamscape』の流れを汲みながら、ぐっと引き締まったサウンド・プロダクションによって引き出された新たな Earthists. の魅力が感じられる仕上がりとなっている。綿密に重なり合う個性的なメロディが印象的な「DOGMA」や、躍動的なボーカルワークが光る「LEAVES」、The Afterimage の Kyle Anderson をフィーチャーした「NOVA」など、聴きごたえのある楽曲がずらりと並ぶ。

Hammerhead Shark

Zombienator
ALLIANCE TRAX

2006年札幌で結成。結成当時はまだ珍しかったエレクトロとメタルコアを融合したサウンドを鳴らす an empty set という名で活動していたが、2008年に Hammerhead Shark へと改名。Veil of Maya の初来日に帯同した際に制作したデモ音源をミックス／マスタリングを施したのが本作だ。忙しなく展開するワイルドなプログレッシヴ・サウンドに、エレクトロニックなコラージュを加え、独創的なスタイルを打ち出した。当時盛り上がりを見せていた国内メタルコアシーンで活躍したものの、2014年に惜しまれつつ解散。

Leave All Behind

Beginnings
Independent

2012年、那覇を拠点に結成。リリース当時はボーカル Ryoichi Suemori、ギタリストの Ryo Shimabukuro と Dai Arakaki、ベーシスト Tomochika Bise、ドラマー Kazuki Uezato、キーボード Shun Kiyoshima の6人体制であった。Structures を彷彿とさせる躍動的なプログレッシヴ展開美を持ち、叙情感のあるパートも見事だ。シンフォニックなアレンジも Leave All Behind の個性として常に注目を集めていたが、2013年にはシングル「Solitude」をリリースするも、同年活動休止を発表。

Skygraph

LOST PAGES
Independent

2010年代中頃から神戸を拠点に活動をスタート。Napoleon を始め、海外アーティストの来日ツアーに出演するなど精力的にライブをこなし、TRIPLE VISION が企画したコンピレーション・アルバム『BRAT PACK 2017』にも参加するなど、着実に知名度を拡大。本作は For All Eternity の Nicholas Page がミックス／マスタリングを務め、伸びやかなハイトーンボーカルを武器に華やかなプログレッシヴサウンドを展開。メロディックハードコアにも通ずる叙情感も持ち合わせており、Erra や Invent, Animate らのファンから支持された。

Takenawa Intrigue

Takenawa Intrigue
Independent

日本を拠点に活動するギタリスト／コンポーザー5人によるプロジェクト。プログレッシヴ・メタルコアをベースに、テクニカルなギターフレーズがめまぐるしく飛び交うハードな内容で、Hoji の「Kotodamasphere」、Seraforest の「Monmalist」、Ichika の「Lysis」、Anri の「Ainomis」、7Years to Midnight の Kento がフィーチャーした Sebon の「Tulpa」によって構成されている。それぞれのギタリストが個性をぶつけ合う好盤だ。

Takt

Duality
Independent 2018

大阪府を拠点に活動する作曲家兼キーボーディスト Takt の 5 曲入りソロ EP。楽曲制作からアレンジ、プロデュースから録音までを全て自分で担当し完成させた本作は、カラフルな装飾を施したプログレッシヴなキーボードがうねるドラマティックな楽曲で構成されており、オープニングトラックの「Time Warp」からエンディングの「The Great Beyond」までを映画のように駆け抜けていく。Djent なリフやグルーヴはほぼ無いものの、Polyphia や Plini に通じる雰囲気を持っている。

Above the Earth

インターナショナル

Every Moment
Arsafes Records 2015

2012 年、セルビアを拠点に活動していた Destiny Potato の女性ボーカリスト Aleksandra Radosalvjevic と、ロシア出身のギタリスト Roman Arsafes によって結成されたユニット。Devin Townsend Project の「Supercrush!」をカバーした事が話題となり、2012 年にデビュー EP『Above the Earth』を発表。本作はメインストリームのポップロックにも引けを取らない Aleksandra のボーカルを楽曲の要としながらも、巧みに刻み込まれるシャープな Djent リフがアップテンポなグルーヴを生み出す。

Amogh Symphony

インターナショナル

The Quantum Hack Code
Independent 2010

インド / アッサム在住のマルチプレイヤー Vishal J. Singh によって、2004 年にスタートしたプログレッシヴ・インストゥルメンタル・プロジェクト。2009 年に 200 枚限定でリリースしたファーストアルバム『Abolishing the Obsolete System』は 2 カ月で完売し、話題になった。その後、アメリカ在住のドラマー Jim Richman が加入し、本作が制作された。古き良きプロレッシブメタルを軸にインド音楽を始めとする幅広いジャンルが融合した面白い作品で、楽曲毎に雰囲気が異なるため一概に Djent とは言えないものの、それと言えるフレーズが散りばめられている。

Slice the Cake

インターナショナル

Other Slices
Myriad Records 2012

2009 年にイギリス在住のボーカル Gareth Mason とスウェーデンのマルチプレーヤー Jonas Johansson、オーストラリアのベーシスト Jack Magero Richardson によってオンライン・プロジェクトとして始動。デビュー EP『Cleansed』、デビューアルバム『The Man with No Face』を経て、間髪入れずに Myriad Records と契約し発表した本作は、ハンマーのように振り下ろされるダイナミックなリフを武器としたデスコアをプレイ。隠し味程度のプログレッシヴ感も耳馴染みが良く、タフなデスコアリスナーからも高い評価を集めた。

日本のメタルコアシーンの未来を担うアーティスト達

Crystal Lake を筆頭に、日本を拠点に活動する多くのメタルコア / ポストハードコアバンド達が世界から注目を集めている。ここでは、ディスクレビューページでは紹介出来なかった国内アーティスト達を紹介。Djent ではないが、Djent に通ずる魅力を持つアーティストに焦点を当ててみた。日本のシーンは、メタルコアやデスコア、ポストハードコアやメロディックハードコアのバンド達がシーンを区別することなく同じシーンで活動している。様々なジャンルが影響し合い、化学反応を起こす事もしばしば。一概に Djent とは言い切れないサウンドであっても、どこかに Djent の影響を感じる事が出来るかもしれない。新しいお気に入りを見つけて、アーティストを応援しよう。

Crystal Lake

🌐 東京　　　　　　　　http://crystallake.jp/

2002 年に結成されたメタルコアバンド。日本を代表するバンドとして国際的な人気を誇り、シーンを牽引する存在として確固たる人気と信頼を持つ。True North Festival を主催し、世界のトップシーンで活躍するバンドを日本に招集、更には大規模フェスティバルを含むワールドワイドなツアー活動を行い、海外でもヘッドライナーツアーを開催している。2019 年には SharpTone Records と契約し、アルバム『HELIX』を発表。ボーカリストの Ryo は様々なバンドの楽曲にフィーチャリングゲストとして参加している。

Paledusk

🌐 福岡　　　　　　　　https://www.paledusk.com/

福岡を拠点に活動するメタルコアバンド。Crystal Lake が主催する True North Festival や、coldrain が主催する BLARE FEST など国内の大規模ラウド・フェスティバルへの出演をはじめ、海外でのライブ経験もある彼らは、その実直なライブ活動で培った強固なグルーヴを武器に変幻自在のメタルコアサウンドをプレイし、常にファンを驚かせ続けている。近年では海外からの評価が高く、オーストラリアの Greyscale Records とも契約。2020 年に EP『HAPPY TALK』を発表した。

Falling Asleep

🌐 東京　　　　https://www.instagram.com/fallingasleepjpn/

長野を拠点に結成し、現在は東京に拠点を移したポストハードコアバンド。メロディックハードコアをルーツに持ちながらも Saosin や Northlane、Oceana といったエモーショナルなメロディを影響に持つポストハードコア・サウンドを鳴らし、国内だけでなくワールドワイドな人気を獲得している。圧倒的な美的感覚を落とし込んだミュージックビデオ「Vertigo」は、Dreambound から世界に発信され、次いで公開された「Underneath」では、国内ポストハードコアシーンでの格の違いを見せつけた。

Suggestions

🌐 大阪　　　　　　　　　　https://wesuggestmetal.com/

大阪を拠点に活動するヘヴィ・メタルコアバンド。After the Burial や Alpha Wolf、Loathe や I Declare War など海外アーティストとの共演経験も豊富で、メタルコアだけでなくデスコアやハードコアリスナーからも支持されている。Loathe にあるようなアトモスフェリック感を不気味なサウンドスケープに落とし込んだスタイルは、Humanity's Last Breath ら Thall 系サウンドから Deftones ファンまで虜にする魅力を持つ。ホラーなヴィジュアルにもそそられる。

Graupel

🌐 東京　　　　　　　https://www.instagram.com/graupeljapan/

東京を拠点に活動するメタルコアバンド。2015 年の結成から現在に至るまで精力的なライブ活動を続け、coldrain や Crystal Lake といった国内のトップバンドらを始め、Fit for a King や Void of Vision ら海外勢などとも共演を果たしている。モダンなメロディックデスメタルにも通ずるヒロイックなギターメロディと疾走感が Graupel サウンドの特徴で、メタルコアだけでなく幅広いメタルリスナーから支持されている。2020 年には EP『Fade Away』を発表した。

FOAD

🌐 横浜　　　　　　　　https://www.instagram.com/foad_japan/

横浜を拠点に活動するメタルコア / ポストハードコアバンド。SCREAM OUT FEST や FREEDOM NAGOYA への出演を始め、結成からすぐに頭角を現し、2017 年には While She Sleeps の台湾公演をサポートするなど目覚ましい活躍を見せた。プログレッシヴな魅力も持つが、多種多様な音楽にインスパイアされたメロディラインが独創的で、Erra や Architects、Spiritbox や Silent Planet が好きなメタルファンにお勧めしたい。2020 年には EP『Returner』をリリースしている。

C-GATE

🌐 東京　　　　　　　　　https://www.officialcgate.com/

2012 年に長野を拠点に活動をスタートさせたメタルコアバンド。2015 年から東京に拠点を移し、精力的なライブ活動を展開。主催イベントも人気で、多くの公演がソールドアウトとなった。活動休止期間があったものの、新体制で再び動き出している。ハードコアやデスメタルのパッションを持ちながらも、淀みのないシャープなメロディアス・フレーズも違和感なく組み込んだサウンドは、世界中を見渡しても彼らにしか鳴らせないものだ。2020 年には「Derangement」、翌年には「Because we」のミュージックビデオを公開している。

From the Abyss

🌐 東京　　　　　　　　https://www.fromtheabyssjpn.com/

2018 年、東京を拠点に活動をスタートさせたメタル
コア / ポストハードコアバンド。同年、Daybreak of
Silence、The Last November と共に EP『We the
Mighty』を発表すると、堅実なライブ活動を続け、ファ
ンベースを拡大。2019 年にはアルバム『Nature』
をリリースし、その名は全国区となった。Wage War
や We Came As Romans を彷彿とさせる世界水準の
サウンドは、国際的に評価されている。2021 年には
「Wayfarer」のミュージックビデオを公開している。

Sable Hills

🌐 東京　　　　　　　　　https://www.sablehills.jp/

2015 年、東京を拠点に活動をスタートさせたメタル
コアバンド。As I Lay Dying や Killswitch Engage、
August Burns Red を彷彿とさせるオールドスクール
なメタルコアを鳴らし、国内シーンにおいても特異な
ポジションに立ち続けている。2019 年にリリースし
たアルバム『EMBERS』には Fit for a King の Ryan
Kirby をフィーチャーした楽曲「Groundbreaker」が収
録されている。2020 年にはシングル『FLOOD』を発
表。熱く滾るメタル・スピリットがシーンを盛り上げて
いる。

Octavius

🌐 東京　　　　　　　https://www.instagram.com/octaviusjp/

東京を拠点に活動するメタルコア / ハードコアバンド。
これまでに Knocked Loose や Sanction、Varials
や Malevolence といった海外アーティストの来日公
演に出演した経歴を持つ。切れ味鋭いリフワークを武
器にモッシーなブレイクダウンを搭載したメタルコア
をプレイ。叙情的なフレーズも組み込みつつも野性的
なサウンドが胸を熱くさせる。2020 年には EP『In
Shadows』をリリース。収録曲「The Decay」には、
HORSEHEAD NEBULA の Kin がフィーチャリング
ボーカルとして参加している。

Evilgloom

🌐 福岡　　　　　　　https://twitter.com/evilgloomcvlt

2019 年 11 月に福岡を拠点に活動をスタート。デ
ビューシングル「Sickness」は瞬く間に国内メタルコ
ア / デスコアシーンで話題となり、2020 年には EP
『Piu』をリリース。Alpha Wolf や Dealer、Void of
Vision を彷彿とさせるニューメタルコアを鳴らし、耳
の肥えた海外のリスナーからも好評価を得た。2021
年には 2 曲入りのシングル「Dawg」をリリース。収
録曲「Sickness 1.3.9」には WEDGE//BRINGER の
Naoki がゲスト参加している。

あとがき

　前著『デスコアガイドブック』の発売から 2021 年で 4 年が経過する。出版後にはパブリブ主催で刊行記念トークイベントも開催して頂き、ディスクユニオンお茶の水ハードロック / ヘヴィメタル館ではデスコア特集コーナーも設置して頂いた。本の執筆は自分との戦いで、特に出版直前は細部のチェックに神経を研ぎ澄ませる為、食事や飲み会のお誘いなどを泣く泣く断り作業に没頭しなければならない。このあとがきを書いている最中も、自分じゃない誰かが書いた文章をのんびり読みたい衝動に駆られている。それを頑張れるのも、『ブルータルデスメタルガイドブック』や『デスコアガイドブック』を完成させた喜びと達成感が強く残っているからで、もうすぐその感覚がまた味わえるかと思うと、執筆への気合いも入る。なによりも楽しみにしているのは、完成した本を直接パブリブ代表のハマザキカク氏から受け取る事。喫茶店で待ち合わせ、共に完成を喜び合う瞬間がたまらない。

　さて、本著『Djent ガイドブック』は、これまで出版した 2 冊とは違い、ジャンルではなく、Djent という奏法に焦点を当てている。Djent がジャンルであるという意見にもそうでないという意見にも同意出来るし、どちらの立場から読んでも意義のある内容を意識して執筆を続けた。ディスクレビューを執筆した作品の中にはいささか Djent として語られる事がしっくりこないようなものもあるかもしれないが、ガイドブックとして Djent を後世に残そうと考えた時に必要であると判断したものは、スペースの許す限り執筆した。また、Djent という事が出来るが掲載を見送った作品に関しては、別の角度からレビューするべきであると判断したものもある。例えば、メタルコアとして語られるべき作品であったり、メロディックハードコアとして語られるべきものなどは執筆リストから外している。

　執筆を進めながら思ったのは、ジャンルで音楽を区別するという感覚が今の時代に合っていないのではないかという事だ。Djent という音楽の性質もあると思うが、これはメタルでこれはメタルでないなんて、誰も決められないようなサウンドが登場してきている。そういう音楽は、どのようにアーカイヴすべきなのだろうか。例えば、これから Djent という音楽がオンライン上でどのようにしてカテゴライズされるべきかと考えた時、何かひとつのジャンルの枠にはめ込むのではなく、いくつも存在するジャンルや特徴をタグ付けする事が最も有意義なのではないかと思う。例えば、本書でインタビューも掲載しているスウェーデンの Humanity's Last Breath のサウンドは、デスコアともメタルコアとも区別がしにくい。その場合、どちらもタグ付けしてしまえばいい。そこに「Thall」や「Blast Beat」「Djent」などと細かくタグをつけていけば、それらをキーワードにリスナーが聴きたいと思うアーティストを的確に探し出す事が出来るはずだ。これは音だけではなく、例えばヴィジュアルイメージであったり、出身地、年代なども紐付ける事が出来る。

　確か 1 年前くらいだっただろうか、Facebook のレイアウトが大幅に刷新された。新たに追加された機能は使い勝手もよく、世界各国のイベント・プロモーターやアーティスト・マネージャーとやりとりするには便利になったように思う。ただ、アーティストページに関しては出身地などを書き込むスペースが削除されてしまった。思えば近年、その出身地やメンバーラインナップをそもそも公表していないバンドが多く見受けられる。新しいメンバーが加入してもそれはニュースとして発表されなかったりするし、アルバムを出す度に SNS の投稿をすべて削除するバンドも多い。日々新しい音楽が生まれるメタルコアやデスコアというジャンルの歴史を記録する為には、彼らの詳細な情報が必要である。

　遠い未来の事は簡単には想像出来ないが、『Djent ガイドブック』が 100 年後もメタルリスナーにとって有益なものであれば嬉しい。毎日、数え切れないほどの新しい楽曲が世界中で生まれ、オンライン上でリアルタイムに公開されている今、小さな影響であったとしても、再生回数が少なかったとしても、それを記録したい。アーティストは、自分が今いる場所から遠く離れた誰かにエンターテイメントを与えているという事に自信を持ってほしい。2020 年、新型コロナウイルスの感染拡大の影響で、音楽業界が甚大なダメージを受け、人々がステイホームを強いられる中、音楽を始めとするエンターテイメントが人々の心を癒したのは紛れもない事実だ。私自身、イベント・ブッキングが出来ず、所属する RNR TOURS の活動が出来ない状況が続いたが、日々発信される音楽に助けられてきたのだから。

　最後に『Djent ガイドブック』執筆のきっかけをくださったハマザキカク氏、インタビューやディスクレビューの選定に協力して頂いた山道一輝氏、木村慎太郎氏、大井皓介氏にはこの場を借りて感謝申し上げたい。本書執筆の大きな支えとなった家族、RNR TOURS のみんな、そして神吉未悠さんに格別の誠意をお伝えしたい。

2021 年 2 月 14 日 脇田涼平

サンクスリスト

Family&Crew

脇田誠，脇田利恵，脇田麻衣，大西静子，大西栄治，脇田菊香，藤井崇，藤井奈海子，藤井春奈，藤井響，藤井樹，神吉未悠，原大規，富田久樹，富田なつほ，富田智彦，Yosuke Fujita, Shinnosuke Yamaguchi, Tatsunosuke Yamaguchi, Moeko Wada, Bunta Kawada, Hinano Yoshida, Kosuke Oi , Shintaro Kimura

Artists

AIRFRIP, All My Paranoid, Allegiance Reign, Awesome &roid, bearwear, Before Me, Bloom in the Crevasse, C-GATE, Castaway, CODE AXE, Crystal Lake, Defiled, Delusionist, Desperate Death Parade, Divertimento, Divinitist, Earthists., Engrave, Evilgloom, F.P, Falling Asleep, Fight of Rage, Fill the Void, FOAD, FOOL A MEAN GOES., From the Abyss, Fushi, Goodbye to the Hero, Graupel, Haiki, Halfway There, HARDSHIPS, Hi-STANDARD, Hollow Suns, Hopeless Dew, HOTOKE, Hydgrief, LASTEND, LEXT, Mexican Age, MODERN GOODDAYS, NAFT, NAMBA69, Necrophilia, NEUTRAL, Octavius, Ode to the End, ovEnola, OWEAK, Paledusk, Prompts, Punk Ass Summer, QUICKDEAD, Sable Hills, Sailing Before the Wind, Shadows, SHAMES, SHIZUKU, SO-CHO PISTONS, STONE LEEK, strain for us, STRIKE AGAIN, Suggestions, Take Back The Beers!, TAKE YOUR LIFE, THE MY BABY IS A HEAD FUCK, THE PORTER, Throw Your Lights, TNX, TOO CLOSE TO SEE, TRUE FIGHT, Unversed Crestfallen, Vision of Fatima, Vomit Remnants, Wake Up Watchmen!, waterweed, WHITE SURF!, Will You Remember, WOMANIZER, Zenith Angle, ZERO FIGHTER, ZETTON

Venues&Shops

BASS ON TOP（中野サンプラザ店 / 東心斎橋店），BAYD（下北沢店 / 自由が丘店），DISK UNION, NEW LEX TOKYO, PICTURE MOUSE, 厚木 Thunder Snake, アメリカ村 Drop, 礎，茨城 Evil Garage, 今池 GROW, 大塚 MEETS, 岡山 IMAGE, 金沢 Van Van V4, 金町 AO'z BAR, 吉祥寺 SEATA, 京都 Growly, 京都 Mojo, 倉敷 RED BOX, 高円寺 Club Liner, 高円寺 ROOTS, 甲府 BODEGA EAST, 甲府 Conviction, 甲府 KAZOO HALL, 越谷 Easy Goings, 堺 Goith, 渋谷 THE GAME, 渋谷 CYCLONE, 渋谷 GARRET, 渋谷 JUMP, 渋谷 LOFT HEAVEN, 渋谷 LUSH, 渋谷 RUBBY ROOM, 心斎橋 Clapper, 心斎橋 CONPASS, 心斎橋 Varon, 心斎橋新神楽，心斎橋火影，新宿 ACB, 新宿 WildSide, 新宿御苑 MERRY-GO-ROUND, 新代田 FEVER, 仙台 Birdland, 仙台 Macana, 高松 TOONICE, 立川 BABEL, 調布 CROSS, 鶴舞 DAYTRIP, 中津川 BREATH, 長野 the venue, 中野 MOON STEP, 名古屋 PARTY'Z, 名古屋 RAD, 西永福 JAM, 寝屋川 Vintage, 初台 WALL, 彦根 COCOZA HALL, 福岡 GRAF, 福山 MUSIC FACTORY (+ ビビ), 法政大学，松本 Alecx, 湯村 Feel Rock Café, 横浜 7th Avenue, 横浜 BB STREET, 横浜天王寺 Olive Studio, 早稲田 ZONE-B, 早稲田わっしょい

Promoters, Designers,Label etc

& Records, 304 Records, 3LA, AYA さん（カナマチコワクナイヨ），Bells On Records, CATCH ALL RECORDS, DAIGO FEST, DANCE MY DUNCE, Disrupt. Co, FarChannel Records, Fixing A Hole, Focus Records, Greyscale Records, Heimet Crew, Howdy, I Hate Smoke Records, ICE GRILL$ (& NERDS), LEDGE WEBZINE, Lookjaw Records, Milestone Sounds, Monchicon!, Mud Cake Records, Poison City Records, PUNKLOID, PUNX SAVE THE EARTH, RAFT RECORDS, RIS RECORDS, SharpTone Records, Shut Up Kiss Me Records, Steven Rawles (Belvedere / This is a Standoff), Stranger Design, Sunlight Records, Sunny（長野），TARO さん（金沢），TH3EE DAYS AWAY, THINGS., TM PAINT, TOPPA!!, Torch of Hope Records, Toshihiro Egawa, TRIPLE VISION, Twilight Records, UNIONWAY, Warped Radio, アトラクト，ウランズさん (ULN'S NIGHT), カズキくん (IN FRIENDS WE TRUST), 片山翔太 (BASEMENT BAR), 小笠原和生

RNR TOURS & RIFF CULT で出会ったアーティスト、ライブハウス、プロモーター、デザイナー、ファンの皆さんに感謝申し上げます。

脇田涼平 Ryohei Wakita

1991 年岐阜県中津川市出身。大学入学を機に上京
し、在学中は Hi-STANDARD や NAMBA69 のマー
チャンダイス製作やツアー運営に携わる仕事をしな
がら、海外アーティストのツアーブッキングを行う
RNR TOURS (ex. Romantic Nobita Records) を設
立。2016 年からはライターとしても書籍『ブルー
タルデスメタルガイドブック』や『デスコアガイド
ブック』を出版。雑誌への寄稿なども行っている。
現在は音楽情報サイト RIFF CULT / PUNKLOID
の運営にも携わっている。

https://www.rnrtours.com/
https://riffcult.online/
http://www.punkloid.com/

世界過激音楽 Vol.3
ブルータルデスメタルガイドブック
世界一激しい音楽
脇田涼平著
936 枚のディスクレビュー・472 バンド紹介 !!
デスメタルの中で最も凶暴 !! 変拍子・テンポチェン
ジ・ポリリズム駆使した難解なリズム !! 重低音か
ら一回転して高周波数に達するヴォーカル !! オリン
ピックやサーカス並のテクニック合戦 !! 工事現場の
様な高速ブラストビート !!
A5 判並製 304 ページ　2300 円＋税

世界過激音楽 Vol.14

Djent ガイドブック

プログレッシヴ・メタルコアの究極形態

2021 年 4 月 1 日　初版第 1 刷発行
著者：脇田涼平
装幀＆デザイン：合同会社パブリブ
発行人：濱崎誉史朗
発行所：合同会社パブリブ
〒 103-0004
東京都中央区東日本橋 2 丁目 28 番 4 号
日本橋 CET ビル 2 階
03-6383-1810
office@publibjp.com
印刷＆製本：シナノ印刷株式会社

世界過激音楽 Vol.12
デスメタルチャイナ
中国メタル大全
田辺寛著
ネット規制で独自の進化を遂げた
中華メタル大量繁殖 !!
内モンゴリアン・フォークメタル躍進 !
DSBM・ポストブラックメタル世界有数拠点 !
A5 判並製 408 ページ　2500 円＋税